Partie sans dire adieu

Ann RULE

PARTIE SANS DIRE ADIEU

Traduit de l'anglais (États-Unis) par Joëlle Touati

Michel LAFON

Du même auteur
chez le même éditeur :

Si tu m'aimais vraiment

Et ne jamais la laisser partir

Sans nouvelles de toi

Un tueur si proche

On a tué mes enfants

Jusqu'à ton dernier souffle

La Rivière rouge sang

Un cœur trop lourd

Titre original :
Too Late to Say Goodbye

7-13, boulevard Paul-Émile-Victor – Ile de la Jatte
92521 Neuilly-sur-Seine Cedex
www.michel-lafon.com

Première partie
Jenn

1

Les sirènes de police résonnent rarement dans Bogan Gates Drive, rue tranquille d'un quartier résidentiel de Buford, à une cinquantaine de kilomètres d'Atlanta.

Avec ses maisons de brique rouge, Bogan Gates Drive est un havre de paix où les enfants jouent en toute sécurité dans les jardins aux massifs colorés et aux pelouses soignées, et où l'intrusion d'un étranger ne passe pas inaperçue. Les familles aisées qui y vivent forment une communauté solidaire, encore que certains apprécient peu la proximité entre voisins – ce qui n'empêche pas chacun d'avoir ses secrets… Qu'un drame survienne dans un tel endroit, et les journalistes sont certains d'obtenir de tous les résidents la même réponse choquée : « Ici ? Non ! Ce n'est pas possible… »

Et pourtant...

En ce samedi matin de décembre 2004, l'un des crimes les plus horribles qu'ait jamais connus la Géorgie venait d'être commis au 4515, Bogan Gates Drive, chez les Corbin.

Le Dr Barton T. Corbin, quarante ans, venait de transférer son cabinet de chirurgie dentaire à Hamilton Mill, à une quinzaine de kilomètres de Buford. Son épouse, Jennifer Corbin, travaillait à la crèche de l'église méthodiste de Sugar Hill. Le Dr Corbin n'était pas souvent à la maison ; c'était Jennifer qui s'occupait de leurs deux fils, Dalton, sept ans, et Dillon, cinq ans.

Vus de l'extérieur, les Corbin, mariés depuis neuf ans, menaient la vie à laquelle aspirent tous les jeunes couples : parents de deux bambins, ils possédaient une belle maison, exerçaient des professions respectables et avaient une myriade d'amis.

Jennifer Corbin, trente-trois ans, était une grande blonde solidement charpentée, plutôt jolie et toujours souriante. Son mari Barton était un grand brun aux yeux noirs et au teint clair constellé de taches de rousseur. Il se rendait tous les matins à la salle de musculation et le fruit de ses efforts était visible.

La plupart de ses patientes le trouvaient beau et, si certaines étaient intimidées par son attitude parfois rude, Bart Corbin était apprécié. Il soignait souvent ses amis gratuitement, en échange d'un service ou d'un autre.

Les Corbin donnaient l'image d'un ménage solide, le naturel enjoué de Jenn contrebalançant les sautes d'humeur de son époux. La plupart de ceux qui les connaissaient ignoraient qu'ils étaient sur le point de divorcer et que Jenn s'était enfuie du domicile conjugal lors du dernier Thanksgiving. Et ceux qui étaient au courant avaient été ébranlés en apprenant leur situation. Aux yeux de tous, Bart et Jenn paraissaient soudés.

C'était Jenn qui créait cette illusion. Pendant au moins huit ans, elle avait cru pouvoir résoudre ses problèmes de couple, reconstruire une relation harmonieuse, et s'était efforcée de donner le change.

Elle avait essayé de comprendre son mari et d'accorder des concessions. Elle lui avait pardonné ce que bien d'autres femmes n'auraient jamais pardonné. Bart avait édicté les règles de leur vie commune et elle s'y était pliée. Elle ne s'était pas mariée avec l'idée de divorcer si elle s'apercevait qu'elle n'avait pas fait le bon choix. Comme ses parents, qui venaient de fêter leur quarantième anniversaire de mariage, elle avait épousé Bart « pour le meilleur et pour le pire ». Mais à l'automne 2004, elle avait fini par jeter l'éponge.

Jenn Corbin était de ces personnes que tout le monde aime, probablement parce qu'elle aimait tout le monde. Elle pensait aux autres avant de penser à elle-même. Elle protégeait ses fils comme une lionne, prête à tous les sacrifices pour le bonheur de ses enfants. À la crèche où elle était employée, elle accueillait toujours les bambins en larmes dans ses bras réconfortants.

Jenn avait grandi dans une famille unie au sein de laquelle Bart avait été chaleureusement accepté. Hors de ses accès de colère occasionnels, Bart était de nature joviale, il participait avec entrain aux réunions de la famille Barber, aux repas de fête, aux excursions et aux pique-niques.

Ses parents à lui étaient séparés. Son père, Gene Corbin, s'était remarié et avait quasiment coupé les ponts avec son ex-épouse, Connie, et ses fils, Barton et son jumeau Brad ainsi que leur frère Bobby. Les Barber et les Corbin ne se fréquentaient guère, mais ni les uns ni les autres n'avaient causé le naufrage du couple.

À l'approche de Noël, en dépit de la situation tendue, Jennifer avait dressé un grand sapin dans la salle à manger, car elle refusait que ses enfants pâtissent des problèmes des adultes. Elle n'avait pas encore tout à fait terminé la décoration. Au pied de l'arbre s'empilaient des boîtes contenant les boules et les guirlandes qu'elle ressortait tous les ans, les pendeloques achetées quelques jours auparavant, et des petits objets fièrement fabriqués par Dalton et Dillon. Elle avait également déjà acheté, emballé et caché les cadeaux pour ses fils.

Il est 7 h 30, le samedi 4 décembre 2004, lorsque Steve et Kelly Comeau, qui habitent en face de chez les Corbin, sont réveillés en sursaut par des coups frappés à leur porte. Les Comeau se sont couchés tard la veille. Steve est allé aidé un ami à bricoler. Au retour, il s'est arrêté sur le bord de la route pour assister un automobiliste qui changeait un pneu crevé. C'est lui qui descend ouvrir et qui a la surprise de trouver sur le seuil de sa maison le petit Dalton Corbin, en pyjama, le visage ruisselant de larmes.

– Ma maman ne respire plus, dit le garçonnet. Mon papa a tué ma maman. Il faut appeler les secours.

Kelly suit Dalton de l'autre côté de la rue afin d'aller voir ce qui se passe, persuadée que sa voisine est tout simplement endormie.

Le garage des Corbin est ouvert. La porte donnant sur la cuisine n'est pas verrouillée. Kelly monte à l'étage en appelant Jenn. Personne ne lui répond.

Dans la chambre des époux Corbin, Jenn est étendue en travers du lit, dans une position bizarre qui alarme Kelly Comeau. Elle se penche pour lui toucher l'épaule, elle la secoue.

Jenn est froide, elle ne respire pas. Elle a saigné du nez. Des taches écarlates s'étalent sous sa tête. Près de son corps inanimé, la crosse d'un revolver dépasse de sous la couette. Paniquée, Kelly recule en prenant garde à ne rien toucher.

– Elle était morte, dira-t-elle plus tard à l'enquêteur Kevin Vincent, du bureau du district attorney. Son corps était gelé, il n'y avait pas de doute. Je n'ai même pas cherché son pouls. Je savais qu'elle était morte depuis un bon moment.

Les oreilles bourdonnantes, parcourue de frissons, Kelly Comeau a du mal à admettre la réalité. Jenn Corbin n'avait que trente-trois ans. Elle était en bonne santé, pleine de vie. Elle n'avait aucune raison de garder un revolver dans son lit. Kelly a envie de tirer la chemise de nuit verte de Jenn pour cacher sa poitrine partiellement dénudée, mais elle s'en abstient, consciente qu'elle ne doit rien toucher.

Il n'y a plus rien à faire pour Jenn. Kelly tremble à la pensée que Dalton et Dillon ont perdu leur mère à quelques semaines de Noël. Parviendront-ils jamais à oublier cette scène de cauchemar ? Aucun enfant ne mérite d'être hanté par des souvenirs aussi horribles.

Dalton Corbin tend à Kelly le téléphone sans fil posé sur la table de la salle à manger, mais la batterie est déchargée. Comme Dillon est sorti de sa chambre, Kelly court chez elle appeler le 911, les deux garçonnets sur ses talons.

Elle explique à l'opératrice que sa voisine et amie Jennifer Corbin est morte. La standardiste l'informe que des officiers de patrouille vont arriver d'un instant à l'autre.

Les agents Travis Wright et Michelle Johns sont les premiers sur les lieux. Une ambulance les suit de peu.

Kelly Comeau indique aux deux équipiers où se trouve la chambre de Bart et Jenn Corbin. Dans la maison, un chien hurle à la mort. Les policiers se glissent prudemment sous la porte relevée du garage des Corbin, arme au poing, en demandant s'il y a quelqu'un. Personne ne leur répond.

Zippo, le chien des Corbin, sort du pavillon en courant. L'agent Johns prie Kelly de l'enfermer dans le jardin de derrière. Les policiers sont sur le qui-vive. Il n'est pas exclu qu'un individu armé soit encore présent sur les lieux.

La voiture de Jenn est garée devant la maison. En revanche, ni le pick-up de Bart ni sa Mustang jaune décapotable ne sont là.

Revolver au poing, Wright et Johns inspectent chacune des pièces des deux étages. Une fois sûrs que nul ne se cache dans la maison, ils autorisent les urgentistes à entrer dans la chambre où gît la victime, en travers d'un grand lit, une blessure par balle près de l'oreille droite.

Comme l'a précisé Kelly Comeau, un revolver est à demi glissé sous la couette aux motifs fleuris, à deux centimètres à peine du bout des doigts de la défunte. Un téléphone portable repose au bas du lit, près d'un plaid en flanelle blanc et bleu ciel, imprimé de bonshommes de neige.

Les infirmiers cherchent une trace de vie sur la victime – et n'en décèlent aucune.

Dès son arrivée sur les lieux, le sergent E. T. Edkin constate qu'il n'y a plus rien à faire pour cette jeune femme blonde. Haltérophile aux biceps proéminents, Edkin a travaillé de nombreuses années à la Brigade criminelle et souvent fait équipe avec l'inspecteur Marcus Head, dont l'arrivée est imminente.

À première vue, la jeune femme semble s'être suicidée. Néanmoins, fort de ses années d'expérience au sein de la Brigade criminelle, Edkin est saisi d'un doute. Il ne fait pas de commentaire mais ordonne que l'on établisse un périmètre de sécurité autour de la maison et du jardin des Corbin, et affecte l'agent Michelle Johns à la surveillance de l'entrée.

Toute mort violente est en premier lieu traitée comme un homicide, puis, par élimination, comme un suicide ou un accident. Les enquêteurs vont donc devoir commencer par le commencement.

Il faut d'abord procéder à l'identification formelle de la victime. Kelly Comeau a déclaré qu'il s'agissait de sa voisine Jennifer Corbin. Encore sous le choc, elle a cependant refusé de retourner voir le corps. Dalton Corbin a affirmé que c'était bien sa mère ; il n'a que sept ans.

Lorsque le criminologue expert en médecine légale Ray H. Rawlins arrive, le colonel « Butch » Ayres, le lieutenant de police judiciaire Vic Pesaresi et l'inspecteur Marcus Head ont déjà rejoint le sergent Edkin au 4515, Bogan Gates Drive. Tom Davis, le substitut du district attorney, est en route.

Les véhicules officiels s'alignent dans la rue, formant un sinistre contraste avec les guirlandes lumineuses qui scintillent dans la pâle lumière hivernale. Les jardins sont peuplés de pères Noël, de rennes, d'angelots, de scènes de la Nativité. Quelques voisins en peignoir se sont attroupés dans la rue et discutent à voix basse en observant les policiers qui entrent chez les Corbin. Si seulement les ambulanciers pouvaient ressortir à la hâte avec un brancard, ce serait un signe d'espoir. Or personne ne ressort de la maison.

2

Puisque Jenn Corbin est morte, inutile pour les policiers de se presser. Certaines tâches doivent toutefois être accomplies dans les plus brefs délais : recueillir le maximum de preuves matérielles dans des sachets en plastique ou en papier brun, prélever des échantillons de fluides corporels et de sang, puis photographier ou filmer le site sous tous les angles. La chambre à coucher des Corbin sera prise en photo et filmée.

La pièce devra également être mesurée. Outil vieux comme le monde, le mètre est encore utilisé au même titre que les techniques les plus modernes. En triangulant certains points relevés avec précision, il sera possible de reconstituer la scène dans ses moindres détails. À quelle distance de la victime l'arme était-elle placée lorsque le coup a été tiré ? À quelle distance les unes des autres se trouvent les taches, les gouttes ou les éclaboussures de sang ? Parfois, une infime trace de sang permet une avancée capitale dans les investigations. Pour le technicien des lieux de crime, le mètre est un instrument susceptible de révéler des indices que le tueur croyait avoir soigneusement dissimulés.

Mais on ne peut rien entreprendre tant qu'un mandat n'a pas été émis. En attendant, l'inspecteur Marcus Head s'entretient avec les voisins les plus proches.

La trentaine, les cheveux bruns très foncés, l'expression avenante, l'inspecteur Head est le fils d'un entrepreneur de pompes funèbres.

– Mon père m'emmenait souvent avec lui quand il allait chercher les défunts, dit-il. Pour moi, la mort n'a jamais été un tabou.

Je crois que c'est pour ça que j'ai toujours su parler aux familles des victimes.

Il tente de déterminer quels proches des époux Corbin ont été prévenus du décès de Jenn et où ils se trouvent actuellement. Kelly Comeau, toujours sous le choc, ignore comment joindre les parents de son amie. Ni elle ni son mari ne savent où est Bart Corbin, mais Kelly a trouvé le numéro de la mère de ce dernier, Connie Corbin, qui habite à Snellville, non loin de Buford. Steve lui a téléphoné à 8 h 45, et annoncé que Jennifer était morte d'une balle dans la tête.

– Elle a éclaté en sanglots, déclare-t-il à la police.

Vraisemblablement, Connie Corbin a ensuite appelé son fils cadet, Bobby, qui lui a appris que Bart se trouvait avec lui et qu'il allait lui annoncer la terrible nouvelle. Après quoi il est difficile de savoir qui a prévenu qui. Sans doute Bobby a-t-il appelé la sœur de Jenn, Heather, et son mari Doug Tierney.

– C'est Heather qui a répondu, se souvient Doug. Elle a crié : « Jenn est morte », et elle a fondu en larmes. Nous avons pris les enfants et nous sommes partis pour Buford. Dans la voiture, j'ai téléphoné à Bobby et je lui ai demandé : « Où est Bart ? Avec toi ? » Il m'a répondu : « Oui, mais il est aux toilettes, il est complètement retourné. Vous allez chez eux ? ». Je lui ai dit que nous étions sur la route.

Lorsque Doug demande à Bobby si Bart et lui vont bientôt les rejoindre, Bobby se montre évasif.

– Il n'a pas voulu me répondre et je n'ai pas pu parler à Bart, témoigne Doug. Heather n'arrêtait pas de répéter : « Vite ! Vite ! Vite ! Il faut qu'on aille s'occuper des garçons ! ». Elle savait que Dalton et Dillon étaient chez les Comeau, mais elle pensait qu'ils avaient besoin de leur famille.

Doug rappelle Bobby Corbin pour lui demander s'ils sont partis. Toujours pas de réponse claire. Doug est effaré. Il se tourne vers sa femme et lui dit :

– Je ne sais pas s'ils vont venir.

Doug essaye à plusieurs reprises d'appeler chez Bobby et chez Connie Corbin. Personne ne décroche. Peut-être sont-ils enfin en chemin pour Buford. Bart a dû se ressaisir et prendre conscience que sa place était auprès de ses fils.

Heather téléphone à ses parents à Lawrenceville. Max et Narda s'inquiètent immédiatement de leurs petits-enfants. Ont-ils été blessés ? Avec qui sont-ils ? Les parents de Jenn tombent des nues. Le décès de leur fille est si soudain... Rien ne les y avait préparés. Que s'est-il passé ? Dans la panique et l'incrédulité, toute sorte d'hypothèses leur traversent l'esprit tandis que Max roule à toute allure en direction de Buford.

Personne n'a encore parlé à Bart Corbin. Personne ne sait avec certitude où il est.

En fait, la famille Corbin s'est réunie chez Connie, à Snellville. Lorsque les enquêteurs demanderont plus tard à la mère de Bart pourquoi ils ne se sont pas rendus aussitôt à Buford, elle répondra que Kelly Comeau lui avait assuré que les Barber et les Tierney allaient venir s'occuper de Dillon et Dalton.

– Ils étaient plus près que nous, dira-t-elle par la suite comme pour s'excuser.

Buford n'est situé qu'à une trentaine de kilomètres de Snellville, à quarante kilomètres de Dawsonville, où habitent Heather et Doug, et à environ vingt-cinq kilomètres de Lawrenceville, où vivent Max et Narda.

Au 4515, Bogan Gates Drive, la police est persuadée que le mari de la victime va apparaître d'une minute à l'autre. On attend un homme frappé par le deuil, un père prenant sur lui pour réconforter ses enfants. Or Bart n'arrive pas. Est-il réticent à l'idée d'affronter sa belle-famille ? Ou bien, comme l'a dit son frère, est-il trop bouleversé par le décès de sa femme pour penser à ses enfants ?

Dans l'allée du pavillon, Max Barber refuse de sortir de sa voiture. Il est tellement terrassé par le chagrin que sa fille Heather redoute qu'il ne fasse un infarctus.

Heather est effondrée, elle aussi, mais elle tente d'informer le shérif Butch Conway, un ami de la famille, qu'elle soupçonne Bart d'avoir tué Jennifer.

– La femme qui m'a répondu était convaincue que Jenn s'était suicidée, se souvient-elle. J'ai essayé de lui faire comprendre que ce n'était pas possible ; elle me répétait sans cesse : « Madame, vous ne savez pas ce qui s'est passé. » Elle se trompait...

L'inspecteur Marcus Head procède à une première analyse de la situation. Il observe le corps étendu sur le lit, le sang coagulé sous les narines et derrière l'oreille droite de la victime, le revolver glissé sous la couette, les documents coincés sous l'épaule de la jeune femme. Il reconnaît une demande de divorce, signée par Bart Corbin. Il griffonne des notes sur son calepin : « Compte tenu de la position des mains de la victime et de celle du revolver, contraire aux lois de la gravité… dossier à traiter comme une mort suspecte. »

« Mort suspecte »… Vaste catégorie pouvant englober des dizaines de cas de figure. Marcus Head vient de se lancer dans une enquête qui va l'occuper pendant près de deux ans.

Max Barber est enfin descendu de sa voiture, et il tient à signaler à Head que sa fille et son gendre n'étaient pas en bons termes :

– Ils ont eu une violente dispute, le jour de Thanksgiving. Il l'a frappée au visage. Et il y a trois ou quatre jours, Jenn a téléphoné à la police parce que Bart lui avait volé son journal intime.

– Savez-vous si votre fille ou le Dr Corbin possédaient un revolver ? lui demande Head.

– Pas à ma connaissance, mais Bart avait un fusil de chasse. Jenn était inquiète parce qu'il avait quitté la maison avec, le 1er décembre.

Les deux hommes – le père désespéré et l'inspecteur posant les premiers jalons de son enquête – conviennent de discuter plus longuement dans le courant de la journée.

M. Brooks, le shérif-adjoint du comté, arrive chez les Corbin. Il est étonné de voir des véhicules de police stationnés devant la maison. Il était venu notifier officiellement à Jennifer Corbin la requête en divorce de son mari, déposée le 29 novembre. Il en informe Marcus Head et lui propose de lui fournir des photocopies des documents. Les exemplaires qui se trouvent sous l'épaule de Jenn sont maculés de sang, donc non exploitables.

Marcus Head s'entretient avec les membres de la famille de Jenn. Tous sont plongés dans la stupeur, incapables de concevoir qu'elle n'est plus de ce monde, elle qui embrassait la vie avec optimisme et enthousiasme.

Même s'il doute que Jennifer Corbin se soit suicidée, Head n'exclut pas cette possibilité. Avec tact, il questionne ses proches sur son état d'esprit. Était-elle anxieuse, déprimée, ces derniers temps ? Au point d'envisager de mettre fin à ses jours ?

Tous le dévisagent avec des yeux ronds et secouent la tête.

Un suicide ? Jenn, un suicide ?

Jamais. Jamais. Jamais.

Les parents et la sœur de Jenn sont catégoriques.

– Elle n'aurait pas abandonné les garçons, déclare Narda. Elle aurait préféré traverser l'enfer plutôt que d'abandonner ses fils.

Heather est elle aussi persuadée que Jenn n'a pas pu mettre fin à ses jours.

– Elle n'a pas laissé de lettre pour Dalton et Dillon, n'est-ce pas ? Elle ne serait pas partie sans leur dire adieu.

– Jamais elle ne les aurait quittés. Pas de son plein gré, ajoute Max Barber d'une voix éteinte. Elle ne s'est pas suicidée.

Head parcourt la demande en divorce n° 04-A-13086-5, en date du 29 novembre 2004, établie par la cour du comté de Gwinnett, signée par le Dr Barton T. Corbin. Vraisemblablement, quelqu'un en a remis une copie à Jennifer Corbin avant qu'on la lui délivre officiellement.

Le fait que son mari ait demandé le divorce a-t-il pu la pousser au suicide ? se demande Marcus Head. Bien qu'il lui en coûte d'interroger la famille en un moment pareil, il pose de nouvelles questions. Jenn a-t-elle formulé des menaces de suicide, même de façon ambiguë ?

Non ! soutient Max Barber. De Bart ou de Jenn, c'était elle qui avait le plus de raisons de souhaiter le divorce. Toute la famille savait que leur couple battait de l'aile. Jenn était conciliante. Elle savait calmer Bart, arrondir les angles. Jusqu'à présent, elle avait réussi à cacher ses problèmes à ses proches. Mais depuis huit jours, depuis Thanksgiving, elle n'arrivait plus à faire semblant. Bart lui inspirait tour à tour de la colère et de la crainte. Oui, elle était malheureuse, prise au piège de son mariage.

– Comme je vous l'ai déjà dit, poursuit Barber, elle a même demandé de l'aide à la police il y a quelques jours.

– Pouvez-vous m'en dire plus à ce sujet ? questionne Marcus Head. Pourquoi a-t-elle appelé la police ?

– Toute la journée de Thanksgiving, Bart a eu une attitude exécrable. Quand ils sont rentrés chez eux, ça a dégénéré...

Neuf jours seulement se sont écoulés entre Thanksgiving et le 4 décembre. Depuis le temps qu'il travaille dans la police, Head connaît suffisamment les mœurs humaines pour savoir que les querelles familiales éclatent souvent en période de fête. Si Bart a demandé le divorce, sans doute le conflit couvait-il depuis des mois, voire des années. Soit Jennifer Corbin ne disait pas tout à sa famille, soit il s'est produit un événement qui a déclenché un raz-de-marée dans le couple.

Bart Corbin n'est toujours pas là et personne ne semble savoir où il se trouve. S'il a déposé une requête de divorce de façon aussi précipitée, suppute Head, peut-être était-ce une tentative désespérée pour dissuader sa femme de le quitter. Dans ce cas, si elle s'est réellement suicidée, ou si elle a été assassinée alors qu'il l'avait laissée seule avec les enfants, il doit se sentir coupable.

Steve Comeau traverse la rue pour dire à Marcus Head qu'il vient de recevoir un coup de fil de Bobby Corbin : Bart est toujours chez lui.

L'inspecteur téléphone aussitôt à Bobby, et demande à parler au mari de la victime, dans l'espoir que celui-ci lui communiquera quelque information qui puisse expliquer le drame.

– Il ne peut pas parler, lui répond Bobby Corbin. Il est très, très remué. Mais nous allons venir bientôt.

En attendant Bobby et Bart, Marcus Head va voir Dalton et Dillon chez les Comeau. Dalton lui explique qu'il a voulu réveiller sa mère pour qu'elle prépare le petit déjeuner et qu'il a vu du sang qui sortait de son nez, un revolver près de sa main.

– J'ai essayé d'appeler le 911, dit-il, mais le téléphone ne fonctionnait pas. Alors j'ai couru chez Kelly et Steve. C'est mon père qui a tué ma mère.

Head considère le petit avec stupéfaction. A-t-il bien entendu ? Dalton a prononcé cette dernière phrase comme s'il s'agissait d'une évidence. Il faudra le soumettre rapidement à un interrogatoire, avant que sa mémoire soit affectée par les remarques qu'il pourra entendre autour de lui. Dillon ne semble pas se rendre compte de ce qui s'est passé. Mais Dillon n'a pas plus de quatre ou cinq ans.

Marcus Head téléphone à son collègue Curtis L. Clemmons, un ancien de l'Unité spéciale d'assistance aux victimes, qui a l'habitude d'interroger les enfants. Lui-même père de famille, Clemmons est un gros nounours à la voix rassurante. Il pousse un soupir attristé en prenant connaissance de la tragédie et confirme que l'interrogatoire doit absolument avoir lieu le jour même. Les souvenirs des enfants sont fragiles, ils peuvent s'envoler comme les aigrettes d'un pissenlit sous le souffle du vent.

Les Barber et les Tierney ont toutes les peines du monde à se dire que la maison de Jenn est à présent un lieu de crime, dont l'accès leur est interdit. On ne les autorise même pas à aller chercher des vêtements pour Dalton et Dillon. Cela leur paraît injuste. Tout leur paraît injuste. Accablés de douleur et de colère, ils ont hâte d'emmener les petits loin de là.

Barton Corbin ne s'est toujours pas manifesté.

Marcus Head consulte sa montre et passe un nouveau coup de fil chez Bobby. Le dernier remonte à une demi-heure.

Le frère de Bart est de moins en moins coopératif. Il ne veut plus conduire Bart à Bogan Gates Drive. Il dit que la famille de Jenn lui a téléphoné et a accusé Bart d'avoir tué son épouse. Possible, pense Head. Sous le coup de l'émotion, les parents ou la sœur de la victime ont peut-être proféré des accusations.

– Je n'ai tiré aucune conclusion, déclare Head calmement. Mais pour mener mon enquête, je dois poser certaines questions au Dr Corbin.

– Je me fais du souci pour mon frère, réplique Bobby. Je vous rappelle.

Marcus Head retourne s'entretenir avec Steve Comeau, lequel lui apprend qu'il est rentré chez lui vers 1 h 45 du matin. Alors qu'il déchargeait du matériel de son camion, dans son garage, il a entendu un bruit de moteur.

– Quelle heure était-il ? s'enquiert Head.

– Environ 2 heures, je dirais. Je devais être rentré depuis à peu près un quart d'heure. J'ai reconnu le bruit du pick-up de Bart.

– Avez-vous vu le véhicule du Dr Corbin, ou le Dr Corbin ?

– Je n'ai pas regardé.

Comeau est incapable de dire s'il a entendu des portières claquer. La seule chose dont il est sûr, c'est que le pick-up qu'il pense être celui de Corbin a redémarré dix ou quinze minutes plus tard.

– Il est parti sur les chapeaux de roue, précise-t-il. On aurait dit qu'il était pressé.

D'après les voisins des Corbin, Bart et son épouse faisaient chambre à part depuis quelques semaines. Jenn partait parfois dormir chez sa sœur Heather, puis elle revenait. Les Comeau pensaient toutefois que les choses allaient s'arranger. Jenn voulait aller voir un conseiller conjugal, mais Bart avait confié à Kelly Comeau qu'il était hors de question qu'il étale sa vie privée devant un charlatan.

Petit à petit, l'irrévocable réalité s'abat sur les Comeau. Jenn n'est plus là. Elle n'aura plus besoin des conseils d'un professionnel. Jenn qui ramenait toujours le calme après la tempête. Jenn qui, face aux problèmes, promettait toujours : « Tout va s'arranger... »

Jenn est morte, maintenant. Dillon et Dalton sont partis avec leurs grands-parents, désemparés, en larmes. Et personne ne sait où se trouve leur père.

Les proches de Jenn n'en démordront pas : ce n'est pas elle qui s'est donné la mort. « Jamais, jamais elle n'aurait fait ça », répètent tous ceux qui l'ont aimée.

– Elle ne s'est pas suicidée, maintient sa sœur Heather. Elle n'aurait pas fait ça à ses fils, elle savait qu'ils ne pouvaient pas se passer d'elle. Elle ne les aurait jamais laissés tomber. Jamais. Peut-être que nous ne nous rendions pas compte à quel point elle était déprimée, mais elle ne se serait pas tiré une balle dans la tête en sachant que ce seraient Dillon et Dalton qui découvriraient son corps. Elle les aimait trop.

3

Le mandat de perquisition est arrivé. Les techniciens de lieu du crime qui patientaient dans Bogan Gates Drive pénètrent dans la maison de brique silencieuse et entreprennent de recueillir tout élément pouvant servir de pièce à conviction. Aussi insignifiant qu'il paraisse et quel que soit le nombre de mains entre lesquelles il est passé, tout indice potentiel est scellé dans un sachet en plastique ; une étiquette indique les initiales de chaque personne qui l'a touché.

La technicienne Amber Roeller et l'expert en médecine légale Ray Rawlins prennent des clichés de la chambre et du corps de Jenn Corbin. Leurs collègues photographient et filment le reste de la maison, intérieur et extérieur. Des mesures sont relevées, qui permettront plus tard de reconstituer la scène.

À 15 heures, presque huit heures après que le petit Dalton Corbin est allé chercher de l'aide chez les Comeau, le pavillon est mis sous scellés. Le corps de Jennifer Corbin est toujours étendu en travers du grand lit. Cela peut paraître étrange, mais la procédure le veut ainsi, afin que les enquêteurs puissent éclaircir les circonstances dans lesquelles la victime a trouvé la mort. Si elle s'est suicidée, ils seront en mesure de le vérifier. Si elle a été assassinée, ils le sauront.

Les reporters à l'écoute des appels téléphoniques des services de police du comté de Gwinnett ont signalé à leurs rédactions un décès sur Bogan Gates Drive, un suicide, apparemment, ce que retransmettront les chaînes de télévision et la presse locales. Les proches de Jenn sont plus que sceptiques, mais, pour le grand public de la région d'Atlanta, une jeune mère de famille a abrégé ses jours. Un fait divers qui ne prête pas à commentaires.

Marcus Head et Ray Rawlins n'ont pas connu Jenn Corbin de son vivant. Ils vont faire connaissance avec elle dans la mort. Head va s'employer à retracer les événements susceptibles de l'avoir poussée à commettre ce geste désespéré. Ou à découvrir les motifs qui ont pu lui valoir d'être assassinée. Au terme de cette incursion dans la vie privée de Jennifer Barber Corbin, les enquêteurs la connaîtront aussi bien que ses proches. Voire mieux.

Les techniciens de lieu du crime ont terminé leur travail. Rawlins et Head pénètrent de nouveau dans la maison. La porte d'entrée donne sur un vestibule. À gauche, une salle à manger ; à droite, un bureau. Ils remarquent que l'intérieur des Corbin est très propre, décoré avec amour par une personne créative qui a su allier mobilier onéreux et pratique dans un cadre chaleureux et accueillant. Les deux hommes s'efforcent de faire abstraction du sapin de Noël. Pour les deux petits garçons qui ont perdu leur mère, la situation est d'autant plus cruelle. Durant toute leur vie, Noël restera associé à ce souvenir.

Rawlins et Head traversent le vestibule et se dirigent vers le fond de la maison. Sur la droite, un couloir les mène à la chambre à coucher des parents, une vaste pièce avec des meubles en bois foncé, des tables de chevet à plateau de marbre, un immense lit à baldaquin aux colonnes sculptées et à la tête ouvragée. Les tentures de cachemire et le linge de lit imprimé de roses sont griffés Tommy Hilfiger.

Près du lit, un jéroboam de vodka Absolut est partiellement rempli de pièces de monnaie. Les lumières et un poste de télévision sont allumés.

Jennifer Corbin est étendue en diagonale sur le lit, silhouette élancée et gracieuse, le visage serein. Elle est tournée sur le côté gauche. Elle ne semble pas s'être débattue. Le haut de son dos est parallèle à la tête du lit, ses jambes forment un angle avec son buste. La couette ne la couvre que de la taille aux chevilles. Il y a trois oreillers sur le lit ; l'un présente un creux au milieu.

Le bras gauche de Jennifer est coincé sous son corps ; sa main dépasse près de son sein. Son bras droit est plié, l'avant-bras repose en travers de son ventre. À quelques centimètres en dessous de sa main droite, la crosse d'un revolver de calibre 38, dont le canon est caché sous la couette.

Les deux enquêteurs froncent les sourcils en se demandant comment l'arme a pu se retrouver dans cette position. Il semble peu probable qu'elle soit tombée de la main de la victime au moment où elle a tiré. Elle n'aurait pas pu glisser là. Au vu de sa blessure à la tête, Jennifer Corbin a dû mourir instantanément, mais cela, l'autopsie devra le confirmer.

Sa tête est légèrement inclinée vers la gauche. Du sang a coulé de ses narines et formé un filet ininterrompu qui a traversé sa paupière gauche et s'est égoutté sur le matelas. Elle n'a pas d'autre trace de sang sur le visage ni sur la bouche, ce qui indique qu'elle n'a pas bougé. Ou qu'elle n'a pas été déplacée après avoir été touchée par la balle. Ou alors pas avant que le sang ait complètement séché, ce qui paraît improbable. Ses cheveux blonds sont imprégnés de sang sur le côté droit et à l'arrière de sa tête.

Les analystes des taches de sang et les experts en balistique devront déterminer l'angle de tir, la distance entre l'arme et son crâne, et si le coup a été tiré par Jenn ou quelqu'un d'autre.

Des marqueurs post mortem permettront d'affiner la fourchette de l'heure du décès. Les parties du corps qui ne sont pas couvertes sont froides, à présent. La *rigor mortis* – ce raidissement des muscles qui se produit peu après la mort – s'est déjà installée. Pendant quarante-huit heures environ, le corps sera complètement rigide, puis les tissus retrouveront progressivement leur élasticité.

Ray Rawlins observe que la *livor mortis*, ou lividité, a également débuté. Ce processus d'apparition de marbrures rouge violacé sur les parties déclives du cadavre survient dès l'arrêt de la pompe cardiaque. Jennifer Corbin ne présente pas de zones de lividité secondaires. (Si le corps est déplacé, les premières colorations, les plus foncées, demeurent, mais des taches plus claires apparaissent.)

La blessure d'entrée est située à l'arrière de la tempe droite. Sur le côté gauche de la tête, l'os est apparent, mais manifestement la balle est encore logée dans la boîte crânienne, tout près de l'orifice de sortie. Les yeux et les tissus des orbites sont enflés et meurtris. Un profane pourrait penser que Jenn a été frappée, mais ces cocards sont caractéristiques des blessures par balle à la tête.

Ses mains ne présentent aucune blessure défensive. Ses ongles entretenus avec soin ne sont pas cassés, la peau n'est pas éraflée.

Soit Jenn s'est suicidée, soit, si elle a été assassinée, elle n'a rien vu venir. Maigre réconfort pour sa famille, elle n'est pas morte dans la terreur.

Ray Rawlins retire précautionneusement le revolver de sous la couette, marque le barillet de chaque côté de la carcasse, puis le bascule. Il y a une douille vide en regard du chien, de forme ogivale, identique à celles des trois balles qui n'ont pas été tirées. L'une des chambres ne contient ni douille ni cartouche, mesure de sécurité destinée à éviter une percussion accidentelle.

Le revolver est un Smith & Wesson calibre 38 en acier bleui. En principe, son numéro de série, 397676, devrait permettre de savoir à qui il a appartenu depuis sa sortie d'usine. Aucune empreinte digitale n'est visible sur la crosse ni sur le canon.

À 15 h 15, Ray Rawlins déclare officiellement le décès de Jennifer Corbin.

Marcus Head aide Rawlins à protéger les deux mains de Jennifer Corbin par des sachets en papier, qu'ils ferment avec du ruban à scellés, s'assurant ainsi que d'éventuels résidus de poudre ou fragments de peau du tueur ne se perdront pas pendant le transport. Puis le cadavre est enveloppé dans un drap de lin neuf et déposé dans une housse.

En silence, les voisins regardent Jennifer quitter sa maison pour la dernière fois, cette maison qu'elle a aimée, maintenant entourée de sinistres bandes jaunes.

Tandis que, chez eux, les policiers rassemblent les premiers éléments de l'enquête, Dalton et Dillon attendent avec leur grand-père au poste de police de Lawrenceville, au 770, Hi Hope Road, route des « grandes espérances », adresse curieuse pour des services de police.

Ce n'est que le début de l'après-midi, mais cette journée du 4 décembre semble interminable aux membres de la famille de Jenn, surtout à ses fils.

L'enquêteur Curtis Clemmons vient chercher Dalton et le conduit dans une salle spécialement aménagée pour les enfants, avec une petite table ronde et une chaise de bois adaptée à la taille d'un garçonnet de presque sept ans.

Une caméra cachée filme l'interrogatoire. Sur la bande vidéo enregistrée, Dalton apparaît dans un état de grande vulnérabilité, mais il est clair qu'il s'applique à répondre de son mieux aux questions qu'on lui pose. Clemmons commence par lui demander son nom : Dalton Fox Corbin. Puis son adresse : 4515, Bogan Gates Drive, à Buford, en Géorgie ; sa date de naissance : le 12 mars 1997 ; et son numéro de téléphone.

Les questions plus difficiles ne viendront qu'ultérieurement. Clemmons doit d'abord instaurer un climat de confiance. Il s'exprime avec douceur, sur un ton encourageant. Il complimente Dalton pour son intelligence. Il est sincère : le petit garçon qu'il a en face de lui lui paraît très éveillé. Pour l'instant, la conversation ne semble pas troubler Dalton ; pourtant, il est assis tout au bord de sa chaise, tel un oisillon prêt à prendre son envol.

– Est-ce que tu portes des lunettes ou des lentilles de contact ? s'enquiert Clemmons.

Il n'a pas besoin de ce renseignement, mais chaque question sans rapport avec le drame survenu sept ou huit heures auparavant met Dalton un peu plus à l'aise.

L'enquêteur lui montre une série de cartons de différentes couleurs. Dalton les nomme toutes sans difficulté, puis il identifie aisément des images d'animaux.

– Bien… Très bien, le félicite Clemmons. Où vas-tu en classe ?

– À l'école Harmony.

– Quel est ton plat préféré ? poursuit Clemmons, en devinant que Dalton va lui donner la même réponse que les dizaines d'enfants qu'il a interrogés tout au long de sa carrière.

– La pizza !

Dalton fait-il la distinction entre un « contact positif » et un « contact négatif » ? lui demande Clemmons en lui donnant pour exemple un câlin de son grand-père et un coup de poing dans la figure. Dalton fait la différence, bien sûr. Sa mère lui a appris à se protéger. Et il connaît également la différence entre la vérité et le mensonge.

Anticipant les questions qui vont suivre, le garçonnet pose soudain la tête sur ses bras croisés. Clemmons n'a pas plus envie que lui d'aborder le sujet de Jenn Corbin.

– Sais-tu pourquoi tu es là aujourd'hui ? lui demande-t-il quand même.

– Parce que ma maman a été tuée ce matin. Quand je me suis réveillé, je suis allé dans sa chambre et elle avait du sang, là. (Il montre ses narines.) Je n'arrivais pas à la réveiller, alors j'ai voulu appeler le 911.

La boîte de Pandore est ouverte. Clemmons a le cœur qui se serre. Un enfant si jeune n'est pas capable d'appréhender l'irrévocabilité de la mort. Dalton a compris que sa maman est morte, mais il ne peut imaginer l'avenir sans elle. Il était 7 heures du matin lorsqu'il s'est rendu dans la chambre de sa mère, où la télévision était allumée ; son frère Dillon dormait encore.

– Il s'est réveillé quand il m'a entendu crier : « Maman ! », et il est descendu en courant.

– Il y avait quelqu'un d'autre avec vous ?

– Mon chien. Zippo.

– As-tu entendu des bruits bizarres la nuit dernière ?

– Non. Je suis allé me coucher vers 10 heures hier soir. C'est mon père qui l'a tuée.

Clemmons s'efforce de ne pas trahir son émotion. Il reste parfaitement immobile et demande à Dalton ce qui lui fait dire que son père a tué sa mère, s'il ne l'a pas vu. Dalton lui explique que la voiture de son père est à la maison, d'habitude, tous les matins, et que ce matin elle n'était pas là.

– Qui te l'a dit ?

– Je l'ai vu.

– As-tu vu ton père ?

– Non.

Dalton dit que ses parents se disputaient beaucoup et répète que son père a tué sa maman, puis qu'il est parti chez son oncle Bob.

Le garçonnet est-il sûr de ce qu'il avance ou affabule-t-il ? Ne mélange-t-il pas ce qui s'est passé au cours des neuf ou dix jours précédents ?

– Avec maman, papa et mon frère, on a mangé à 6 heures hier soir, dit-il. Du steak et des glaces, et puis maman est allée se coucher et papa est parti travailler. Il est dentiste.

– Il travaille la nuit ? s'étonne Clemmons.

– Il a volé des trucs à maman, son nouveau téléphone mobile et des disques.

– Après le dîner, tu es allé au lit, dis-tu… Est-ce que tu as entendu ta maman et ton papa crier ?

– Non. La dernière fois qu'ils se sont disputés, c'était mercredi.

– Quand tu es monté te coucher, ton papa était toujours à la maison ?

– Oui, il dort dans la chambre à côté de la mienne. Papa et maman ne dorment pas ensemble.

– Depuis combien de temps ?

– Le week-end dernier.

Clemmons relit tout ce que Dalton lui a dit jusque-là. Head lui a communiqué certaines informations, mais il veille à ne rien suggérer à l'enfant.

– Donc toi, ton frère, ta maman, ton papa et Zippo, ton chien, vous étiez tous à la maison ? Vous avez dîné à 6 heures du soir, et tu es allé te coucher à 10 heures. Tu as regardé la télé pendant quatre heures avant de monter dans ta chambre ?

– Oui. Des fois, je dors dans ma chambre, et des fois dans la salle de jeu avec Dillon.

Dalton est sûr que son père était encore à la maison quand il est monté se coucher. Le matin, quand il s'est réveillé, son père n'était pas là. Il dit qu'il a vu le revolver dans le lit de sa mère mais qu'il ne l'a pas touché.

– Tu as bien fait, dit Clemmons, qui sait que l'arme était encore chargée.

Dillon voulait son petit déjeuner, lui aussi, or leur mère ne réagissait pas. Dalton savait qu'elle était morte. Il a essayé d'appeler le 911 mais le téléphone ne marchait pas. Alors il a couru chez les Comeau, de l'autre côté de la rue.

– T'es-tu demandé pourquoi le téléphone ne fonctionnait pas ?

– Peut-être parce que papa l'avait coupé.

– Ton papa était en colère contre ta maman ?

– Oui.

– Pourquoi ?

– Il pense que maman est une menteuse. Depuis mercredi, ils n'ont pas arrêté de se disputer. Ils disaient qu'ils n'allaient plus habiter ensemble et prendre un avocat. Ils se criaient dessus.

– Qu'est-ce que ça te faisait, à toi ? interroge Clemmons d'une voix douce.

– J'étais triste.

Dalton précise que son père lui a parlé de la possibilité d'un divorce.

– Il m'a dit : « Je t'aime, et je t'aimerai toujours. »

L'interrogatoire est éprouvant pour un homme qui a lui-même des enfants. Clemmons redemande à Dalton s'il a entendu des choses bizarres durant la nuit. Le petit garçon croit avoir entendu son père parler d'emmener son ordinateur à lui, Dalton, et que sa mère voulait reprendre le compte en banque de son père.

– Ils se sont disputés hier soir ?

– Oui.

– Qu'as-tu ressenti ?

– J'avais peur. Maman m'a tenu la main. Elle me tient toujours la main quand j'ai peur, ça me rassure.

Dalton a demandé à sa mère de s'asseoir près de lui pendant le repas.

– Quand j'ai peur, je préfère qu'elle soit à côté de moi.

Dalton Corbin a été l'observateur d'un mariage à la dérive. Il tente de comprendre pourquoi sa mère est morte, mais il lui manque des éléments. Il regarde ses mains et entrecroise ses doigts un à un. Cela lui apporte-t-il un sentiment de sécurité ? Ou s'agit-il d'un tic nerveux ? Probablement un peu des deux.

Ses souvenirs sont incertains. Il n'a rien entendu pendant la nuit. Non, son père n'a jamais dit qu'il allait tuer sa mère. Dalton n'a pas vu non plus sa mère avec un revolver. Il n'a pas vu le meurtre, ne l'a pas entendu, mais il sait… Il est persuadé que son père est rentré dormir à la maison et qu'il a tué sa mère au petit matin.

– Que ressens-tu pour ta maman ? interroge Clemmons.

– Je suis très triste.

Vient ensuite le tour de Dillon, qui n'a que cinq ans. Sous l'œil de la caméra, il s'assied sur la petite chaise devant la table ronde. Il se balance d'avant en arrière.

Tandis qu'il attend que Curtis Clemmons revienne dans la salle, le garçonnet pose une joue contre la table et écrase tour à tour chacun de ses doigts sur le plateau pour y laisser de petites empreintes circulaires. Puis il pose sa tête sur ses bras, comme Dalton. Il paraît très fatigué et très énervé.

Lorsque Clemmons arrive, il se redresse poliment. Dillon est aussi intelligent que son frère aîné. Il connaît son deuxième prénom, Avery, son numéro de téléphone, son adresse, les couleurs, les animaux. En revanche, il fait montre d'une totale confusion quant au drame qui vient de chambouler sa vie. Il sait que sa mère est morte, mais il s'embrouille dans la chronologie des événements. Il répète certaines choses qu'il a dû entendre de la bouche de Dalton mais il se contredit à plusieurs reprises.

Sa maîtresse d'école s'appelle « Mademoiselle Donna », il l'aime bien. Son plat préféré est la pizza. Il ne sait plus s'il a pris ou non son petit déjeuner ce matin-là. Il a vu sa mère couchée dans son lit, qui saignait du nez, mais il pense qu'elle a peut-être préparé le petit déjeuner.

Dillon affirme être allé dans la chambre de sa mère avant Dalton – ce qui est peu probable –, puis il dit qu'il a vu son père tuer sa mère.

Avec tact, Clemmons lui rappelle la différence entre la vérité et le mensonge. Dillon admet qu'il n'a pas vu son père tuer sa mère. À cinq ans, il ne se rend pas compte qu'il ne reverra plus jamais sa maman. Il n'est pas non plus frappé par le fait que son père n'ait toujours pas demandé à le voir.

Les enquêteurs s'habituent à la tragédie et aux morts violentes, ils apprennent à se blinder. Mais aucun n'est jamais immunisé contre la détresse des enfants.

4

Il est clair maintenant que le Dr Corbin ne se présentera pas à la police de son plein gré. Il a fait appel à un avocat, Steve Roberts, lequel a contacté l'inspecteur Marcus Head par téléphone.

« J'ai informé M. Roberts, note Head dans le dossier qui s'étoffe d'heure en heure, que nous allions faire établir un mandat en vue de soumettre Barton Corbin à une analyse de résidus de tir. »

Une fois le mandat délivré, le substitut du district attorney Tom Davis rappelle l'avocat. Les deux hommes de loi conviennent que Roberts amènera Corbin au commissariat à 16 heures le jour même.

Bart Corbin, accompagné de ses frères, se présente au poste de police à l'heure dite. Tandis que Bart, Brad et Bobby se dirigent vers la salle où l'analyse de résidus de tir va être effectuée, Marcus Head informe Bart que les techniciens de lieu de crime sont sur le point de terminer leurs investigations à son domicile.

– Avez-vous des instructions particulières à leur communiquer ? demande-t-il à Bart. Y a-t-il des portes à verrouiller, par exemple, des alarmes à régler ?

Bart réplique qu'il ne répondra à aucune question, pas même à celles-là.

En présence de Head et de Davis, le technicien Briscoe tamponne les mains de Corbin.

Le test ne révèle ni particules de poudre, ni débris du canon de l'arme. Cela ne prouve pas pour autant que le mari de la victime n'ait pas manipulé le revolver. Un simple lavage de mains a pu faire disparaître tout résidu de tir. Néanmoins, le test était nécessaire, ne serait-ce qu'afin d'observer les réactions du sujet. Corbin est resté calme. Il semble contrarié mais serein.

Ses vêtements sont ensuite inspectés. Pas de tache de sang, aucun signe qu'il ait tiré un coup de feu.

Bart Corbin s'étant enfermé dans un mutisme obstiné, Marcus Head demande à Bobby Corbin comment son frère a appris le décès de sa femme. Bobby, lui non plus, ne veut répondre à aucune question.

Les frères Corbin sont-ils sous le choc ou se serrent-ils les coudes ? De guerre lasse, Head remet à Bobby un exemplaire du mandat autorisant la procédure.

Puis il escorte Bart, Brad et Bobby jusqu'à la sortie du commissariat, et les regarde monter dans leur voiture.

Le soleil se couche enfin sur cette journée sans fin. Dès le lendemain, les services de police vont tenter de démêler l'écheveau d'un mariage raté, de comprendre comment la discorde s'est installée dans le couple. S'ils parviennent à isoler les catalyseurs de la décision qu'a prise Bart de divorcer, sans doute seront-ils en mesure de déterminer qui a tué Jenn.

L'enquête va toutefois se révéler beaucoup plus ardue qu'aucun membre de l'équipe ne l'imagine. Les policiers ont mis les pieds dans un dédale de mystères non élucidés, un imbroglio de relations et d'événements ayant conduit deux familles vers la tragédie.

5

En ce dimanche matin, le Dr Carol A. Terry est réveillée par un coup de téléphone. C'est elle qui va pratiquer l'autopsie du corps de Jennifer Corbin. Les médias n'ont pas remis en cause l'hypothèse du suicide, mais celle-ci ne satisfait ni les enquêteurs ni l'équipe du district attorney Danny Porter, qui attendent avec impatience les conclusions des examens post mortem.

À en juger d'après le peu qu'ils connaissent de la vie de Jennifer Corbin, elle ne correspondait pas au profil type de la candidate au suicide.

De surcroît, il est rare que les femmes se tirent une balle dans la tête, même lorsqu'elles souffrent de grave dépression. Si les hommes ne se soucient guère de l'apparence de leur cadavre, les femmes, en règle générale, souhaitent laisser d'elles une image acceptable. C'est pourquoi la plupart de celles qui attentent à leurs jours le font en absorbant des somnifères ou en se tailladant les veines. La plupart revêtent même leurs plus beaux vêtements et se maquillent avant de passer à l'acte.

Jennifer est vêtue d'une vieille nuisette en satin vert. Dans le dos, les brides tiennent par des épingles de sûreté. Elle n'a pas pris la peine de les recoudre. Sous sa chemise de nuit, elle porte une culotte rose. Le Dr Terry remarque que le sous-vêtement est en place ; on n'a pas tenté de lui enlever.

Les habits et les bijoux des défunts sont souvent plus « vivants » que leur enveloppe charnelle, en tout cas plus « parlants ». Les bijoux de Jenn Corbin sont intacts : des boucles d'oreille en diamant carrées ; un pendentif en forme de larme de couleur brun rouge sur une fine chaîne dorée et une bague assortie à sa main droite ; un bracelet de pépites d'or à son poignet droit ; une alliance en or et une bague de fiançailles sertie d'un diamant rectangulaire à sa main gauche ; une montre au cadran digital indiquant 6:42:21. La montre est arrêtée, elle a cessé de fonctionner quelques heures après la mort. Au poignet droit, Jenn porte également un bracelet de perles roses et blanches formant le prénom « Kylie ». Elle l'a acheté pour contribuer à financer le traitement de la fille d'une amie atteinte d'un cancer. Les pierres de son pendentif et de sa bague sont des grenats, sa pierre semi-précieuse préférée. Elle porte ces bijoux en permanence depuis que sa grand-mère les lui a donnés.

Jennifer Corbin a un petit tatouage sur la cheville droite, les masques de la comédie et de la tragédie. Elle était fan du groupe Mötley Crüe. Ces masques figurent sur la pochette de l'un de leurs albums.

Jenn Corbin avait une silhouette robuste, mais elle n'était pas en surpoids. Elle mesurait 1,80 mètre pour 77 kilos. Au besoin, elle aurait été capable de se défendre. Or, à son domicile, les enquêteurs n'ont observé aucun signe de lutte : ni lampe ou chaise renversée, aucun objet brisé. Les mains de Jenn ne présentent pas la moindre égratignure. Si elle a été assassinée, elle a été prise au dépourvu ; peut-être était-elle endormie.

Si elle a été assassinée. Cela reste à prouver, car les *si* ne tiennent pas dans une salle d'audience.

Jenn avait les lèvres maquillées de gloss rose pâle. Elle a trois trous dans chaque lobe mais ne porte que deux petites boucles d'oreille en diamant carrées. Le Dr Terry les lui ôte, de même que sa nuisette et sa culotte, placées dans des sachets scellés. Si procès il y a, ces éléments serviront de pièces à conviction ; sinon, ils seront rendus à la famille.

La blessure causée par la balle unique se trouve derrière l'oreille droite. Le projectile a suivi une trajectoire de la droite vers la gauche et du bas vers le haut du crâne. Le tronc cérébral a été sectionné, la boîte crânienne fracturée en plusieurs points.

La mort aura été instantanée.

L'orifice d'entrée est rond, d'un diamètre de cinq millimètres. Il y a de la poudre noire autour de la plaie mais pas de tatouage par grains de poudre ni de collerette érosive, comme c'est le cas lorsque la balle est tirée de près. La balle n'a donc pas été tirée à bout portant.

Après avoir défini l'angle de la blessure, le Dr Terry examine les organes de Jennifer Corbin. La victime souffrait-elle d'une grave maladie, qu'elle aurait cachée à ses proches mais qui aurait pu constituer un motif de suicide ? Non, la légiste constate que Jennifer Corbin était en excellente condition physique.

Sa mort n'en paraît que plus tragique. Les poumons, le cœur, les artères, le foie, les reins, les organes reproducteurs étaient en parfait état de fonctionnement. Elle a subi une ablation de la vésicule biliaire et il reste des agrafes chirurgicales – ce qui est normal. Elle a une petite ecchymose sur le côté droit de l'abdomen, en voie de guérison. Probablement insignifiante. Les mères de jeunes enfants se font souvent des bleus en portant leurs bambins.

Le dernier repas de Jenn Corbin était composé, entre autres, de haricots verts. Le bol alimentaire, la température du corps, les degrés de rigidité et de lividité cadavériques constituent autant d'éléments qui permettent de définir l'heure du décès avec une certaine précision. Jenn a probablement rendu l'âme entre 2 et 3 heures du matin.

La cause officielle du décès est portée sur le rapport d'autopsie : « Blessure par balle pénétrante à la tête. Tir long. Orifice d'entrée dans la partie droite du crâne (postérieur à l'oreille droite, région temporale postérieure /occipitale antérieure.) »

Le coup a été tiré d'une distance de quelques centimètres. Jennifer Corbin n'avait tout simplement pas le bras assez long pour se tuer elle-même de cette manière.

Néanmoins, les médias de la région d'Atlanta et du comté de Gwinnett déclarent que les résultats de l'autopsie ne sont pas concluants, ce qui conforte les téléspectateurs et les lecteurs de la presse dans l'opinion que Jennifer Corbin s'est suicidée.

Les articles et les reportages mentionnent la demande de divorce de son mari. Les amis et les collègues de Jenn sont surpris ; tous ont du mal à croire qu'elle se soit donné la mort. Pour sa famille, cette hypothèse relève toujours de l'inconcevable.

Comme son corps, la vie privée de Jenn va être disséquée. Son passé, son présent, ses sentiments, ses pensées, ses rêves les plus intimes et l'existence de ses proches vont être passés au crible. Non seulement son mari mais aussi ses parents et ses sœurs, ses amis et ses connaissances devront, pour les besoins de l'enquête criminelle, se prêter à une mise à nu sans pitié.

Les albums photo des époux Corbin renferment les témoignages de leur bonheur passé : des clichés de leur mariage où on les voit valser ensemble, l'air éperdument amoureux ; Jenn et Bart faisant du rafting dans un canyon ; Jenn, les traits tirés mais radieuse après la naissance de Dalton ; Bart tenant son premier-né dans ses bras à la maternité ; Bart sur sa péniche, torse nu, bronzé et musclé, portant fièrement un petit Dillon de deux mois ; Bart aidant Dillon à souffler sa première bougie d'anniversaire ; Bart et Jenn, un peu moins sveltes que le jour de leur mariage, dansant à un dîner de bienfaisance ; les quatre Corbin posant joyeusement à Disney World ; Bart et Jenn souriant gaiement ; et des quantités de photos d'eux entourés de la famille de Jenn, riant avec Max, Narda, Heather, Doug et Rajel.

Des images peut-être trop parfaites d'un bonheur immortalisé sur papier glacé.

6

À trente-trois ans, Jenn Barber Corbin incarnait le modèle vers lequel tendent la plupart des jeunes épouses et mères de famille.

Elle n'était pas d'une grande beauté, mais elle avait de jolis yeux marron, expressifs, d'épais cheveux blonds et un visage sensuel. Jenn avait toujours le sourire, quels que soient ses soucis.

Son emploi à temps partiel lui permettait de prendre soin de son foyer et de ses fils. Elle ne travaillait que quelques heures par jour, en semaine seulement, à la crèche de l'église méthodiste de Sugar Hill, où elle assistait à la messe tous les dimanches, en famille.

– J'ai toujours pensé que Jenn aurait fait un bon personnage de roman, a déclaré sa collègue et amie Jennifer Rupured. Je l'aurais vue dans n'importe quelle histoire... mais pas dans un meurtre... Elle avait une personnalité facile à cerner et à décrire pour un écrivain. Elle était si aimable, si généreuse...

Et d'évoquer les petits pots de trèfles à quatre feuilles que Jenn plantait pour que les enfants de la crèche les déterrent le jour de la Saint-Patrick ; et les pièces de monnaie « porte-bonheur » qu'elle avait toujours sous la main de façon à pouvoir en donner à quiconque avait un vœu à faire.

Même lorsqu'elle était débordée, Jenn Corbin prêtait toujours une oreille attentive à ceux qui avaient besoin d'être écoutés. Elle possédait une rare capacité à se concentrer entièrement sur son interlocuteur. Sans aucun doute parce qu'elle s'intéressait à ce qu'on lui disait et se souciait sincèrement de son entourage.

Ce n'était pas un ange, cependant. Quand elle était énervée, elle lançait des bordées de jurons, et elle avait parfois un sens de l'humour assez cru. Pas plus que sa mère ou ses sœurs, elle ne collait au stéréotype de la belle du Sud très comme il faut. Elle avait néanmoins une certaine naïveté, une foi candide dans les *happy ends*, malgré les revers de la vie qu'elle avait essuyés.

Son plus grand défaut était la confiance sans bornes qu'elle accordait aux gens avant de les connaître à fond. Et elle pardonnait peut-être trop facilement. Elle avait passé l'éponge sur des choses que bien des femmes ne tolèrent jamais, et elle s'efforçait de garder ses problèmes pour elle afin d'épargner des soucis à sa famille. Avant de mourir, elle était confrontée à un dilemme insurmontable. Elle qui avait toujours cru au mariage, elle voulait pourtant rompre des vœux prononcés huit ans auparavant.

Elle était tombée amoureuse de quelqu'un d'autre.

7

Jenn Corbin est née Jennifer Barber, deuxième d'une famille de trois filles, de parents appartenant à la bourgeoisie américaine sans histoire.

Thomas Maxwell Barber et son épouse Narda ont tous deux reçu une éducation stricte. Max, né à Logan, en Virginie-Occidentale, est le cadet de quatre garçons. Son père travaillait comme ingénieur dans une mine de charbon. Il a appris à ses fils à respecter leurs aînés et à se montrer galants envers les dames.

– Ma mère était un cordon-bleu, se souvient Max, mais à chaque repas je me demandais si j'aurais quelque chose à manger. Mon père servait ma mère en premier, puis il remplissait son assiette, et ensuite celle de mes frères, en commençant par l'aîné. Comme j'étais le dernier, j'avais toujours peur qu'il ne reste plus rien pour moi.

Il s'agit d'une plaisanterie de famille, bien sûr. Max Barber a toujours mangé à sa faim et il est devenu un grand gaillard de 1,90 mètre, un sportif brillant qui a bénéficié d'une bourse de basket à la Florida Southern University de Bradenton, en Floride, où ont ensuite vécu les Barber.

Narda Upton est la fille unique du colonel William F. Upton, militaire de carrière, et de son épouse Sylvia. À sa naissance, son père et sa mère avaient respectivement quarante-cinq et trente-trois ans. Ils possédaient une ferme à Derry, dans le New Hampshire, leur port d'attache, où ils vivaient quand ils n'étaient pas appelés à voyager. Les parents de Narda furent assignés au Pentagone alors qu'elle était en bas âge.

– J'étais encore petite lorsque mon père a pris sa retraite, dit-elle. Mes parents ont acheté une caravane et nous avons fait tout le tour de l'Amérique. C'est pour ça que j'ai la chance de connaître une bonne partie du pays.

Au retour de ce périple, la famille s'installe dans la baie du Mexique, près de Sarasota, en Floride.

Max et Narda se sont rencontrés en janvier 1964, lors d'un bal. Max est accompagné d'une amie de Narda. Narda est elle aussi au bras d'un garçon. Néanmoins, Max tombe immédiatement sous le charme de cette jeune fille au regard pétillant et aux cheveux bouclés. Le lendemain, il cherche son numéro de téléphone dans l'annuaire et lui propose de l'emmener à une course automobile puis de la reconduire à la fac à St Petersburg. Narda est d'accord, à condition que son père le soit aussi. Max Barber est passé au crible par William Upton, qui tient à s'assurer qu'il s'agit d'un jeune homme respectable et d'un conducteur prudent. Avec la bénédiction du colonel, Max et Narda passent une journée inoubliable.

Tous deux très amoureux, ils se fréquentent régulièrement pendant quelques mois avant de se marier, le 28 janvier 1964.

Max a une bonne situation, il est représentant de commerce chez Sears, spécialisé dans le gros électroménager. Il s'élève rapidement dans la hiérarchie et le jeune couple change sans cesse de ville : de Sarasota ils partent à Augusta, en Géorgie ; puis à Bowling Green, dans le Kentucky ; High Point, en Caroline du Nord ; Columbus, Cleveland, et Westerville, dans l'Ohio.

Rajel, leur première fille, voit le jour en 1966, à Sarasota. Jennifer arrive cinq ans après, à Bowling Green, le 25 janvier 1971. Heather vient au monde en septembre 1974 à High Point, en Caroline du Nord.

Après plusieurs années de déménagements à répétition, les Barber s'installent à Lawrenceville, dans le comté de Gwinnett, en Géorgie, où ils achètent une maison dans un lotissement qui vient de se construire.

– Dès le début, nous nous sommes très bien entendus avec les voisins, affirme Narda. Depuis plus de trente ans, nous savons que nous pouvons compter les uns sur les autres.

Les parents discutent par-dessus les haies des jardins, les enfants jouent ensemble chez les uns ou chez les autres et vont se baigner à la piscine du country-club, épicentre de la solidarité qui règne dans la communauté.

Rajel est une petite brune, comme sa mère. Jennifer et Heather ont hérité des épais cheveux ondulés de Narda, mais elles tiennent davantage de Max, notamment pour ce qui est de leur grande taille.

Narda est une artiste. Ses tableaux et ses sculptures sont exposés partout dans la maison des Barber. Elle s'est aménagé un atelier à l'arrière du pavillon, où elle expérimente toutes sortes de techniques.

Rajel se marie jeune, peu après sa sortie du lycée, et donne naissance à une fille. Puis elle part vivre quelque temps en Californie, où elle adopte un garçonnet d'une famille nombreuse et défavorisée dont la mère est décédée. Joey deviendra membre à part entière de la famille Barber.

Rajel mène une vie très différente de celle de ses sœurs, qui ne sont encore que des adolescentes. Jennifer et Heather se rapprochent. Toutes deux font partie de l'équipe de basket du lycée. En raison de leur stature, ce sont des joueuses très prisées.

Jenn a hérité du talent artistique de sa mère, mais si Narda peint à main levée sa fille est beaucoup plus minutieuse, très attentive aux perspectives et à l'équilibre de ses compositions.

Après le lycée, Jenn entre à la faculté d'arts plastiques de Savannah, une ville historique, proche de la frontière entre la Géorgie et la Floride, où règne un climat étouffant. Jenn s'intéresse à tant de choses qu'elle ne sait vers quelle carrière s'orienter. Elle aime la photo mais elle est également attirée par l'architecture d'intérieur.

Lorsqu'elle revient dans le comté de Gwinnett, un an plus tard, elle ne sait toujours pas ce qu'elle veut faire, si bien qu'elle finit par s'inscrire à une formation de puéricultrice. La seule chose qu'elle ne veuille pas, c'est devenir une femme au foyer sans profession. Elle est trop indépendante pour vivre aux crochets d'un homme. Elle aspire à l'amour, au grand amour. Comme la plupart des filles de son âge, elle a déjà eu plusieurs petits amis, des amours de jeunesse sans lendemain.

À vingt ans, elle s'installe dans la région des Virginia Highlands, près d'Atlanta, avec un jeune homme qu'elle fréquente depuis quelques mois. Le couple habite dans un petit bungalow romantique, à deux pas d'un parc arboré et fleuri. Mais leur idylle ne dure pas. Ils se séparent sans animosité.

Jenn retourne chez ses parents à Lawrenceville et trouve un emploi de serveuse à Duluth, dans un bar à huîtres, le Barnacle, où elle ne perçoit qu'un salaire modeste complété par les pourboires. La direction apprécie son amabilité envers les clients, son efficacité et la rapidité avec laquelle elle se familiarise avec le fonctionnement du restaurant. Rapidement, elle est nommée chef d'équipe.

Jenn a beaucoup d'amis, des aventures passagères, mais elle ne cherche pas à s'engager dans une relation durable. Elle aime son job, elle est confiante en l'avenir, certaine que ce qui doit arriver arrivera.

Le jeune Dr Bart Corbin est un habitué du Barnacle, où il passe tous les jours après son travail. Son frère Bobby y est portier, et Suzanne, la future épouse de Bobby, travaille là elle aussi. C'est en 1995 que Bobby présente Jenn à Bart. Il lui plaît parce qu'il est grand, plus grand qu'elle, ce qui est rare.

En attendant de pouvoir ouvrir son propre cabinet de chirurgie dentaire, Bart effectue des remplacements. Depuis quelques années, il travaille aussi, bénévolement, un vendredi par mois, dans une clinique qui offre des soins gratuits aux indigents, la Ben Massell Dental Clinic ; la directrice, Barbara Jones, ne peut que dire de lui :

– Ici, nous n'avons vu que son côté altruiste.

Bart est beau, musclé, les traits fins, il s'habille bien et sait parler aux femmes. Jennifer se laisse séduire. Pour autant qu'elle sache lorsqu'elle commence à sortir avec lui, il n'a pas eu de relations sérieuses depuis qu'il a terminé ses études. Il entretient une liaison avec la secrétaire d'une clinique où il a fait quelques remplacements. Une liaison dangereuse avec une femme mariée, mère de deux jeunes enfants, déchirée entre son époux et son amant, lequel lui laisse entendre qu'il ne peut vivre sans elle. Jenn ne sait rien de cette femme, elle ne sait rien non plus de la liaison de Bart avec une femme bien plus âgée que lui.

Bart a parfois l'air insondable, ce qui le rend d'autant plus intéressant. Il a de l'esprit, de la repartie ; quel que soit le sujet de conversation, il a toujours un bon mot à placer. Comme beaucoup de monde, Jenn admire son humour.

Elle est amoureuse, Bart lui dit qu'il l'aime, il ne lui en faut pas plus pour flotter sur un nuage. Elle le présente à ses parents, qui lui réservent le meilleur accueil. Bien que Bart ait sept ans de plus que Jenn, ils forment un couple bien assorti. Max Barber les observe, et constate avec satisfaction que le jeune dentiste est attentionné à l'égard de sa fille. Pour Max, qui a toujours été très protecteur envers ses enfants, c'est ce qu'il y a de plus important. De surcroît, Bart exerce une profession libérale, il gagnera bien sa vie. C'est le gendre idéal.

Un seul détail chagrine Max Barber : le langage grossier de Bart, les obscénités qu'il profère à tout bout de champ. Avec le temps, il finira toutefois par ne plus y prêter attention. Bart lui paraît être un bon mari pour sa « Jenni ». Les deux hommes ont de nombreux centres d'intérêt communs. Ils vont souvent faire du bateau et pêcher ensemble.

Bien sûr, les parents de Jenn ignorent que Bart a d'autres femmes dans sa vie. Sa relation avec la plus âgée des deux ne durera pas, mais il continue à fréquenter la jeune mère de famille.

Jenn se confiait facilement à Narda, à son père Max et à ses sœurs, mais elle évitait de leur raconter des choses qui auraient pu leur causer du souci. À cette époque, d'ailleurs, elle ignorait que Bart ne lui était pas fidèle.

Narda n'est pas du genre à porter des jugements. Jenn et Bart sortent ensemble depuis plusieurs mois, elle suppose qu'ils ont déjà passé quelques nuits ensemble et cela ne la choque pas. Jenn habite actuellement chez ses parents, mais elle a déjà vécu avec un homme.

– Jenn n'était pas une gamine, dira Narda. Elle était allée à la fac, elle avait essayé l'école de puériculture, et elle travaillait. Elle vivait provisoirement chez nous, mais ce n'était plus une adolescente. Elle avait vingt-quatre ans quand elle a connu Bart, et elle volait déjà de ses propres ailes. Nos trois filles ont toujours été très libres.

Narda se souvient que Bart a invité Jenn à venir avec lui dans le Colorado, où il devait prendre part à un séminaire de chirurgie dentaire :

– Comme elle travaillait, elle n'a pas pu l'accompagner, mais ils se téléphonaient plusieurs fois par jour. Quand il est revenu, ils se sont vus de plus en plus souvent. Un peu plus tard, il a dû partir pour l'Italie. Cette fois, elle est partie avec lui, et à leur retour ils ne se quittaient plus.

Quelques semaines après son retour d'Italie, Jenn téléphone à sa mère : elle a des choses importantes à lui dire.

– Elle m'a demandé : « Tu es assise ? », se rappelle Narda. Je lui ai répondu que oui. « Bart et moi, nous avons pris une décision… et… je suis enceinte, m'a-t-elle annoncé gaiement. Nous allons garder le bébé et nous marier. »

Jenn se garde de le dire à sa mère mais Bart lui a suggéré de se faire avorter ou de confier leur futur enfant à une famille d'adoption, ce qu'elle a catégoriquement refusé.

Narda est ravie.

– Je n'avais encore jamais pensé que ma fille puisse être mère, dit-elle. Jenn était plutôt du genre à se préoccuper de son avenir professionnel avant de fonder une famille. Et voilà qu'elle me demandait tout d'un coup combien de temps il fallait pour préparer un mariage ! Nous avons réussi à tout organiser en six semaines, un beau mariage en plein air avec des violons et tout ça.

La cérémonie a lieu le 1er septembre 1996, à Commerce, en Géorgie. Jenn n'aimant pas les couleurs pastel, ses demoiselles d'honneur sont en noir et blanc, des roses rouges à la main. Les jeunes mariés sont superbes. Joue contre joue, sur la piste de danse, ils forment le couple parfait. Jenn est resplendissante. Elle fait des envieuses parmi ses invitées. Ses parents sont heureux pour elle.

Bart et Jenn ne partent pas en voyage de noces mais passent le week-end sur la péniche de Max et Narda, sur le lac Lanier. Jenn disait en riant : « Nous avions déjà eu notre lune de miel : notre voyage en Italie. »

– Nous allions avoir un petit-fils, c'était formidable ! se souvient Narda.

Deuxième partie
Bart

8

Si Jenn a grandi dans un cocon familial sécurisant, ce n'est pas le cas de Bart. Son père a assisté à son mariage, mais il avait déjà divorcé de son épouse Connie et vivait avec une autre femme beaucoup plus jeune que lui.

Gene et Connie Corbin ont eu trois fils. Bart et Brad sont nés à Jacksonville, en Floride, le 22 décembre 1963, à trois minutes d'intervalle. Ce sont de faux jumeaux. Tandis que Bart est un enfant extraverti, Brad a une personnalité plus discrète. En fait, Bart sera plus proche de Bobby, de quatre ans son cadet.

Eugene Adams Corbin a été policier militaire, puis officier de police à Jacksonville. À la naissance de Bart et de Brad, il avait vingt-six ans, Connie, vingt-trois. Elle était vendeuse. L'une de ses connaissances la décrit en ces termes : « Connie ne savait parler que des bonnes affaires qu'elle avait dénichées. C'était une accro du shopping ! ». Gene et Connie Corbin ont des rapports houleux. Les fils Corbin prennent en général le parti de leur mère et se rangent définitivement de son côté lorsque leur père a un enfant sur le tard, à l'époque où Jenn est enceinte de Dalton. Bart a un fils et un demi-frère qui sont à peu près du même âge.

Bart et Brad ont sept ans lorsque les Corbin quittent Jacksonville. Ils vivent quelque temps à Atlanta, avant de s'installer à Snellville, dans le comté de Gwinnett, à une trentaine de kilomètres de Buford. Ils ont acheté une grande maison qui ressemble à un ranch, dans un quartier tranquille. Ils ont une piscine privée et une salle de jeu au sous-sol, que leur envient tous les gamins du voisinage.

Gene veut que ses fils soient des athlètes. Il fait de nombreux dons financiers à leur collège pour l'acquisition d'équipements sportifs. À tel point que les mauvaises langues chuchotent qu'il essaye de caser ses enfants dans les meilleures équipes de l'établissement.

Bart, Brad et Bobby ont tous trois fréquenté le lycée de South Gwinnett, à Snellville, où ils ont reçu une éducation conservatrice typique de la mentalité du sud des États-Unis. Bart et Brad ont eu un professeur d'éducation sanitaire et sociale très puritain, qui ne leur a jamais parlé de contraception ni de protection mais leur a dit que les filles n'aimaient pas le sexe, qu'il ne fallait pas les forcer à avoir des rapports sexuels parce que « toutes les femmes ont horreur de ça » !

Au lycée, Bart n'a pas de petite amie. Il fait partie du club de théâtre, son frère Brad est membre du club de français. Mais pour leur père, ce qui compte, c'est qu'ils excellent au foot, et il les pousse sans relâche à se dépasser dans les compétitions sportives. Sport et abstinence sexuelle : les fils Corbin sont élevés comme de « bons garçons du Sud ».

Selon toute vraisemblance, Bart n'a encore jamais eu de relations intimes lorsqu'il entre à l'université de Géorgie, à Athens, où les filles le trouvent naïf et maladroit.

À cette époque, Gene Corbin dirige une petite entreprise du nom de Gecor. Pendant les vacances scolaires, ses fils travaillent pour lui. Les usines Gecor fabriquent des produits chimiques entrant dans la composition de détergents et d'engrais de jardin.

L'entreprise de Gene est prospère. Il a les moyens d'offrir une voiture à chacun de ses fils pour leur entrée à l'université. À Athens, Bart conduit une Lincoln Continental d'occasion et possède, à sa grande fierté, un pick-up Chevrolet jaune et blanc équipé d'un arceau de sécurité massif, de deux gros feux antibrouillard et d'un porte-fusil. À l'arrière, il a fixé un pare-soleil aux couleurs du drapeau confédéré.

Lorsque Bart sort du lycée, en 1982, il a atteint sa taille adulte, 1,90 mètre, et pèse plus de 100 kilos. Il ne fait pas encore de musculation et est un peu trop enrobé. Bon défenseur dans l'équipe de foot du lycée de South Gwinnett, il aurait sans doute pu obtenir une bourse dans une petite université, mais Bart et Brad ont choisi l'UGA, l'Université de Géorgie d'Athens. Même si Gene Corbin a des revenus confortables, les jumeaux et leur père se vantent de s'être vu offrir une bourse importante.

Athens se trouve à environ quatre-vingts kilomètres de Snellville. Pour Bart et Brad, c'est un monde nouveau. Tous deux suivent un cursus prémédical.

Bart est remplaçant dans l'équipe de foot de la fac, les Bulldogs. Il n'a pas été recruté par les entraîneurs et ce n'est pas un as du ballon, mais il joue toute la saison et il est récompensé par une montre et une veste au logo de l'équipe. Il offre la montre à son père.

Les jumeaux Corbin ne se laissent pas distraire par le sport de leurs objectifs ambitieux. Brad veut devenir neurochirurgien, Bart envisage des études de chirurgie dentaire. Une vocation, à l'en croire, qui remonte à son enfance, inspirée par Herbie, l'un des lutins du père Noël, dans *Rudolph, le petit renne au nez rouge*, qui voulait être dentiste.

Bart et Brad partagent une chambre à la cité universitaire Myers Hall, sur le campus de l'UGA, une pièce minuscule avec des lits superposés et des bureaux dessous, dans laquelle les deux grands gaillards ont un peu de mal à se mouvoir.

Bart n'est pas un étudiant particulièrement brillant, mais il travaille avec acharnement. Parmi ses camarades, son humour parfois cinglant lui vaut une certaine popularité. Il n'a toujours pas de petite amie et il n'a guère de contacts avec les étudiantes.

Bart n'aurait probablement jamais franchi le pas si une jolie brune, en deuxième année de fac de journalisme, n'avait jeté son dévolu sur lui.

À l'automne 1982, Bart suit des cours d'histoire à l'école de journalisme. Dans le grand amphi, Shelly Mansfield [1] observe du coin de l'œil ce grand costaud de première année au visage de chérubin. Elle aime son regard sombre sous ses épais sourcils, son air innocent de gamin dans un corps d'homme, et décide de lier connaissance avec lui.

---

1. Certaines personnes ont souhaité conservé l'anonymat. Leurs pseudonymes sont signalés par un * lors de leur première apparition dans le texte. (*N.d.A.*)

– Il était assis dans les premiers rangs, se souvient-elle. Je le trouvais mignon.

Bart ne semble pas la remarquer, mais Shelly est déterminée à attirer son attention.

– Après les cours, confie-t-elle, je le laissais partir devant moi et je le suivais jusqu'à l'ascenseur. Je le regardais, il me regardait, mais nous étions tous les deux trop timides pour nous adresser la parole. Ça a duré comme ça pendant trois mois. Le trimestre s'est terminé, et je pensais que j'avais loupé le coche, que je n'aurais plus l'occasion de sympathiser avec ce beau garçon en pantalon de camouflage.

Pendant les vacances de Noël, Bart et Brad fêtent leur dix-neuvième anniversaire. Le trimestre suivant, Shelly n'a pas de cours en commun avec Bart. Mais elle ne l'a pas oublié. Au printemps, elle le croise par hasard dans un bus.

– Je l'avais retrouvé ! raconte-t-elle en riant. Il allait à l'administration. Je l'ai suivi, et j'ai appris son nom : Bart Corbin. Mais j'avais toujours aussi peur de lui parler. Allez savoir pourquoi… Il n'avait rien d'intimidant. Peut-être que je n'ai pas osé engager la conversation parce qu'il était avec son frère.

Dans le répertoire des étudiants, Shelly cherche l'adresse de Bart, et lui envoie un petit mot, lui disant qu'il lui plaît, qu'elle aimerait bien le rencontrer, et lui indiquant son numéro de téléphone. Bien sûr, elle s'en mord aussitôt les doigts, certaine que Bart va la trouver ridicule et qu'il ne l'appellera jamais.

Or il lui téléphone et se montre plutôt amical. Ils se donnent rendez-vous pour le lendemain soir, dans le hall de la résidence universitaire de Shelly.

Shelly est une jeune fille séduisante, aux longs cheveux presque noirs. Ce sera la première petite amie de Bart Corbin, et elle aura sur lui plus d'influence qu'elle ne le soupçonnera jamais. Sans doute est-elle restée dans l'esprit de Bart la référence féminine à laquelle il comparera toutes ses relations.

Shelly ne songe pas au mariage. Elle veut devenir écrivain ou journaliste. C'est une étudiante douée, n'hésitant pas à sécher les cours qui ne l'intéressent pas.

Plus de vingt ans plus tard, elle se souvient de son premier rendez-vous avec Bart :

– Je portais une minirobe rose vif en tissu froissé qui mettait mon bronzage en valeur. J'étais appuyée contre un flipper quand il est arrivé. Le courant est tout de suite passé entre nous. Je le trouvais très sympa et très marrant. Nous avons discuté un moment dans le hall. Puis nous sommes sortis et nous nous sommes assis sur un bac à fleurs, près du réfectoire. Nous sommes restés là des heures. Dès le début, nous nous sommes sentis très à l'aise ensemble. Nous avons bavardé comme de vieux amis.

« Nous avons bu quelques bières et après un moment la tête a commencé à me tourner. Je me suis assise sur ses genoux. Ma robe remontait sur mes cuisses. Il était beaucoup plus galant que la plupart des garçons de son âge. Il m'a vraiment fait bonne impression. Je le trouvais très “gentleman”, une espèce que nous croyions en voie de disparition, mes copines et moi ! Nous avons commencé à sortir ensemble très naturellement.

Shelly est amoureuse de Bart et, très vite, il s'éprend d'elle. C'est le printemps, ils passent tout leur temps libre ensemble. Bart offre à Shelly un tee-shirt jaune vif avec sur le devant cette inscription : « Snellville ? C'est où, ce bled ? ». Elle l'arbore fièrement quand elle rentre chez elle, dans l'État de New York, où tout le monde ignore effectivement où se trouve Snellville. Sur le campus, elle porte la veste de Bart avec le logo des Bulldogs.

Shelly se rappelle avoir un jour demandé à Bart pourquoi il voulait devenir dentiste, ajoutant :

– Je trouve dégueulasse de fourrer ses doigts dans la bouche des gens !

– Ce n'est pas que ça me plaise, mais c'est un métier qui rapporte.

L'argent revêt une importance capitale aux yeux de Bart, et il est près de ses sous. Quand il sort avec Shelly, chacun paye sa part. Mais elle ne lui en veut pas. Entre eux, tout est encore tout nouveau tout beau.

Le match de foot des Bulldogs de Géorgie contre les Gators de Floride, qui se déroule à Jacksonville, en Floride, constitue l'un des moments phares de l'année universitaire. C'est l'occasion d'une grande fête en plein air à laquelle tous les étudiants rêvent de participer au moins une fois.

– Nous aurions vendu notre sang ou l'argenterie de nos mères pour y aller, plaisante Shelly. Quand je pense que Bart avait gagné des billets gratuits... J'aurais été folle de joie si je l'avais su.

Mais Bart revend les tickets à un bon prix sans en parler à sa petite amie.

– Il ne me l'a dit qu'après coup, rapporte-t-elle, parce qu'il savait que je n'aurais pas voulu qu'il s'en sépare. J'étais furieuse ! Soi-disant, ça nous aurait coûté trop cher de faire le voyage jusqu'à Jacksonville. Il n'a pas pensé un seul instant que c'était une opportunité fabuleuse pour nous deux. Je lui ai pardonné, mais je trouvais qu'il s'était comporté bêtement.

Les Corbin vivent bien mais ils ne roulent pas sur l'or, constate Shelly lorsque Bart l'emmène chez lui. Elle s'entend bien avec Bobby, qui est toujours de bonne humeur, et se rend compte qu'il est le chouchou de son père parce qu'il est bon au foot. En revanche, elle n'a aucune affinité avec Brad, qu'elle soupçonne d'être jaloux de Bart parce qu'il sort avec elle.

– Gene était plutôt sympa avec moi, dit-elle. Je crois qu'il était amusé de voir Bart sortir avec une Yankee et qu'il pensait que ça n'allait pas durer.

L'attitude condescendante du père de Bart ne choque pas Shelly. Quant à sa mère, elle la trouve horriblement lunatique. Elle a l'impression que Connie Corbin la considère comme une ennemie.

– Elle avait ses bons jours, concède-t-elle. Une fois, elle m'a même appris à faire des *chicken planks*, des beignets de poulets typiques du Sud, que l'on sert avec un assortiment de sauces.

Le plus souvent, toutefois, Connie se montre glaciale. Shelly se souvient notamment d'un week-end où elle n'a pas prononcé un mot. Ni Bart ni elle n'ont jamais su pour quelle raison.

Bart se montre réticent à faire l'amour à Shelly et elle ne comprend pas pourquoi, jusqu'à ce qu'il lui avoue qu'on lui a appris que le sexe rebute les filles. Elle le convainc que les femmes prennent en général autant de plaisir que les hommes.

Shelly est certaine d'avoir « dépucelé » Bart, comme elle est certaine qu'il lui a toujours été fidèle.

– Nous étions constamment ensemble, dit-elle. Il n'avait pas le temps d'aller voir ailleurs.

Avec Shelly, Bart a toujours été d'humeur égale. Elle n'a le souvenir d'aucun accès de fureur. Durant les deux années qu'a duré leur relation, il ne s'est énervé qu'une fois, parce qu'elle l'avait appelé par le prénom de son ex. Il n'a toutefois jamais manifesté de jalousie envers ses anciens petits amis.

Quant à l'unique scène violente qui ait jamais éclaté entre eux, la responsabilité en incombe à Shelly.

– Nous traversions un passage à vide, dit-elle. J'étais en train de lui faire tout un laïus sur mes sentiments. Il s'est penché vers moi et il a fait : « Gna-gna-gna-gna. » Ça m'a tellement vexée que je l'ai giflé de toutes mes forces. Il a eu l'air choqué, mais il a gardé son calme.

Au début de sa deuxième année de fac, Bart est à nouveau remplaçant dans l'équipe de foot des Bulldogs, mais il arrête en milieu de saison. Cette décision lui coûte. Il ne voudrait pas décevoir son père, mais il n'a pas suffisamment de temps pour étudier sérieusement. Par ailleurs, il n'a plus la carrure des meilleurs joueurs de l'UGA. Au cours de l'été, Shelly l'a encouragé à perdre du poids et il a maigri de plus de quinze kilos.

– Il gagnait en assurance, témoigne Shelly, et il s'habillait beaucoup mieux.

Bart s'est acheté un blazer blanc – très à la mode à l'époque de *Deux Flics à Miami* – et Shelly lui a offert un débardeur Calvin Klein. Il a de l'allure. Ce n'est plus le grand costaud en tenue de camouflage qui a tapé dans l'œil de Shelly un an plus tôt. Elle s'amuse de le voir regarder son reflet dans les vitrines des magasins et rectifier sans cesse sa coiffure.

Bart commence à parler mariage. En 1984, il emmène Shelly voir les chutes du Niagara. Elle l'a présenté à ses parents, qui l'ont trouvé charmant et attentionné. Mais elle n'est pas sûre de vouloir l'épouser. Bientôt, elle aura terminé ses études. Elle espère faire ses armes à la rédaction d'un petit quotidien local, puis se faire engager par un grand journal. Or, si Bart est accepté en chirurgie dentaire, ils s'installeront à Augusta, en Géorgie, et elle ne se voit pas dans le rôle de l'épouse dévouée d'un dentiste de province.

Shelly a choisi de faire carrière dans le journalisme. Elle veut rédiger des articles pertinents et objectifs, défendre les valeurs démocratiques, aider les opprimés et les déshérités. Bart, lui, n'a pour seule ambition que de s'enrichir. De surcroît, il est radin, alors qu'elle veut pouvoir s'offrir ce qui lui fait envie.

Pour toutes ces raisons, elle doute de pouvoir s'épanouir pleinement à ses côtés.

Elle ne rompt pas mais s'éloigne peu à peu de Bart. Elle se montre plus distante en espérant qu'il comprendra de lui-même. Parfois, elle provoque délibérément des querelles à propos de sujets futiles. Elle n'a pas peur de lui, mais elle ne veut pas le blesser et craint qu'il ne soit dévasté par la rupture.

Sa stratégie ne fonctionne pas. Bart ne semble pas s'apercevoir du changement, si bien que Shelly finit par lui annoncer clairement qu'elle le quitte. Curieusement, elle ne garde pas de souvenirs précis de la discussion. Elle se rappelle seulement que Bart a pleuré et qu'il n'était pas en colère contre elle.

Apparemment, Bart se fait une raison. Ils se croisent fréquemment sur le campus ou dans les rues d'Athens. Jamais Shelly ne s'est sentie menacée, jamais elle n'a eu l'impression qu'il la surveillait. Elle ne s'est jamais demandé par quel hasard ils se croisaient si souvent

Bart n'affiche aucun signe extérieur de rancœur ou de chagrin. Shelly est persuadée d'avoir agi pour le mieux, pour elle comme pour lui. Ils ont vécu ensemble deux années formidables puis ont réussi à se séparer sans que ni l'un ni l'autre garde de rancune ni de regrets.

Quelques mois après la rupture, Bart est accepté en chirurgie dentaire. Shelly bronze, au bord de la piscine de l'immeuble où elle a emménagé lorsqu'il vient lui annoncer la nouvelle.

– Il devait savoir où me trouver, dit-elle. Je mettrais ma tête à couper que j'ai été la première, après son frère Brad peut-être, à apprendre sa réussite. À mon avis, ses parents n'étaient pas encore au courant.

Elle comprend qu'il ait envie de partager sa joie et sa fierté, mais elle est étonnée d'avoir la primeur. Elle a tiré un trait sur leur relation amoureuse, et elle pense qu'il s'est remis de sa déception. Néanmoins, elle est heureuse pour lui. Ils se fixent un rendez-vous pour le soir même, chez elle, pour « discuter en bons copains ».

Ils passent ensemble une soirée agréable. Bart n'évoque pas le sujet mais elle sent qu'il a toujours des sentiments pour elle. Afin d'éviter de lui donner de faux espoirs, elle ne cesse de parler d'un garçon avec qui elle a sympathisé.

– Il avait les larmes aux yeux, dit-elle. J'ai regretté d'avoir été méchante gratuitement.

Bart finit par s'en aller brusquement. Elle ne le reverra jamais.

Après avoir obtenu son diplôme, en 1987, Shelly est embauchée à la rédaction du journal de Griffin, en Géorgie. Elle a ensuite été correspondante de presse, aux États-Unis puis à l'étranger. En quittant Bart, elle a pu accomplir ses rêves de jeunesse. Pour aider les défavorisés, elle s'est engagée dans les Peace Corps et a été envoyée en Thaïlande, où elle a trouvé un sens à sa vie.

De Bart Corbin, elle a gardé le souvenir d'un jeune homme sensible. Elle ne nie pas l'avoir aimé mais ne regrette pas d'avoir rompu.

Bart a obtenu son diplôme de l'université de Géorgie en 1987. En entrant à la faculté de médecine d'Augusta, il entame une nouvelle période de sa vie. S'il nourrit du ressentiment envers Shelly, elle n'en saura jamais rien.

9

Tandis que Shelly embrasse une trépidante carrière de journaliste, Bart commence ses études de chirurgie dentaire à Augusta. Il a changé. Il s'est retranché dans une carapace et son humour est devenu amer, cassant, ce qui ne l'empêche pas d'être populaire parmi ses camarades du MCG, la fac de médecine de Géorgie.

Les filles le trouvent bizarre, cependant, et gardent leurs distances. Lee Reardon*, la sœur de l'un de ses copains, le décrit en ces termes :

– Il sortait beaucoup, il était de toutes les soirées. Il était marrant, mais un peu brut de décoffrage. Il avait les cheveux longs et une boucle d'oreille. Pas du tout le style BCBG de la fac.

Bart a beaucoup maigri. Il se coiffe avec la raie au milieu ; ses cheveux lui descendant sur la nuque. Il s'habille souvent tout en noir. Il ressemble à une rock-star ou à un gitan, ce qui n'est pas du goût des étudiantes du MCG.

S'il est attiré par Lee Reardon, il ne lui plaît pas du tout, et elle éprouve un vif soulagement lorsqu'il cesse de l'inviter à sortir, d'autant plus que son frère Corey l'a mise en garde contre ce garçon.

Bart est imprévisible. Il entre parfois dans de violents accès de colère, un trait de caractère que personne ne lui a connu à Athens. Il est impatient et irritable. Il lui arrive de fracasser contre les murs les moulages dentaires sur lesquels il travaille. Mais tous les étudiants de sa promotion sont sous pression. Aucun ne trouve ses crises de rage alarmantes.

Certains de ses copains le taquinent en l'imitant quand il s'énerve. Il ne s'en offusque pas.

En 1987, Bart a une aventure avec une étudiante prénommée Eden*.

– Il était un peu excentrique, se souvient l'une des amies de cette jeune fille. Par exemple, il ne se mettait jamais de déodorant, alors que le climat est très chaud et très humide à Augusta. Il dégageait de fortes odeurs corporelles, mais il prétendait que c'était malsain de se mettre des produits chimiques sous les aisselles. Et il se croyait supérieur à tout le monde. Il paraissait incapable d'empathie, rien ne semblait le toucher.

Cette jeune femme, aujourd'hui hygiéniste dentaire, a été frappée par la vénalité de Bart. Quelques années plus tard, elle a eu l'occasion de travailler et de dîner avec lui. Elle l'a trouvé froid et distant avec ses patients, plus intéressé par l'aspect financier de sa profession que par les soins qu'il prodiguait.

– Il était affreusement imbu de sa personne, affirme-t-elle. Aujourd'hui encore, je ne comprends pas comment il a pu s'imaginer qu'il me plaisait. Très hautain, de but en blanc il m'a asséné que je n'étais pas son genre, qu'il cherchait une femme « d'un autre calibre ». Il voulait se marier avec une dentiste.

Les étudiantes en chirurgie dentaire qu'il côtoie trouvent Bart beau et spirituel, mais son attitude méprisante les refroidit. Avant Shelly, il était timide et emprunté avec les filles. Maintenant, il cache ses émotions derrière un visage de marbre. Aucun de ses amis n'a connu Shelly Mansfield et il se garde bien de parler d'elle ou de leur rupture. Bientôt, d'ailleurs, une autre la lui fera oublier.

10

Si la presse locale continue de s'interroger sur les motifs qui ont pu pousser Jennifer Corbin au suicide, le comportement de Bart renforce chaque jour les soupçons de la police.

Il refuse que sa belle-famille aille chercher des vêtements pour ses fils et les cadeaux que leur mère avait achetés. Dans le deuil, les Barber et les Corbin ne se serrent pas les coudes. Au contraire, des barrières se dressent entre eux.

Près d'une semaine après le décès de leur mère, Dalton et Dillon n'ont toujours pas vu leur père, et celui-ci refuse d'être entendu par les enquêteurs, alors que tous les membres de la famille de Jenn ont été auditionnés.

Lorsque Narda et Max Barber se rendent au funérarium où est conservé le corps de leur fille, afin d'organiser les obsèques, ils ont la surprise d'apprendre que leur gendre a pris ses dispositions pour que son épouse soit incinérée.

– Non ! s'exclame Narda. Nous ne voulons pas d'une crémation. Il est déjà bien assez compliqué d'expliquer aux enfants que leur mère est partie pour toujours… Comment pourrions-nous leur dire qu'elle va être brûlée ?

– Je suis désolé, s'excuse l'entrepreneur des pompes funèbres. D'un point de vue juridique, le Dr Corbin est le plus proche parent de la défunte, et il souhaite qu'elle soit incinérée… Le corps de Mme Corbin doit être amené au crématorium dans moins d'une heure.

– Je ne l'ai même pas vue, articule Narda. Il faut que je la voie.

– Mais vous comprenez, n'est-ce pas, que nous devons respecter la volonté de son époux ?

Narda Barber ne comprend rien. Bart n'est pas venu les voir, il ne s'inquiète pas de ses enfants. Comment peut-il s'arroger le droit de prendre seul une décision aussi importante ?

– Je veux la voir, insiste Narda.

Tant et si bien qu'on finit par la conduire, de mauvaise grâce, dans une pièce où on apporte le corps de Jenn sur un brancard.

– Elle était enveloppée dans un genre de sac en plastique, se souvient Narda. J'ai embrassé son visage, ses mains, ses orteils. Je lui ai dit au revoir...

Une heure plus tard, Jenn est réduite en cendres.

Les Barber obtiennent l'autorisation d'« emprunter » l'urne et d'organiser un service funèbre à l'église méthodiste de Sugar Hill, ainsi qu'une cérémonie d'adieu privée.

Les funérailles de Jenn sont prévues pour le 10 décembre.

Il est presque 1 heure du matin, le 6 décembre, lorsque Narda Barber reçoit un coup de téléphone d'une certaine Lily Ann Holmes*, qui se présente comme une ancienne collègue de travail de Jenn.

– J'ai quelque chose à vous dire qui risque de vous choquer, déclare-t-elle.

Lily Ann Holmes explique à Narda qu'une de ses parentes, dentiste, a fait ses études en même temps que Bart.

– Saviez-vous qu'il avait une petite amie, à Augusta ? demande-t-elle. Et savez-vous ce qui est arrivé à cette jeune fille ?

– Quelle fille ? réplique Narda. Nous ne savons pas grand-chose du passé de Bart.

– Elle s'appelait Dorothy Hearn, poursuit Lily Ann. Elle est morte il y a quatorze ans, en juin 1990, d'une balle dans la tête. On a dit qu'elle s'était suicidée. Je n'en sais pas plus, mais j'ai pensé que je devais vous en informer.

Narda et Max sont abasourdis. Comment se fait-il que Bart n'ait jamais parlé à Jenn de cette ex-petite amie au destin si tragique ?

Heather est aussi stupéfaite que ses parents, et certaine que Jenn ignorait cet épisode de la vie de son mari. Depuis leur plus tendre enfance, les deux sœurs n'avaient aucun secret l'une pour l'autre. Heather aurait été au courant.

Tout à coup, une question que lui a un jour posée Jenn lui revient à l'esprit : « Tu ne t'es jamais demandé ce que faisait ton mari et qui il fréquentait avant que tu le rencontres ? »

« Mais je sais très bien ce que faisait Doug avant que je le connaisse ! », avait répondu Heather.

À présent, elle se demande si sa sœur n'avait pas de bonnes raisons de s'interroger sur le passé de son mari...

Dès le lendemain, sur les conseils de Narda, Lily Ann Holmes prend contact avec l'inspecteur Head et lui répète ce qu'elle a dit à Narda.

Marcus Head est perplexe. Si Bart Corbin a eu dans sa vie deux femmes qui se sont donné la mort en se tirant une balle dans la tête, la coïncidence est troublante. Mais si le sort s'acharne ainsi sur lui, ceci explique peut-être son comportement étrange et son refus d'affronter la réalité…

L'inspecteur téléphone aussitôt au bureau du shérif du comté de Richmond, à Augusta, et demande à la fonctionnaire qui lui répond de chercher dans les archives un dossier à propos d'une dénommée Dorothy Hearn. Elle le rappelle un instant plus tard : elle n'a trouvé aucun dossier à ce nom.

Head appelle alors l'état civil du comté de Richmond, où on lui indique que Dorothy Hearn est décédée le 6 juin 1990. Le certificat de décès stipule qu'elle est morte d'une « blessure par balle à la tête, apparemment auto-infligée, ayant entraîné la destruction du tronc cérébral et une hémorragie massive » – ce qui suggère un suicide. Néanmoins, le Dr Sharon G. Daspit, la légiste qui a signé le rapport d'autopsie, ne s'est pas engagée. Pour elle, la cause de la mort reste « indéterminée ».

Marcus Head se fait faxer le certificat de décès et retrouve le numéro de téléphone du père de Dorothy, Carlton Hearn, dentiste à Washington, dans l'État de Géorgie.

Le Dr Carlton Hearn et son épouse Barbara attendaient cet appel depuis quatorze ans et demi. Ils acceptent de s'entretenir avec Marcus Head dès que possible. Celui-ci les rencontre à Augusta, et découvre une foule de similitudes entre les deux décès. Les lieux du crime, les mobiles possibles et les modes opératoires sont presque identiques.

Comme Jennifer, Dorothy était sur le point de quitter Bart lorsqu'elle a trouvé la mort, et, comme les Barber, ses parents et ses frères ont toujours soupçonné Bart de l'avoir assassinée. Ils n'ont cependant pu le prouver, mais ils n'ont pas oublié, et ils ont hâte que le dossier de leur fille soit rouvert.

L'affaire se corse. D'autres services de police vont être impliqués dans les investigations ; d'autres témoignages, d'autres éléments vont peut-être apporter un éclairage nouveau sur la mort de Jennifer Corbin. Head l'espère, tout du moins, car en quatorze ans il a pu se passer beaucoup de choses. Les témoins ont pu déménager, mourir, et dans tous les cas l'être humain a tendance à oublier même les événements les plus traumatisants.

11

Les funérailles de Jennifer Corbin ont lieu le 10 décembre.

Le district attorney Danny Porter a déclaré par écrit et sous serment qu'il considérait Bart Corbin comme un suspect dans la mort de son épouse. À Augusta, le district attorney du comté de Richmond a annoncé que l'enquête sur le décès de Dorothy Hearn était rouverte. Les deux hommes vont travailler main dans la main, leurs équipes vont s'employer à faire le jour sur ces deux morts suspectes. Dans chaque juridiction, un grand jury devra être réuni, qui décidera de mettre ou non Bart Corbin en accusation.

Une semaine après sa mort, Jennifer fait toujours la une des journaux. On ne parle plus de suicide, on s'interroge sur l'étrange comportement du mari de la défunte, sur le décès inexpliqué, quatorze ans plus tôt, de l'une de ses petites amies. Les grandes chaînes de télévision nationales préparent déjà des docu-fictions sur ce dentiste au passé trouble.

À l'église méthodiste de Sugar Hill, personne ne s'attend à voir Bart. Les médias le clouent au pilori, il n'a sûrement pas envie d'être regardé comme une bête curieuse ni d'être assailli par une meute de reporters à la sortie de l'église, comme cela lui est déjà arrivé à plusieurs reprises sur le parking de son cabinet dentaire.

Alors que la cérémonie va commencer, il vient toutefois prendre place au premier rang, accompagné de ses frères et de sa mère. La famille de Jenn est assise de l'autre côté de l'allée centrale. La présence de Bart les met mal à l'aise. Sans doute est-ce lui qui a commandé ce cercueil métallique couvert de fleurs, inutile puisque les cendres de Jenn sont dans une urne.

Pendant une heure et demie, Bart gardera une expression indéchiffrable. Il ne versera pas une larme, ne montrera aucun signe de chagrin.

D'une voix tremblante, Heather prononce un discours en hommage à sa sœur. Les joues ruisselantes de larmes, elle évoque Jenn qui se réveillait chaque matin avec le sourire, Jenn qui comblait d'amour ses deux petits garçons, qui vouait une affection bienveillante aux quatorze enfants dont elle avait la charge à la crèche de l'église.

La voix de Heather se brise lorsqu'elle remercie les nombreuses personnes qui l'ont épaulée, elle et sa famille, dans cette épreuve douloureuse. Puis elle s'enflamme en déclarant que la vie de Jenn lui a été arrachée de façon injuste.

– Je suis en colère, dit-elle. Mais je saurai puiser au fond de mon cœur la force de surmonter cette colère.

Elle fixe son beau-frère. Bart garde les yeux baissés.

Comme dans chaque affaire sur laquelle planent des soupçons d'homicide, les enquêteurs assistent discrètement aux obsèques. Jack Burnette, à la tête de l'équipe du bureau du district attorney, Tom Davis, le substitut du procureur, et l'inspecteur Manny Perrez scrutent les visages. Ils observent Bart, mais ils sont aussi à l'affût d'éventuels signes de culpabilité dans l'attitude de toutes les personnes présentes.

La célébration terminée, Bart s'éclipse par une porte latérale, entouré de sa famille.

Dalton et Dillon ont dessiné des portraits de leur mère, qui sont exposés près du registre de condoléances que chacun vient signer avant de partir. Un croquis représentant un ange aux cheveux blonds surmontés d'une auréole, tenant dans ses bras deux petits personnages, fait monter les larmes aux yeux de tout le monde.

Lorsque la famille de Jenn sort sur le parvis de l'église, un arc-en-ciel apparaît. Un photographe de l'*Atlanta Journal Constitution* saisit cette image. Le lendemain, elle sera publiée à la une du quotidien.

– Je priais pour que le ciel nous envoie un signe, dira Heather. Cet arc-en-ciel était le plus beau que j'aie jamais vu. C'était le signe que j'attendais. Je suis tombée à genoux et j'ai remercié Dieu. Il nous faisait ainsi savoir que Jenn était au ciel.

De retour chez Heather, les Barber placent l'urne contenant les cendres de Jennifer au centre d'une table basse, et l'entourent de bouquets de roses, de marguerites et de tulipes – les fleurs préférées de la défunte –, de photos de Jenn avec Dalton et Dillon. Sur l'urne, ils allument une bougie blanche. Les deux garçonnets ne comprennent pas que c'est tout ce qu'il reste de leur mère, et Narda ne s'appesantit par sur le sujet. Tous joignent les mains et se recueillent dans la prière.

Deux jours plus tard, l'entrepreneur de pompes funèbres téléphone à Max et Narda Barber : Bart Corbin souhaite récupérer les cendres de sa femme. Les parents de Jenn sont atterrés. Mais au regard de la loi, les restes de Jenn ne leur appartiennent pas. Lorsqu'elle est décédée, six jours auparavant, elle était toujours mariée à Bart. Comme elle n'a pas rédigé de testament, son époux hérite de tout ce qu'elle laisse derrière elle.

Pourquoi Jenn aurait-elle couché ses dernières volontés sur le papier, alors que rien ne présageait qu'elle allait mourir ?

Bien au contraire, il va s'avérer qu'elle s'apprêtait à commencer une nouvelle vie, à l'insu de son mari.

Tandis que l'église se vide, après les obsèques, un couple d'âge moyen s'approche de Heather. Ce sont les parents de Dorothy Hearn. Carlton et Barbara Hearn sont à même de comprendre, mieux que personne, la douleur des Barber. Ils sont venus de Washington exprimer leurs condoléances à Max et Narda ainsi qu'à leurs filles. Heather les entraîne vers un coin tranquille, afin qu'ils puissent discuter. L'inspecteur Marcus Head a instamment prié les Barber comme les Hearn de ne pas se monter mutuellement la tête.

Carlton et Barbara Hearn restent mesurés, mais ils avouent à Heather qu'ils n'ont jamais cru à la thèse du suicide de leur fille. Dorothy voulait quitter Bart et il la harcelait. Ils le soupçonnent de l'avoir tuée. À la mort de leur fille, ils ont engagé une détective privée. Malheureusement, ils ne sont pas parvenus à réunir suffisamment de charges contre Bart Corbin.

Le décès de Jenn a ravivé leur douleur, mais peut-être va-t-on enfin lever le voile sur le drame qui les a frappés quatorze ans auparavant.

Troisième partie
Dorothy

12

Barbara Hoge et Carlton Hearn se sont mariés en 1959, alors qu'ils étaient tous deux étudiants.

Leur premier enfant, Dorothy Carlisle, vient au monde le 6 juin 1962. À sa naissance, le jeune couple emménage dans une belle maison coloniale de la petite ville de Washington, en Géorgie. Remarquable exemple de l'architecture du sud des États-Unis, la demeure a été bâtie en 1854 ; elle a résisté à la guerre de Sécession.

Dotée de plusieurs cheminées, elle est meublée d'antiquités que les Hoge et les Hearn se sont transmis de génération en génération. L'arbre généalogique de Barbara est encadré dans le hall d'entrée, elle y tient comme à la prunelle de ses yeux. Les Hearn ont un grand parc arboré, des chiens et des chats, des canards et des paons. Ils vivent dans un cadre luxueux mais dénué de toute ostentation.

Washington compte une population de 5 000 habitants. Carlton est le plus jeune dentiste de la ville. Les parents de Barbara habitent tout près. Le week-end, Carlton et son beau-père pêchent ensemble, et le vieil homme initie son gendre au jardinage. Barbara et Carlton mènent une vie idyllique et en ont pleinement conscience.

Carlton Junior et Gil voient respectivement le jour en 1965 et 1972. Dorothy a dix ans à l'arrivée de Gil. Elle se considère comme sa « deuxième maman ». Parmi ses cousins elle est la seule fille, mais elle sait se faire entendre.

À l'école élémentaire, elle se révèle excellente nageuse et une majorette particulièrement habile dans le maniement du bâton.

Durant ses années de collège et de lycée, en dépit de sa silhouette menue, elle pratique le saut en hauteur et le lancer de poids. Elle fait aussi des claquettes, joue du piano, chante dans une chorale, et dirige les pom-pom girls du lycée. Sa mère lui a appris à coudre, à broder et à faire du crochet. En plus de ces multiples activités, elle confectionne des coussins et réalise des travaux de tapisserie.

Elle est jolie, agréable et modeste. Elle s'entend bien avec tout le monde, avec ses frères et ses cousins comme avec ses camarades. Comme son père, à qui elle est très attachée, elle adore rire et faire des blagues, déposer des flamants roses sur la pelouse de ses amis, par exemple, ou décorer leur chambre ou leur voiture de ballons de baudruche le jour de leur anniversaire. Pour Halloween, elle prend un immense plaisir à se déguiser. Mais sa fête préférée reste Noël. Des semaines à l'avance, elle fait le tour des boutiques à la recherche de cadeaux pour ses proches.

Dorothy a également une passion pour les chats. Sa chambre est pleine de photos de chats, de coussins et de bibelots en forme de chat.

Sa fleur fétiche est la rose rouge. Elle en orne les bannières déployées sur les terrains de foot où joue l'équipe du lycée. Les traits fins, le regard doux, une cascade de cheveux bruns, sur les photos où elle pose au milieu de roses rouges : Dorothy Hearn est l'incarnation de Blanche-Neige.

Les garçons rêvent de sortir avec elle, mais elle préfère avoir avec eux des relations d'amitié. Elle a parfois des petits copains, mais elle n'est pas pressée de tomber amoureuse, elle a toute la vie devant elle. Elle veut néanmoins faire un mariage d'amour, comme ses parents, auxquels elle voue un grand respect.

13

À sa sortie du lycée, en 1980, Dorothy sait qu'elle aimerait faire carrière dans l'univers paramédical mais elle n'est pas encore fixée sur une profession précise. Pharmacienne, ophtalmologue, kinésithérapeute… Tout au long de son premier cycle d'études universitaires, elle hésite encore et change trois fois de fac. Elle obtient néanmoins des résultats fort honorables. L'heure venue de choisir une spécialisation, elle opte finalement pour la chirurgie dentaire, à l'instar de son père, qu'elle assiste pendant les vacances d'été et de Noël, et dont elle admire la précision.

« J'ai décidé de devenir dentiste, lui écrit-elle, car c'est un domaine où je suis sûre d'obtenir de grandes satisfactions, où je pourrai utiliser mes connaissances et mes compétences pour apaiser la souffrance des gens. »

Le Dr Carlton Hearn n'a jamais poussé sa fille dans cette voie. Néanmoins, en 1987, il est fier de la voir entrer à la fac de médecine de Géorgie.

À Augusta, Dorothy trouve un appartement au 3077, Parrish Road, dans une maison de brique brune ombragée par un bosquet de pins. Sur le panneau d'affichage de la faculté de médecine, elle punaise une petite annonce indiquant qu'elle est à la recherche d'une colocataire.

En octobre 1988, Angela Garnto emménage avec elle. Les deux jeunes filles se lient rapidement d'amitié. Angela a trois ans de moins que Dorothy ; elle suit une formation d'assistante médicale. Elles vivront sous le même toit pendant près de deux ans.

Sur deux niveaux, leur appartement se compose de deux chambres à coucher et d'une salle de bains à l'étage, d'une cuisine, d'un salon et de toilettes au rez-de-chaussée. Les portes vitrées de la cuisine s'ouvrent sur une petite terrasse.

Avec les modestes moyens dont elle dispose, Dorothy imprime son cachet à leur intérieur. Elle fabrique des bibliothèques en contreplaqué et crée un décor sentimental : bougies, roses artificielles, cadres en forme de cœur, bouquets séchés attachés par des rubans rouges, portraits de famille, photos de chats. Et elle adopte un chat, Tabitha.

Très vite, Dorothy Hearn se fait de nombreux amis parmi les étudiants de la faculté de médecine. Elle dit bonjour à tout le monde, sa joie de vivre est communicative.

Bien qu'elle n'ait pas besoin de se maquiller pour rehausser son charme, elle a toujours les yeux soulignés d'un trait noir, les cils ourlés de mascara, les pommettes poudrées de blush et les lèvres fardées en rouge vif. Un maquillage qui sur une autre paraîtrait excessif, mais qui sur elle ne choque pas.

Dennis Stanfield, son propriétaire, avec qui elle a sympathisé, qualifie son style de « flamboyant mais très conservateur ». Il garde d'elle le souvenir d'une fille débordant de vitalité, optimiste, qui répandait la bonne humeur autour d'elle.

Entre ses cours d'anatomie maxillo-faciale, histologie dentaire, biochimie, diagnostic bucco-dentaire, Dorothy partage les rares moments de détente que lui laisse son emploi du temps avec ses nouveaux amis. Ou bien elle regarde les soap operas sur son petit poste de télévision. Elle avouait elle-même avec un brin d'autodérision être captivée par la vie mouvementée des personnages de ses feuilletons préférés. Elle aime aussi les comiques, et rit à gorge déployée de leurs bons mots. Il était probablement inévitable qu'elle tombe sous le charme de Bart Corbin, bien qu'il ait un humour beaucoup plus cynique que le sien.

14

Dès leur première rencontre, Bart est subjugué par Dorothy. Elle a vingt-six ans, elle est dans la promotion en dessous de la sienne et elle ressemble à une star de cinéma. Très rapidement, leur relation devient exclusive.

Comme Shelly Mansfield, Dorothy Hearn est une belle brune aux yeux noirs, sûre d'elle. Les rares personnes de l'entourage de Bart qui les ont connues toutes les deux ont le sentiment qu'il a vu en Dorothy un substitut de Shelly. Et il semble tellement épris d'elle que cela les inquiète. Eric Rader, l'un des meilleurs amis de Bart, lui conseille de ne pas trop s'investir s'il ne veut pas essuyer une nouvelle rupture. Il sait que sous son apparente assurance Bart est sensible et fragile, qu'il a mal vécu son premier échec amoureux, et qu'il s'est juré de ne plus jamais se faire plaquer par une fille. Mais ses amis ont beau essayer de le raisonner, Bart ne veut rien entendre. Lorsqu'il se promène sur le campus avec Dorothy, tous deux vêtus de noir, il pense qu'ils forment le couple parfait.

Bart affectionne à présent un look qui se remarque. Il s'est fait percer la deuxième oreille. C'est un caméléon qui prend et perd du poids très rapidement. Il est tantôt à la limite de l'obésité, tantôt cadavérique.

Si Dorothy est elle aussi amoureuse, ses études restent néanmoins sa priorité. Elle est studieuse, soucieuse d'obtenir des bonnes notes, et se donne du mal pour réussir.

À la faculté de médecine, elle partage un box avec Travis Hampton, un petit espace où les deux étudiants rangent leurs dossiers et leurs travaux pratiques. Travis est devenu le confident de

Dorothy. Il est à quelques mois de se marier, leurs rapports n'ont jamais rien eu d'ambigu. C'est sans doute l'une des personnes, outre Angela Garnto, qui peuvent le mieux parler de la relation entre Dorothy et Bart, avec lequel il était aussi ami, par l'intermédiaire de son frère Derrick.

Selon lui, Bart est le premier dont Dorothy ait été réellement amoureuse. Pendant plus d'un an, elle a été heureuse avec lui et l'a considéré comme le « grand amour de sa vie », même si elle n'était pas prête à s'engager totalement.

Dorothy a longuement hésité avant de présenter Bart à sa famille, peut-être parce qu'elle redoutait que son côté sarcastique et ses opinions bien arrêtées ne déplaisent à ses parents.

Lorsqu'elle se résout enfin à l'emmener dîner chez elle, Bart ne fait pas très bonne impression, en effet. Comme il veut devenir dentiste, Carlton engage la conversation sur ce sujet.

– J'ai hâte d'avoir mon diplôme, pour en foutre plein la vue aux gens, déclare Bart avec arrogance.

Il avoue sans complexe qu'une seule chose l'intéresse, « se faire un maximum de pognon ». Barbara et Carlton Hearn le dévisagent en se demandant s'ils ont bien entendu.

Bart est expansif, il s'exprime avec aisance. Les parents de Dorothy ne doutent pas que ce soit un garçon intelligent, mais ils sont affligés par sa grossièreté et sa vénalité.

Il est difficile de déterminer à quel moment exactement la relation entre Barton Corbin et Dorothy Hearn a commencé à se détériorer. Les parents de Dorothy n'y sont pour rien. Ils ont eu la délicatesse de s'abstenir de tout commentaire sur le petit ami de leur fille.

D'après Travis Hampton, les premiers signes de discorde sont apparus au bout d'un an environ. Sans doute Dorothy s'est-elle rendu compte que Bart ne visait pas les mêmes buts qu'elle. De nature altruiste, elle veut se rendre utile ; il ne pense qu'à gagner beaucoup d'argent.

Par ailleurs, Bart est extrêmement jaloux. Il ne supporte pas que Dorothy s'attire la sympathie des hommes ou qu'elle leur adresse des sourires, même si elle n'a aucune arrière-pensée. Il est probable qu'elle se sent prise au piège.

Si Shelly Mansfield n'a jamais vu Bart se mettre en colère, ce n'est pas le cas de Dorothy. Leurs rapports sont chaotiques, ils se disputent fréquemment, principalement parce qu'il est trop possessif. Bart n'a pas de gestes violents, mais des paroles virulentes.

Souvent, leurs querelles se soldent par une rupture. Puis Bart promet d'être plus tolérant, ils se réconcilient, et inévitablement il retombe dans ses travers. Bart sait se montrer convaincant, mais Dorothy est lasse de ses engagements qu'il est incapable de tenir.

En octobre 1989, après bien des hésitations, elle lui annonce qu'elle le quitte pour de bon, que sa décision est sans appel. Bart ne fait pas d'esclandre, mais il est furieux. C'est la deuxième fois qu'une fille le quitte, il se sent blessé dans son amour-propre. Il ne supporte pas de voir Dorothy en compagnie d'autres étudiants.

Le soir de Halloween, il rencontre une fille du nom de Sally Fox*, qui ne tardera pas à se rendre compte qu'il ne sort avec elle que pour rendre jalouse son ex.

Si Dorothy a parfaitement conscience que sa relation avec Bart était sans avenir, elle éprouve probablement encore des sentiments pour lui. Fin 1989, elle est un peu peinée de le voir au bras de Sally, à une soirée. Ce soir-là, elle porte sa tenue favorite : une veste de smoking noire serrée à la taille par une large ceinture de soie. Sally remarque les regards que Bart jette à cette jolie brune, mais elle ignore qui elle est. Évidemment, Bart se garde bien de les présenter l'une à l'autre.

Sally passe parfois la nuit chez Bart, mais elle comprend vite qu'elle n'est pour lui qu'un bouche-trou, qu'il s'affiche avec elle seulement dans les soirées étudiantes où Dorothy est présente. Après quelques semaines, elle met un terme à leur aventure.

De son côté, Dorothy se concentre sur ses études. Bart lui manque un peu, mais elle est soulagée d'avoir échappé à sa mainmise et savoure une tranquillité d'esprit comme elle n'en a pas connu depuis deux ans. Sincèrement soucieuse du bien-être de Bart, elle l'a encouragé à consulter un conseiller psychologique. Il lui a assuré qu'il en avait l'intention, mais au lieu de suivre ce conseil il téléphone à ses amis à n'importe quelle heure du jour ou de la nuit et éclate en sanglots dès qu'il parle de Dorothy.

Du jour au lendemain, l'existence de Dorothy va virer au cauchemar. Car Bart se met à la suivre, à l'espionner, ouvertement ou en cachette. Jusqu'à présent, elle n'a jamais eu peur de lui, mais ce comportement irrationnel l'effraie. Ses amis notent qu'elle n'est plus tout à fait la même : elle est moins attentive en cours, sursaute pour un rien et évite de rester seule dans l'appartement qu'elle partage avec Angela Garnto. Elle, qui débordait de joie de vivre, paraît soudain anxieuse.

Et pour cause : en novembre et en décembre 1989, les incidents troublants s'enchaînent, et elle est convaincue qu'ils ne sont pas le fruit du hasard.

Si quelqu'un sait ce qui compte le plus aux yeux de Dorothy Hearn, c'est Bart Corbin. Il sait notamment combien elle est attachée à son chat, Tabitha, un tigré à longs poils, aux pattes, au ventre et au museau blancs. Tabitha est un « chat d'intérieur ». Dorothy redoute, si elle le laisse sortir, qu'il ne se fasse écraser par une voiture. Angela et elle ont soin de bien fermer les portes quand elles s'absentent.

Le soir du 14 novembre 1989, en regagnant ensemble leur appartement, les deux colocataires ont la surprise de trouver la porte vitrée de la cuisine entrouverte. Rien ne leur a été volé, mais Tabitha a disparu. Dorothy est dans tous ses états : l'hiver s'est installé, il fait très froid, son chat survivra-t-il à une nuit dehors ?

Elle est presque sûre que Bart s'est introduit chez elle, et ce n'est pas la première fois qu'elle a cette impression. Dès le lendemain, elle fait part de ses soupçons à la police. Des officiers se rendent à son domicile et constatent que la lourde porte coulissante de la cuisine a été forcée hors de son rail. La porte-moustiquaire n'était pas verrouillée.

Dorothy ne peut pas prouver que Bart est l'auteur de cette effraction. Sur les conseils de la police, elle place une cheville de bois dans la coulisse de la porte, de façon qu'on ne puisse plus l'ouvrir de l'extérieur.

Lorsque Bart apprend que Tabitha a disparu, il se montre plein d'égards envers Dorothy et l'aide même à chercher le chat dans le quartier. En vain.

Les jours passent et le chat ne reparaît pas. Deux semaines plus tard, Dorothy a perdu tout espoir. Soit Tabitha s'est fait écraser par une voiture, soit il est mort de froid ou de faim. Elle a le cœur brisé.

Et à ce drame viennent s'ajouter des événements de plus en plus stressants. Le 21 novembre, un employé chargé de l'entretien de la fac retrouve dans une poubelle des classeurs appartenant à Dorothy. Quelqu'un lui les a pris dans son box. Dorothy est très ordonnée. Afin de préserver la confidentialité des soins qu'elle prodigue, elle classe méticuleusement toutes les fiches de ses patients.

Le lendemain, d'autres dossiers disparaissent, ainsi que des moulages en cire et les empreintes dentaires de l'un de ses patients, à partir desquels elle doit réaliser une prothèse dentaire qui sera notée, et déterminante pour l'obtention d'une unité de valeur. Seuls Dorothy et Travis Hampton ont les clés du petit espace de travail qu'ils partagent. Elle sait que son camarade n'a pas perdu les siennes et qu'il ne les aurait pas confiées à n'importe qui.

Le 23 novembre, Dorothy rentre chez elle pour Thanksgiving, à la fois contrariée par ces incidents et attristée par la perte de Tabitha.

Travis Hampton ignore qui a dérobé les dossiers et les moulages de Dorothy, mais il a des soupçons quant à ce qui est arrivé à Tabitha, soupçons que partage Eric Rader, l'ami de Bart. Les deux étudiants attendront toutefois le 29 novembre avant d'avoir avec Bart une discussion à ce sujet.

Les tourments de Dorothy ne font que commencer. Selon Lee Reardon, son frère Corey Reardon et d'autres étudiants en chirurgie dentaire, Bart a concocté un plan machiavélique destiné à la terroriser.

– Il essayait de faire passer Dorothy pour paranoïaque, témoigne Corey. Mais c'était lui qui se comportait comme un dingue !

Bart passe un temps considérable au téléphone, à demander à ses amis, et parfois à ceux de Dorothy, comment faire pour qu'elle lui revienne. Quand il parle d'elle, il oscille entre le rire et les larmes. Il pense regagner son cœur en sortant avec d'autres filles. Il tombe cependant des nues en constatant que Dorothy paraît soulagée de le voir au bras de nouvelles conquêtes.

Le 27 novembre, Dorothy arrive à la fac les yeux rouges et larmoyants. D'ordinaire, elle porte des verres de contact pour corriger sa myopie. Elle dit à Travis Hampton que ses yeux ont commencé à lui brûler dès qu'elle a mis ses lentilles.

– Regarde, dit-elle en lui tendant son flacon de solution nettoyante. Tu ne trouves pas que ça sent bizarre ?

Hampton hume le produit.

– Si, acquiesce-t-il. Ça sent la laque à cheveux.

– C'est bien ce qu'il me semblait, réplique Dorothy. Pas étonnant que j'aie les paupières en feu.

Si c'est une plaisanterie, c'en est une très mauvaise, qui aurait pu coûter à Dorothy des atteintes oculaires irréversibles. De plus, la solution pour lentilles d'Angela Garnto a subi le même traitement. La colocataire de Dorothy a elle aussi les yeux qui pleurent. Quelqu'un s'est encore introduit chez elles en leur absence.

Quelqu'un qui avait une clé, car la cheville de bois insérée dans la porte coulissante n'a pas été déplacée et aucun autre accès n'a été fracturé.

Dorothy examine son porte-clés. Elle aime que les choses soient bien alignées, et elle a disposé ses clés sur l'anneau de façon qu'elles pointent toutes dans la même direction. Celle de l'appartement n'est pas dans le même sens que les autres, et pas au même endroit que d'habitude. Quelqu'un l'a prise et ne l'a pas remise dans la même position.

Informé de ces incidents, Dennis Stanfield, son propriétaire et ami, fait aussitôt changer les serrures de l'appartement de Dorothy et d'Angela.

Dorothy sait que Bart est déprimé et qu'il nourrit l'espoir de se réconcilier avec elle. Il lui téléphone souvent, la voix étranglée de sanglots. Elle a l'habitude de ses appels et ne fait pas grand cas de ses pleurs, mais maintenant Bart lui fait peur. L'idée qu'il ait pu faire fabriquer des doubles de ses clés lui donne la chair de poule. Le 29 novembre, elle dépose une plainte au bureau de la sécurité du campus.

Le même jour, Travis Hampton interroge Bart à propos du chat de Dorothy.

– Je ne sais pas si tu as quelque chose à voir dans la disparition de Tabitha, lui dit-il, mais si Dorothy ne le retrouve pas, elle te haïra à jamais.

– C'est vrai, répond Bart avec une expression insondable. Il faut que je l'appelle.

Dix minutes plus tard, Dorothy reçoit un coup de téléphone d'Eric Rader, qui lui passe Bart, lequel admet, en larmes, être venu prendre Tabitha dans son appartement.

Il vient chercher Dorothy en voiture, la conduit à l'autre bout de la ville et se gare près d'un centre commercial et d'un ensemble de logements à loyer modéré.

Dorothy va frapper aux portes.

– Auriez-vous aperçu un chat tigré à longs poils ? s'enquiert-elle.

Finalement, une femme lui répond que oui, mais qu'elle n'a pas revu l'animal depuis quelques jours. La circulation est dense, dans le quartier, et Dorothy redoute que Tabitha n'ait pas trouvé de quoi se nourrir. Son chat n'avait pas l'habitude de chasser les souris ni de fouiller dans les poubelles.

– Regarde ! s'écrie-t-elle soudain en tendant le doigt vers un chat couché au soleil. On dirait Tabitha !

Elle l'appelle, le chat vient en courant, elle le soulève dans ses bras et le serre contre son cœur. C'est bien Tabitha, amaigri, le poil hirsute, les coussinets en sang, mais il ronronne, il est vivant. Il a probablement utilisé l'une de ses neuf vies de chat.

Bart reconnaît aussi avoir mis de la laque dans les solutions pour lentilles de Dorothy et d'Angela. Il présente ses excuses à Angela en lui disant :

– Je ne savais pas lequel des deux flacons était le tien.

Il avoue également s'être introduit dans l'appartement deux jours plus tôt et avoir dérobé la veste de smoking de Dorothy, sa préférée, ainsi que d'autres vêtements. Elle ne s'en était pas encore aperçue. Les serrures sont de nouveau changées.

Le 9 décembre, Dorothy est invitée à une soirée. Le lendemain matin, en allant à la fac, elle découvre que sa voiture a été vandalisée durant la nuit. Un pneu est lacéré, les deux phares sont brisés – une bouteille de tequila cassée gît devant le véhicule –, la carrosserie est rayée. Dorothy porte plainte au bureau du shérif du comté. Elle a de nouveau l'impression d'être suivie, et elle est certaine qu'il s'agit de Bart Corbin.

Le lendemain, sa boîte aux lettres est fracturée. Elle attendait des cartes de visite commandées à un imprimeur. Interrogé, le facteur de son secteur se souviendra d'avoir livré le colis le 10 décembre.

Dorothy signale chaque incident à la police et déclare suspecter Barton Corbin, son ex-petit ami, soulignant que celui-ci a un comportement « vraiment alarmant ». Elle demande à ses proches de ne pas lui envoyer de cadeaux de Noël, car ils risquent d'être volés dans sa boîte aux lettres.

Pendant les vacances d'hiver, Dorothy rentre chez ses parents, soulagés d'apprendre qu'elle a rompu pour de bon avec Bart Corbin.

Un après-midi, sa voiture refuse de démarrer. Elle était garée devant la maison familiale. Manifestement, on a versé de la peinture dans le réservoir d'essence. Le père de Dorothy fait analyser son contenu, afin d'en avoir la certitude.

Carlton Hearn a récemment remplacé la vieille Coccinelle Volkswagen de sa fille par une Pontiac Grand Am noire décapotable. Qu'on s'acharne à la saccager est pour Dorothy une source supplémentaire de stress.

De retour à la fac, Dorothy commence à travailler sur les prothèses qui, au printemps 1990, sanctionneront l'année universitaire écoulée. Ces prothèses sont destinées à une vieille dame que Dorothy a déjà reçue plusieurs fois en consultation à l'université. Elles ont sympathisé et Dorothy a pris l'habitude de la raccompagner jusqu'à son arrêt de bus.

Des faits troublants continuent de lui empoisonner l'existence. En janvier et en février, elle dépose plusieurs plaintes : d'abord pour la disparition de fournitures et d'instruments dentaires d'une valeur totale de 1 495 dollars ; puis pour la disparition d'une série de moulages à laquelle elle a consacré un temps considérable, et d'un articulateur que l'on découvrira quelques jours plus tard au troisième étage de la fac. Les moulages, en revanche, restent introuvables.

Dorothy doit les refaire, car elle en a besoin pour être notée. Un tel travail demande plusieurs semaines.

Résolue à prouver que Bart se cache derrière ses mystérieux larcins, elle glisse un Dictaphone dans la poche de sa blouse et va lui demander si c'est lui qui a pris ses moulages. Le son de la bande n'est pas très clair, mais à la fin de la conversation on entend nettement Bart dire à Dorothy qu'elle ne retrouvera jamais ses moulages, qu'elle perd son temps à les chercher.

Auprès des étudiants qui sont au courant des ennuis de Dorothy, il continue de prétendre qu'elle est « un peu parano », et en train de développer un délire de persécution.

Dorothy porte les faits devant le conseil d'honneur de l'université. Le conseil d'honneur procède de la manière suivante : un comité composé d'un professeur et d'un étudiant mènent une enquête, puis transmettent un rapport à une sous-commission des Affaires estudiantines, laquelle examine les éléments rassemblés et décide de convoquer ou non une audience. Si cette commission estime qu'il n'y a pas lieu d'entendre l'accusé, l'affaire est close et tous les documents sont détruits.

À son grand dam, Dorothy ne peut apporter aucune preuve concrète contre Bart. Elle craint que sa démarche n'aboutisse pas, d'autant plus que Bart est déjà passé devant le conseil d'honneur pour avoir traité un patient en dehors de la présence d'un professeur ; il a habilement défendu sa cause et réussi à se disculper. Les amis de Dorothy ne l'ont jamais vue aussi abattue.

Elle flirte à présent avec un étudiant du nom de Jon Everett *. Le 23 février, elle l'invite à dîner chez elle. À 17 heures, Jon Everett passe en voiture devant chez Bart et les voit tous deux devant la maison. Il n'entend pas ce qu'ils se disent mais, à l'évidence, ils ont une discussion très animée. À 19 heures, Dorothy téléphone à Jon et lui demande si cela ne l'ennuie pas qu'ils modifient leurs plans pour la soirée : elle préférerait venir chez lui plutôt que de le recevoir chez elle. Quand elle arrive chez Jon, une demi-heure plus tard, elle lui explique que Bart est tellement jaloux qu'il vaut mieux qu'ils aillent au restaurant. Jon accepte. Après le dîner, ils louent une vidéo et reviennent chez Jon.

À minuit, des coups retentissent contre la porte. C'est Bart, hurlant qu'il veut parler à Dorothy. Ni Jon ni Dorothy ne répondent. Terrifiée, la jeune fille tremble de tous ses membres et supplie Jon de ne pas ouvrir. Bart continue à tambouriner contre la porte. Dorothy appelle le 911, mais, lorsque la police arrive, il est parti.

Il revient toutefois à 4 heures du matin. Dorothy redoute le pire. Bart ne voudra jamais croire qu'elle n'est pas restée chez Jon pour passer la nuit avec lui, mais parce qu'elle avait peur de regagner seule son appartement. Ils rappellent la police. Cette fois, des officiers de patrouille arrivent à temps et préviennent Bart que, s'il ne quitte pas les lieux sur-le-champ, il sera en état d'arrestation. Il s'exécute.

Dorothy confie à Jon que Bart ne lui laisse pas un instant de répit. Le lendemain, comme elle appréhende de rester seule, ils passent la journée ensemble à réviser. Tous deux sont conscients que s'ils continuent de sortir ensemble, Bart leur rendra la vie impossible.

La sécurité de l'université n'a donné aucune suite aux plaintes de Dorothy. On a même sous-entendu qu'elle ne cherchait qu'à attirer l'attention sur elle, et évoqué la possibilité de la soumettre au détecteur de mensonges. Tous ceux qui connaissent bien Dorothy sont outrés. Les rumeurs que Bart a fait courir ont porté leurs fruits : Dorothy passe pour une paranoïaque.

Le Dr Carlton Hearn a reçu les résultats de l'analyse effectuée sur le contenu du réservoir d'essence de la voiture de sa fille : on y a bel et bien versé de la peinture.

Le père de Dorothy est un homme calme, mais il est excédé. Il se rend à Augusta et ordonne à Bart Corbin de cesser de harceler sa fille. Bart le traite par le mépris, mais il dira plus tard avoir eu peur que le Dr Hearn n'en vienne aux mains.

De plus en plus effrayée, Dorothy a emprunté un pistolet à Travis Hampton. Elle le lui rend lorsque son père lui achète un revolver automatique, un Smith & Wesson calibre 38 dont il lui apprend à se servir. Elle le garde dans une boîte à chaussures, sous son lit, mais l'arme ne lui procure qu'un piètre réconfort. Tous les soirs, Dorothy et Angela verrouillent portes et fenêtres, et vérifient que personne ne rôde dans l'ombre des grands pins qui se dressent aux abords de l'appartement.

En février 1990, le conseil d'honneur de la faculté de chirurgie dentaire rejette la plainte de Dorothy Hearn contre Bart Corbin.

15

En mai 1990, le cauchemar semble prendre fin. Les incidents ont cessé. Dorothy a presque oublié le revolver sous son lit. De temps à autre, Bart passe chez elle, et à l'occasion c'est elle qui lui rend visite. Il se montre des plus agréables. Bientôt, il passera son doctorat et quittera la fac pour entrer dans la vie professionnelle. Elle pense qu'il n'y a pas de risque à entretenir avec lui des relations purement amicales. Malgré tout ce qu'il lui a fait subir, sans doute a-t-elle encore de l'affection pour lui.

En dépit de son dernier semestre perturbé, elle termine l'année avec d'excellents résultats, les meilleurs qu'elle ait obtenus depuis le début de ses études. Elle a réussi à refaire tous ses travaux pratiques et, contre toute attente, elle est admise à l'externat de chirurgie dentaire. En cette fin de printemps 1990, l'horizon semble enfin s'éclaircir.

Gil, le frère cadet de Dorothy, est sorti major du lycée. Dorothy est fière de lui. Sur les photos prises lors de la cérémonie de remise des diplômes, en robe de dentelle noire et talons hauts, elle est radieuse.

– L'année prochaine, tu pourras m'appeler « docteur », dit-elle joyeusement à sa grand-mère.

Durant ce bref séjour à Washington, elle semble heureuse et sereine.

Avant d'attaquer un nouveau semestre, elle a deux semaines de vacances. Elle va d'abord passer quelques jours à Augusta, profiter de son appartement sans la pression de la fac et effectuer quelques tâches administratives pour son propriétaire Dennis

Stanfield, puis elle ira rejoindre sa famille qui se rend comme tous les ans sur une petite île au large de la Caroline du Sud.

Elle n'en dit rien à ses parents, de crainte qu'ils ne la désapprouvent, mais elle a aussi prévu de voir Bart pendant les vacances. Elle est parfaitement consciente qu'ils ne sont pas faits l'un pour l'autre, mais elle tient à ce qu'ils se quittent sur de bons souvenirs.

Le mercredi 6 juin, à la veille de son départ pour la Caroline du Sud, elle confectionne les muffins au potiron qu'elle a promis d'apporter à sa famille, et sort des steaks hachés du congélateur afin de préparer une sauce bolognaise.

En attendant que la viande décongèle, elle finit de mettre à jour les dossiers de Stanfield tout en regardant un feuilleton télévisé. Pieds nus, vêtue d'un short noir et d'un chemisier à manches courtes noir et blanc, elle est assise en tailleur sur son canapé.

16

À 17 h 24, le 6 juin 1990, Paul Johnson, shérif-adjoint du comté de Richmond, est dépêché au 3077, Parrish Road, appartement C. Un suicide a apparemment été commis à cette adresse. Le standard vient de recevoir un appel d'une jeune femme du nom d'Angela Garnto.

« De retour à son domicile, Mlle Angela Garnto a découvert le corps de sa colocataire, Hearn, Dorothy Carlisle, de race blanche, sur le canapé du salon, une blessure par balle sur le côté droit de la tête. Revolver calibre 38 trouvé sur les genoux de la victime. Coroner Sims et inspecteur Ron Peebles, véhicule 708, appelés sur les lieux. Décès officiellement déclaré par le coroner Le Roy Sims », indique le shérif-adjoint Johnson dans son procès-verbal.

Angcla a regagné l'appartement peu avant 17 heures. Les deux verrous de la porte d'entrée étaient fermés. Les stores du salon étaient tirés, chose inhabituelle à cette heure de la journée. La pièce était plongée dans la pénombre, éclairée seulement par la lueur dansante de la télévision et une petite lampe allumée près du canapé. Dorothy était assise en tailleur au bout du canapé, le buste incliné vers la gauche, par-dessus le bras du siège. Elle paraît assoupie.

– Tu dors ou tu fais semblant ? lui lance Angela en riant.

Dorothy ne répond pas, ne bouge pas. Angela s'approche doucement et découvre le visage de sa colocataire couvert de sang séché. Dorothy a perdu beaucoup de sang, qui a coulé d'une blessure près de son oreille droite sur le côté gauche de son chemisier et laissé des traînées horizontales sur sa cuisse gauche.

Le grand livre des comptes de Stanfield est ouvert sur la table devant elle, éclaboussé de sang.

Non sans hésitation, Angela cherche le pouls de son amie. Et ne perçoit aucun battement.

Elle tremble tellement qu'elle ne parvient pas à utiliser le téléphone. Paniquée, elle se précipite chez une voisine et lui demande d'appeler la police et une ambulance. Puis elle court chez un autre voisin, interne dans un service d'urgence, et le prie de venir examiner Dorothy. Elle-même n'ose pas retourner dans l'appartement. Elle attend dehors jusqu'à ce que le jeune homme revienne lui confirmer que son amie est morte depuis plusieurs heures.

Le shérif-adjoint Paul Johnson arrive sur les lieux moins de dix minutes plus tard. La première chose qui lui saute aux yeux est le revolver chargé sur les jambes de la défunte. Par mesure de prudence pour les ambulanciers et les personnes présentes dans la pièce, il le soulève à l'aide d'un stylo et le dépose sur un tabouret en osier.

Paul Johnson n'a pas d'appareil photo. Il n'a pas photographié la scène avant de déplacer l'arme. Par conséquent, il sera impossible de rétablir la position des mains de Dorothy Hearn par rapport au revolver, élément qui fera cruellement défaut à l'enquête.

À son arrivée, l'inspecteur Ron Peebles prend plusieurs dizaines de clichés de la scène telle qu'il la trouve. Johnson lui précise que la défunte avait le revolver entre les mains, la main gauche dessus. Les deux hommes sont du même avis : Dorothy Hearn, vingt-sept ans, a mis fin à ses jours. Rien n'indique qu'elle ait été agressée. Si elle s'était débattue, elle ne serait pas dans une position aussi détendue.

Angela affirme néanmoins que son amie n'était pas de nature suicidaire.

– Quand elle avait un problème, balbutie-t-elle, elle était un peu plus silencieuse que d'habitude, c'est tout.

Interrogée sur les fréquentations masculines de sa colocataire, elle mentionne Bart Corbin, qu'elle a vu la veille pour la dernière fois.

– Il était venu voir Dorothy ici, précise-t-elle. Je n'ai pas entendu de quoi ils parlaient, mais Dorothy ne m'a pas dit qu'ils s'étaient disputés. J'ai moi-même bavardé un moment avec Bart, il était cordial.

Plusieurs mois se sont écoulés depuis les événements qui ont conduit Dorothy à se procurer un revolver. Angela pense que celui qui était sur ses genoux est bien le même que celui qu'elle gardait sous son lit, mais elle ne l'a pas vu depuis longtemps.

À 18 heures, le décès de Dorothy est officiellement déclaré par le coroner Sims. Des sachets de papier sont enfilés sur ses mains de façon que les résidus de tir ne soient pas contaminés. Puis le corps est transporté aux urgences de l'hôpital universitaire, où il sera soumis à une autopsie.

L'inspecteur Peebles, le shérif-adjoint Johnson ainsi que le sergent Billy Hambrick, le capitaine Gene Johnson et le lieutenant John Gray inspectent le reste de l'appartement. La porte vitrée de la cuisine est verrouillée. Tout est en ordre sur la petite terrasse entourée d'une barrière. La porte d'entrée n'a pas été forcée. Angela est sûre de l'avoir trouvée fermée à clé.

Le répondeur téléphonique clignote. Deux messages y sont enregistrés, dont un de Bart Corbin disant à Dorothy qu'il ne pourra pas l'accompagner à la soirée où ils doivent se rendre ensemble et proposant qu'ils se retrouvent plus tard. Pour autant que sache Angela, sa colocataire n'a pas prévu de sortir avec Bart ce soir-là. Pourquoi a-t-il appelé afin d'annuler un rendez-vous dont il n'a jamais été question ?

Il est 23 heures lorsque les parents de Dorothy sont prévenus du décès de leur fille. En entendant le mot « suicide », ils secouent la tête. Le Dr Carlton Hearn suggère aux enquêteurs de s'entretenir avec Bart Corbin, lequel a causé à Dorothy de nombreux ennuis au cours des neuf mois précédents.

Le lieutenant Gray et l'inspecteur Peebles sont au courant des problèmes que Dorothy a eus avec Corbin. Ils n'ont pas oublié les plaintes qu'elle a déposées à l'automne. Depuis, elle s'est toutefois rendue en personne au poste de police pour déclarer qu'elle renonçait à le poursuivre en justice.

Carlton Hearn écoute la description de l'arme trouvée auprès de sa fille. Manifestement, il s'agit bien du revolver qu'il lui a acheté quand elle éprouvait le besoin de se protéger.

Les Hearn sont étonnés de s'entendre demander si Dorothy avait des antécédents dépressifs.

– Certainement pas, assurent-ils.

Leur fille était gaie, dynamique, elle aimait la vie. Trois jours auparavant, elle leur a paru au meilleur de sa forme. Ils ont du mal à croire qu'elle est morte. Elle avait des projets d'avenir.

Les Hearn viennent d'être jetés dans la stupeur et le chagrin. Au lieu de partir en vacances, ils organisent des funérailles. Dorothy ne deviendra jamais dentiste, elle ne s'associera jamais avec son père. Elle sera enterrée à quelques rues de la grande maison blanche où elle a grandi.

Tony Gacita et sa fiancée Vicky Martin comptent parmi les plus proches amis de Bart. Comme Eric Rader, ils lui ont prêté une oreille complaisante quand il avait besoin de s'épancher. Tous deux ont toujours pris son parti et n'ont jamais mis sa parole en doute. Pour eux, Dorothy était une enfant gâtée, habituée à ce qu'on lui passe tous ses caprices ; elle n'était pas sérieuse dans sa relation avec Bart et elle le tourmentait : elle avait notamment cherché à ruiner sa carrière en l'accusant devant le conseil d'honneur des incidents survenus à son appartement et des dommages infligés à sa voiture. Vicky trouvait en outre qu'elle se maquillait trop et s'habillait de façon provocante.

Tony et sa fiancée Vicky se souviennent d'un dimanche matin où ils avaient pris le petit déjeuner avec Bart. Il s'était mis sur son trente et un, car il était allé à l'église. Il y avait des années qu'il n'avait pas assisté à une messe, avait-il dit à ses amis, mais ce jour-là il en avait éprouvé le besoin. En parlant de Dorothy, il avait fondu en larmes et déclaré sur un ton morbide : « J'ai des flingues chez moi. » Redoutant qu'il ne songe à se supprimer, Tony et Vicky avaient prié Bart de leur confier ses armes.

Au département de chirurgie dentaire, la nouvelle de la mort de Dorothy se répand comme une traînée de poudre. La plupart des étudiants sont informés de son décès avant même ses parents. Dans la soirée du 6 juin, Bart se rend chez Tony et Vicky, qui font partie des rares personnes à ignorer que Dorothy est décédée. Il souhaite récupérer ses armes. Ils les lui rendent. Puis, tandis que Bart les examine dans le salon, Tony reçoit un coup de téléphone et apprend que Dorothy n'est plus de ce monde, qu'elle se serait suicidée. Tony et sa fiancée s'affolent : Bart est-il au courant ?

Est-ce pour cette raison qu'il est venu chercher ses armes à feu ? Ne risque-t-il pas de commettre un geste fatal ?

Le couple se concerte discrètement et décide d'emmener Bart chez Eric Rader, qui parvient en général à gérer mieux que quiconque les crises de leur ami commun. Vicky dit à Bart qu'elle doit se rendre chez Eric, et lui demande s'il peut l'y conduire. En s'efforçant de garder son calme, elle le prie de ne pas emporter ses armes.

Chez Eric, elle l'engage à s'installer dans un fauteuil et lui annonce que Dorothy est morte. Le choc et la douleur se peignent sur le visage de Bart. Eric part avec lui en voiture, afin qu'ils puissent parler seul à seul. Si Eric Rader, Tony Gacita et Vicky Martin ont beaucoup de sympathie pour Bart, ils le trouvent néanmoins très instable et veillent à l'entourer de près.

Lorsque Eric et Bart reviennent, ce dernier se comporte presque comme si de rien n'était. Ses amis refusent toutefois de lui rendre ses armes à feu. Ils téléphonent au père de Bart et lui expliquent ce qui s'est passé, soulignant qu'ils se font du souci pour son fils. À leur grande surprise, Gene Corbin leur assure que Bart est un garçon équilibré, qu'il n'y a aucune raison de s'inquiéter.

Le lendemain, le 7 juin 1990, la légiste Sharon G. Daspit pratique l'autopsie du corps de Dorothy Hearn. Dorothy mesurait 1,70 mètre pour 50 kilos. Elle était en parfaite santé. La balle qui l'a tuée a été tirée à bout portant, juste derrière son oreille droite. Les pourtours de la blessure présentent des traces de poudre noire et de débris de canon. Le projectile est entré juste en dessous du rocher, la portion pétreuse de l'os temporal. Il a suivi une trajectoire en ligne presque droite à travers le cerveau, sectionnant le tronc cérébral, pour se loger juste en dessous du rocher gauche.

Dorothy est morte sur le coup.

Rien n'indique qu'elle ait été violée ou violentée. Elle ne présente pas non plus de blessures défensives pouvant suggérer qu'elle a lutté contre un agresseur. Elle n'a ni alcool ni drogue dans le sang.

Daspit situe l'heure de la mort entre 13 et 15 heures le 6 décembre, et porte sur le rapport d'autopsie la cause de décès suivante : « Blessure par balle à la tête, apparemment auto-infligée, ayant entraîné la destruction du tronc cérébral et une hémorragie massive ». À quoi elle ajoute : « Indéterminée ». Preuve que quelque chose la chiffonne, qu'elle n'a pas la certitude absolue qu'il s'agisse d'un suicide.

Pour les amis et la famille de Dorothy, cette hypothèse ne tient pas debout. L'enquête n'en est toutefois qu'à ses débuts. Des preuves, des témoins, voire les aveux de l'assassin viendront sûrement réfuter cette théorie absurde.

17

Bart Corbin ayant été cité par tous les proches de Dorothy Hearn, il est la première personne interrogée par les enquêteurs. Quelle qu'ait été sa relation avec Dorothy le jour de sa mort, il a joué dans sa vie un rôle important. L'autopsie est en cours lorsqu'il se présente aux bureaux de la police judiciaire du comté de Richmond, le 7 juin à 10 h 55. Le lieutenant John Gray est chargé de mener l'audition. Bruce Powers, le responsable de la sécurité de l'université de médecine, y assiste en tant qu'observateur.

L'interrogatoire a été enregistré.

Bart indique sa date de naissance, son numéro de téléphone, son adresse à Augusta. Profession : « Étudiant à temps plein à la faculté de chirurgie dentaire ».

Il déclare être originaire de Snellville et résider à Augusta depuis quatre ans.

Gray : J'ai cru comprendre que vous êtes sur le point de terminer vos études. Avez-vous une idée de ce que vous allez faire après avoir obtenu vos diplômes ?

Corbin : Retourner à Snellville pour un mois, chercher du boulot, et quitter cet État, j'espère.

Gray : OK. Hier soir aux environs de 17 heures, on a découvert le corps d'une dénommée Dorothy Hearn. Connaissez-vous cette personne ?

Corbin : Oui, bien sûr, c'est mon ex-petite amie.

Gray : Quand l'avez-vous vue pour la dernière fois ?

Corbin : La veille vers 14 heures.

Gray : Quelqu'un était avec elle ?

Corbin : Sa colocataire, Angela Garnto.

Gray : Combien de temps êtes-vous resté… ou que vous-êtes vous… ?

Corbin : Trente minutes. Quarante-cinq minutes. Je me suis arrêté chez elle pour prendre de ses nouvelles. Elle a été malade il y a quelques jours.

Gray : Le sujet de la conversation… Je ne vous demande pas de rentrer dans les détails mais…

Corbin : La pluie et le beau temps. Rien d'important.

Gray : Étiez-vous en désaccord, vous êtes-vous disputés ?

Corbin : Non, monsieur.

Gray : Lui avez-vous téléphoné plus tard dans l'après-midi ? Étiez-vous censés vous revoir ce jour-là ?

Corbin : Le soir du 6, ou le soir du 5 quand je l'ai vue pour la dernière fois ?

Gray : Le soir du 5. Deviez-vous la revoir dans la soirée ?

Corbin : Non.

Gray : Quand deviez-vous la revoir ?

Corbin : Il n'y avait rien de prévu. J'espérais qu'on pourrait dîner ensemble avant qu'elle parte en vacances, vendredi, parce que la semaine prochaine, quand elle devait rentrer, je serai en train de passer mes examens, et après je m'en vais.

Gray : Bien. Pouvez-vous me raconter votre journée de mercredi, le 6 juin ? Commençons par le commencement. À quelle heure vous-êtes vous levé ?

Corbin : Vers 9 heures. Je me suis réveillé en retard, je me suis habillé en vitesse et je suis parti à la fac réviser pour mes examens. J'y suis resté jusque vers midi.

Gray : Avez-vous parlé à quelqu'un entre 9 heures et midi ?

Bart Corbin ne se rappelle pas exactement à qui il a parlé. Il cite quelques noms et ajoute : « À Eric Rader, peut-être, aussi, et à la femme de ménage. » Non, il n'a pas besoin de signer un registre quand il se rend à l'espace de travail qu'il partage avec Eric.

Gray : Était-il là ?

Corbin : Il allait et venait. Il avait des patients. J'ai terminé avec mes patients.

Gray : Il allait et venait, donc, et il vous a vu dans votre bureau commun. Les noms que vous m'avez donnés, ce sont des étudiants ?

Corbin : Oui, ce sont tous des étudiants de ma promotion.

Gray : Vous êtes resté à la fac jusqu'à midi. Qu'avez-vous fait ensuite ?

Corbin : Je suis allé avec John Harpers chez Atlanta Dental, chercher des prothèses que je vais présenter à l'examen. Après, je suis rentré chez moi, j'ai pris ma voiture, je suis allé m'acheter à manger chez Rally et je suis retourné à la fac. J'ai dû partir de chez Rally à 12 h 35 et arriver à la fac vers 12 h 45, je dirais.

Gray : Vous avez déjeuné sur le pouce dans votre voiture ?

Corbin : Je suis rentré manger mon hamburger chez moi.

Gray se demande comment Bart Corbin a pu faire tout ça en quarante-cinq minutes, mais il s'abstient de tout commentaire.

Bart lui dit qu'il avait des tas de choses à faire à la fac, trier ses affaires, jeter ce dont il n'avait plus besoin, stériliser et préparer ses instruments en vue de l'examen.

Gray : Cela vous a pris combien de temps ?

Corbin : Jusqu'à 14 heures. Après quoi je suis rentré chez moi à pied, j'ai pris une douche, j'ai passé quelques coups de fil, et je suis revenu à la fac.

Gray : Qui avez-vous appelé de chez vous ?

Corbin : Dorothy. Voulez-vous savoir de quoi nous avons parlé ?

Gray : Oui.

Corbin : Je lui ai dit que je ne pourrais pas l'accompagner à la fête où elle voulait que j'aille avec elle, et que j'essaierais de la joindre plus tard dans la soirée.

Gray : Elle a répondu au téléphone ?

Corbin : Non. J'ai laissé un message sur son répondeur. Il y avait une fête, mais il n'était pas prévu que nous y allions ensemble.

Gray : Vous étiez juste tous les deux invités, c'est ça ?

Corbin : Oui, c'est ça.

Bart dit ne pas se rappeler le nom de la personne qui donnait cette fête – « Teddy… quelque chose » –, mais à l'évidence il tient à ce que le lieutenant Gray sache qu'il a laissé un message à Dorothy entre 14 heures et 14 h 30. Ses souvenirs de l'après-midi où Dorothy a trouvé la mort sont extrêmement précis. Il a téléphoné à une autre fille afin de savoir si elle assisterait à la remise de son diplôme, puis il a rappelé un copain qui lui avait laissé un message pour le prévenir qu'il ne pourrait pas se rendre à leur séance de musculation de 15 h 30. Il pense avoir passé cet appel vers 15 h 30, peut-être plus près de 16 heures.

Comme son ami ne pouvait pas être à la salle de gym avant 17 heures, il dit avoir décidé d'aller se faire couper les cheveux et avoir téléphoné à son coiffeur pour prendre rendez-vous.

Corbin : Je vais chez Accent on Hair. C'est Wanda Wood qui me coiffe. J'avais rendez-vous à 15 h 15. Il fallait que je me dépêche.

Gray : Donc vous êtes allé vous faire couper les cheveux et vous êtes retourné à la fac ?

Corbin : Tout à fait. Il devait être à peu près 16 heures. Comme je n'ai pas d'autorisation de stationnement à la fac, je suis allé me garer près de chez moi et je suis retourné à la fac à pied. Je n'y ai rien fait de spécial, j'ai discuté avec des gens, et je suis reparti vers 16 h 50. Je suis allé faire quelques étirements avant de m'entraîner.

Gray : Avec qui vous êtes-vous entraîné ?

Corbin : Scott Silliman. Il est en dernière année de chirurgie dentaire. Nous avons fait de la musculation jusqu'à 17 h 40, 17 h 45.

Gray : Et ensuite, qu'avez-vous fait ?

Corbin : Je suis rentré chez moi en voiture et j'ai téléphoné à une demoiselle avec qui je devais passer la soirée, pour voir si elle voulait aller à la fête. Elle n'était pas chez elle, alors j'ai décidé d'aller à la soirée avec Scott. J'ai pris une douche et je suis allé chez lui. Je suis arrivé chez lui vers 17 h 50.

Bien qu'il y ait des incohérences dans les horaires indiqués par Bart Corbin, l'inspecteur Gray embraye sur un autre sujet.

Gray : Depuis combien de temps connaissiez-vous Dorothy ?
Corbin : À peu près un an et demi.
Gray : Aviez-vous avec elle une relation vraiment sérieuse ou bien… ?
Corbin : Oui, vraiment sérieuse.
Gray : Aviez-vous envisagé le mariage ?
Corbin : Oui, monsieur. Je voulais l'épouser.
Gray : Ces dernières semaines, quel était le climat entre vous ?
Corbin : Nous ne nous voyions pas. Je suis en période d'examen. Je ne peux pas me permettre de perdre du temps avec une fille. Je le lui avais dit.
Gray : Comment l'a-t-elle pris ?
Corbin : Ça dépendait des jours. Des fois, elle comprenait ; des fois, elle ne voulait pas comprendre. Elle était très lunatique. Enfin, avec les autres, elle était toujours d'humeur égale. Mais avec moi, elle était un peu soupe au lait.
Gray : Dans quelles dispositions était-elle, ces derniers jours ?

Bart Corbin semble détendu, il paraît même prendre plaisir à cette discussion sur l'état d'esprit de Dorothy. Il est de plus en plus volubile.

Corbin : Elle était moins optimiste que d'habitude. Au lieu de parler de ce qui était possible, elle s'exprimait en termes de rêves. Elle disait que ses ambitions n'étaient probablement que des rêves. Elle m'a dit ça il y a quelques jours. À propos des internats en médecine générale et en chirurgie dentaire. Ça lui donne le cafard d'être réaliste.

John Gray prie Bart Corbin de revenir sur sa journée de la veille. Bart maintient qu'il n'a pas vu Dorothy depuis deux jours, et insiste sur le fait qu'il ne l'a pas vue « le jour de l'incident ». Il n'est pas passé chez elle le 6 juin, il en est sûr.

Gray : Qu'avez-vous comme voiture ?
Corbin : Une Monte Carlo gris métallisé, 1988, immatriculée KD 982, avec un toit T-top noir et un pare-chocs avant noir.

Gray : Comment étiez-vous habillé, hier ?
Corbin : À la fac, en pull bleu marine, short beige et Docksiders. Quand je suis allé chez le coiffeur, j'étais en tenue de sport. Je me suis changé après ma douche.

Gray : Possédez-vous une arme à feu ?
Corbin : Un calibre 25 que mon père m'a donné. Je ne crois pas qu'il soit à mon nom.
Gray : Avez vous déjà vu le revolver de Dorothy ?
Corbin : Non, jamais. J'ignorais qu'elle en avait un. Elle ne m'en a jamais parlé.
Gray : Autrement dit, vous n'avez jamais vu ni touché ce revolver ?
Corbin : Ni ce revolver ni aucune autre arme. Je ne savais même pas qu'elle était armée.

Bart Corbin redevient nerveux.

Gray : Avez-vous les clés de son appartement ?
Corbin : Non. Mais elle, elle a les clés de chez moi. Par contre, moi, je n'ai pas les clés de chez elle. Je lui les ai rendues quand nous avons rompu. Elle ne m'en a jamais fait refaire.
Gray : Elle avait fait changer ses serrures, je crois.
Corbin : Paraît-il.
Gray : Pour que vous ne puissiez pas entrer chez elle ?
Corbin : C'est ce que j'ai cru comprendre.

John Gray demande à voir les clés accrochées au porte-clés de Bart, qui lui indique à quoi chacune correspond : la clé de sa boîte aux lettres, les clés de sa voiture, la clé de l'appartement de son père, celle de son bureau à l'université. Même s'il a avoué à Dorothy et Angela s'être introduit chez elles, il refuse à présent de l'admettre et répond de façon évasive. Il souligne qu'il a proposé à Dorothy de l'épouser, qu'elle n'a pas voulu saisir cette chance, signant par là la fin de leur liaison. Il l'a aimée, mais il a tiré un trait.

– Dans une relation, il arrive un moment, dit-il, où il faut savoir où on va. Soit on décide de continuer, soit on décide que ça ne mène à rien. Entre nous, ça n'allait plus, il était temps pour moi de passer à autre chose. J'en avais marre de faire des efforts pour rien.

S'ils avaient pu se revoir et se faire leurs adieux dans les trois jours qu'il leur restait, il en aurait été ravi, mais il affirme que rien de tel n'était prévu. Après ses examens, il a l'intention de quitter Augusta.

Lorsque Gray lui demande de se remémorer la soirée où il a appris le décès de Dorothy, Bart déclare que tous ses amis proches s'étaient réunis chez Eric Rader pour l'entourer et le soutenir. C'est Vicky Martin qui lui a annoncé la mort de Dorothy.

– Je n'y croyais pas, dit-il. Je ne pensais pas non plus que c'était une blague, mais je n'y croyais pas. Je ne comprenais pas que Dorothy ait pu faire une chose pareille. D'ailleurs, je ne comprends toujours pas.

Selon Bart, Dorothy devait être déprimée parce que « ses résultats n'étaient pas la hauteur ».

– Elle avait de grandes ambitions, dit-il. Elle voulait devenir chirurgien-dentiste. Elle avait une très haute opinion d'elle-même. Elle avait toujours été la meilleure en ci et la meilleure en ça. Elle n'avait pas le niveau, mais elle était persuadée qu'elle y arriverait. Peut-être qu'elle a réalisé qu'elle n'avait pas un niveau suffisant. Je ne sais pas.

L'interrogatoire est terminé, Bart peut disposer. John Gray et Bruce Powers restent assis quelques minutes en silence. Pour quelqu'un qui vient de perdre brutalement son ex-petite amie, Bart Corbin leur a paru remarquablement maître de ses émotions. « Je l'avais prévenue », pouvait-on même lire dans son regard tandis qu'il parlait de l'« échec » de Dorothy, échec au demeurant totalement subjectif puisque Dorothy avait non seulement rattrapé son retard de l'automne mais obtenu des notes brillantes au semestre de printemps.

Par ailleurs, est-il possible de découper son emploi du temps de la veille en segments de quarante-cinq minutes, comme l'a fait Bart Corbin ?

Cette précision ne cache-t-elle pas quelque chose ?

Le lendemain soir, Bart Corbin est de nouveau convoqué dans les services de la police judiciaire du comté de Richmond. Cette fois, l'audition se déroule en présence de l'inspecteur Ron Peebles. Le lieutenant John Gray explique à Bart qu'il doit encore lui poser certaines questions, afin de mieux cerner sa relation avec Dorothy Hearn.

Bart acquiesce.

Gray lui redemande s'il est absolument sûr de ne pas avoir vu Dorothy le 6 juin, le jour où elle a trouvé la mort. Et cette fois, Bart admet être passé chez elle.

Corbin : Je me suis arrêté chez elle vers 13 heures.

Gray : Pour quelle raison ?

Corbin : Comme d'habitude, pour prendre de ses nouvelles, et pour savoir si nous pourrions dîner ensemble le soir. Nous avions prévu de dîner ensemble il y a quelques jours, mais elle a été malade.

Gray : D'accord. Vous avez frappé à sa porte et elle vous a ouvert ?

Corbin : Oui, monsieur.

Gray : OK. Quand elle vous a ouvert, comment était-elle habillée ?

Corbin : En short noir, je crois… Et en chemisier à rayures gris et blanc.

Gray : Elle vous a fait entrer dans son appartement, je suppose, et ensuite… ?

Corbin : On s'est assis sur le canapé et on a discuté. Elle regardait son feuilleton.

Gray : De quoi avez-vous parlé ?

Corbin : De tout et de rien. De cette fête à laquelle elle avait envie d'aller, cette soirée (inaudible) dont je vous ai déjà parlé, à laquelle elle était invitée et moi aussi.

Gray : OK. Combien de temps êtes-vous resté chez elle ?

Corbin : Une demi-heure.

Gray : Quelqu'un d'autre est venu chez elle ?

Corbin : Oui, une fille de l'agence pour laquelle elle travaillait.

Gray : Vous a-t-elle vu ?

Corbin : Je ne crois pas. Je l'ai entendue quand je suis allé aux toilettes. Lorsque j'en suis ressorti, elle partait.

Gray : Où êtes-vous allé avant de rendre visite à Dorothy ?

Corbin : J'ai frappé à la dernière porte du bâtiment. Quand vous êtes face à la maison, la dernière porte de gauche.

Gray : Pourquoi ?

Corbin : Parce que… pour les examens, nous avons besoin de certains patients pour certaines lésions et elle, Dorothy, connaissait ces gens. Il me fallait des personnes à qui faire passer des radios pour savoir si elles présentaient certaines lésions. C'est gratuit pour elles parce que nous manquons de patients pour passer les diplômes.

Bart ne se souvient pas s'il a frappé chez les voisins avant ou après avoir rendu visite à Dorothy, car il a déjà essayé de les voir à deux reprises dans le courant de la semaine et ne les a pas trouvés chez eux. Ils n'étaient pas là non plus le 6 juin. Il ignore si Dorothy les connaît bien ou non, mais il sait qu'elle connaissait beaucoup de monde dans la maison.

– Elle traînait pas trop avec ces gens, dit-il.

Il ne s'exprime pas avec autant d'aisance que lors de la première audition. Et ce qui frappe surtout les enquêteurs, c'est que son compte-rendu de la journée du 6 juin diffère radicalement de celui qu'il a fait trente heures plus tôt. S'est-il subitement souvenu que quelqu'un l'avait vu au 3077, Parrish Road ? Ou bien était-il si bouleversé par la mort de Dorothy, la veille, qu'il s'est embrouillé dans ses déclarations ? Gray et Peebles lui demandent dans quel état d'esprit il a trouvé Dorothy, l'après-midi du 6 juin.

Corbin : Elle était… comment dire… non… pas nonchalante… non, enfin, je ne sais pas. Elle était normale, je dirais. (*Inaudible.*) Elle avait du boulot, et elle n'arrêtait pas de râler après ce gars pour qui elle travaillait, parce qu'il l'emmerdait à lui réclamer les heures qu'elle lui devait.

Gray : Vous voulez parler du propriétaire de l'appartement ?

Corbin : Oui, c'est ça.

Gray : Avait-elle besoin d'argent ?

Corbin : Elle disait qu'elle avait besoin d'argent.

Gray : Savez-vous si elle avait des dettes ?

Corbin : Ça m'étonnerait. Son père lui paye tout ce qu'elle veut. Elle n'avait besoin de rien.

Gray : Bien. Dans quel état d'esprit étiez-vous quand vous êtes allé la voir ce jour-là ?

Corbin : Ah, disons, débordé, mais de bonne humeur, pour autant que je me rappelle.

Gray : Vous aviez beaucoup à faire ?

Corbin : Oui, et j'ai encore pas mal de choses à faire, ces jours-ci.

Gray : Donc vous avez juste fait un saut chez elle pour bavarder cinq minutes ?

Corbin : Tout à fait. Parce que j'avais appris dans la matinée qu'un de mes patients, un des patients que je devais traiter… c'est un peu compliqué à expliquer parce que vous n'êtes pas dentiste, voyez-vous… Enfin, la lésion qu'il avait n'allait pas faire comme je voulais et j'avais absolument besoin d'un autre patient. J'étais déjà allé chez Dorothy et j'avais frappé aux portes pour voir si ces gens pouvaient venir se faire examiner et, parce que… vous voyez… c'est comme d'aller frapper chez un inconnu. Elle, au moins, elle les connaissait. Voilà pourquoi je suis passé chez elle.

Les deux enquêteurs remarquent que Corbin est nerveux. Il bégaye, il bafouille, et il n'affiche toujours aucun signe de chagrin alors que la jeune femme qu'il espérait épouser est morte deux jours plus tôt. Il tente laborieusement de justifier la visite qu'il lui a rendue, et s'emmêle dans ses explications. Il nie être monté à l'étage de l'appartement de Dorothy.

Gray : Êtes-vous sûr de ne pas avoir pris de douche chez elle ?

Corbin : Sûr et certain.

Gray : Donc vous vous êtes entendus pour passer la soirée ensemble ?

Corbin : Ce soir-là ?

Gray : Oui.

Corbin : Non. Elle ne savait pas si elle voulait aller à cette fête et j'avais oublié que je devais aller à une soirée chez le doyen de la fac. Je ne m'en suis souvenu que plus tard.

Gray : A-t-elle reçu des coups de téléphone pendant que vous étiez chez elle ?

Corbin : Je ne me rappelle pas. C'est possible, mais je ne m'en souviens pas.

Gray : Vous rappelez-vous comment vous étiez habillé ?

Corbin : Pas exactement. En jean et en tee-shirt, probablement.

La veille, il a décrit deux tenues vestimentaires différentes. Cette fois, il a plus de mal à établir sa nouvelle version des faits, et il reste très vague quant à cette soirée à laquelle il était question qu'il se rende avec Dorothy.

Corbin : Je lui ai téléphoné parce que je me suis souvenu que je devais aller à une autre soirée avec une autre fille. Je l'ai rappelée pour lui dire que je ne pourrais pas aller avec elle à la fête dont nous avions parlé, mais que j'essaierais de la joindre dans la soirée.

John Gray rappelle à Bart Corbin qu'il a soi-disant téléphoné à une autre fille dans l'après-midi où Dorothy est décédée. Bart dit avoir oublié de qui il s'agissait.

Gray : Vous avez aussi téléphoné au salon de coiffure, n'est-ce pas ?

Corbin : Oui, de la fac. Je pensais que vous vouliez dire quand je suis retourné à la fac.

Gray : Vous souhaitiez vous faire couper les cheveux ?

Corbin : Absolument. La coiffeuse m'a dit qu'elle pouvait me prendre vers 15 h 15. Je suis parti vers 15 heures.

Gray : Vous étiez à la fac alors que vous aviez rendez-vous chez le coiffeur. Pourquoi avoir fait tous ces allers-retours ?

Corbin : Parce que, à l'origine, je n'avais pas rendez-vous à cette heure-là. Je suis retourné à la fac parce que je pensais que je n'aurais pas le temps d'aller chez le coiffeur, vu que je devais m'entraîner avec Scott à 15 h 30. Comme je vous l'ai dit, quand je suis passé chez moi pour prendre une douche, j'avais un message de Scott qui me disait qu'il avait un contretemps. Et… j'avais rendez-vous avec une patiente, le lendemain. Une femme qui habite assez loin. C'est pour ça que j'ai téléphoné chez le coiffeur, pour voir si je pouvais avoir un rendez-vous ce jour-là. S'ils avaient de la place, parce que initialement ils devaient me prendre vers 13 h 15, et je ne pouvais pas y aller à cette heure-là parce que j'avais des trucs à faire.

Interrogé sur ce qu'il a fait entre 16 heures et 22 heures, Bart Corbin répète ce qu'il a déclaré lors du premier interrogatoire. Il a fait de la musculation, il est allé à la soirée chez le doyen, puis chez Vicky et Tony.

Corbin : Je suis passé chez eux prendre des affaires qu'ils me gardaient. Pendant que j'étais là-bas, Tony a reçu un coup de fil, et après Vicky a voulu que je l'emmène chez Eric Rader.

Bart ne précise pas que ce sont des armes à feu qu'il est allé chercher chez Vicky et Tony. Gray ne lui pose pas de questions à ce sujet, ni sur le moment où il a appris la mort de Dorothy. Il lui demande s'il a déjà été suivi par un conseiller psychologique, dans ce cas et pour quelle raison. Bart déclare avoir consulté un conseiller parce qu'il était stressé, à la fois par ses études et par sa relation avec Dorothy.

Gray est perplexe. Si Corbin a éprouvé le besoin de parler de sa relation avec Dorothy à un professionnel, c'est qu'il tenait à elle. Or sa mort ne semble pas l'affecter ; il parle de ses derniers jours sans la moindre émotion.

Gray : Je vais bientôt vous libérer mais j'aimerais revenir sur un point. Si j'ai bien compris, Dorothy et vous étiez sur le point de vous séparer ?

Corbin : Oui, monsieur.

Gray : Quand ?

Corbin : Quand devions-nous nous séparer ?

Gray : Oui.

Corbin : Eh bien… en fait… c'était déjà fini depuis un certain temps. Ça traînait un peu en longueur, mais c'était terminé depuis quelques semaines. On avait déjà cassé plusieurs fois et on s'était remis ensemble. C'est pour ça qu'on était un peu nonchalants, cette fois.

L'inspecteur Ron Peebles intervient.
– Je sais que tu l'as déjà interrogé, dit-il au lieutenant Gray, et qu'il a déclaré ne pas s'être rendu à Parrish Road. J'aimerais savoir pourquoi il a menti ou omis de dire la vérité.
Bart répond promptement.

Corbin : Je n'ai pas dit la vérité parce qu'en janvier le père de Dorothy a eu l'impression que j'étais responsable de certaines choses qui sont arrivées à sa fille. C'est elle qui lui a dit ça. Et il m'a menacé verbalement. Ça devait être la deuxième semaine de janvier. Je ne peux pas le prouver parce qu'il n'y avait pas de témoin. Je ne voulais pas être lié de quelque façon que ce soit à quelque événement qui ait pu se produire, ou avoir une influence là-dessus, par crainte de moi-même.

Explication pour le moins confuse. Bart Corbin, jeune homme grand et musclé, semble terrifié par le Dr Carlton Hearn, de trente ans son aîné et beaucoup moins costaud que lui. Ou bien c'est ce qu'il veut faire croire. Corbin dit que le père de Dorothy a tenté de l'intimider. Néanmoins, pour autant que sachent les enquêteurs, le Dr Hearn ne présente manifestement pas de propension à la violence.
Gray poursuit son interrogatoire.

Gray : En d'autres termes, vous avez omis certains points de crainte que les autorités ne vous considèrent comme suspect dans la mort de Dorothy Hearn ?
Corbin : Inconsciemment, sans doute, mais ce n'était pas la principale raison.
Gray : La principale raison étant que vous redoutiez que le père de Dorothy vous tienne pour responsable de la mort de sa fille ?
Corbin : Et je le redoute encore.

L'audition touche à sa fin, mais lorsque John Gray demande à Bart s'il a quelque chose à ajouter, celui-ci dit vouloir parler de certaines personnes qui auraient pu représenter un danger pour Dorothy.

Corbin : Vous m'avez demandé si je savais si elle fréquentait quelqu'un d'autre. Je n'en sais rien, mais je sais qu'elle voyait un garçon… Un certain Jeff… Un gamin du lycée avec qui elle est sortie, qui est serveur au Steak & Ale. Elle a travaillé là-bas, elle aussi. Elle me l'a dit. Il y a environ une semaine.

Gray (*incrédule*) : Ils sortaient ensemble ?

Corbin : Avant qu'elle sorte avec moi.

Gray : Quel âge a-t-il ?

Corbin : Il doit avoir à peu près dix-huit ans, maintenant.

Gray marque une pause. Cette histoire lui paraît invraisemblable. Bart a fréquenté Dorothy pendant deux ans. Si ce Jeff a maintenant dix-huit ans, il n'avait pas plus de seize ans quand il est sorti avec Dorothy ! Gray soupçonne Corbin de chercher à orienter les enquêteurs vers une fausse piste. Il lui demande si Dorothy a revu ce garçon récemment.

Corbin : Non, elle ne l'a pas revu depuis des années, mais elle m'a dit qu'il lui avait laissé un petit mot, un soir où elle s'était couchée de bonne heure. Il a frappé à sa porte, elle n'a pas répondu parce qu'elle n'ouvre jamais le soir tard quand elle est seule. Et, euh… elle ne l'a pas vu ce soir-là non plus. Enfin, c'est ce qu'elle m'a dit. Moi, je n'en sais rien, je n'y étais pas.

Les diplômes de la faculté de chirurgie dentaire sont décernés le lendemain. Bart jubile en recevant le sien. Les amis de Dorothy Hearn sont sidérés de le voir si joyeux, comme s'il ne l'avait jamais connue, jamais aimée. Le 10 juin, il assiste au mariage de Tony Gacita et Vicky Martin. Lors de la réception, il semble beaucoup s'amuser.

Bart a fourni deux dépositions contradictoires. Dorothy, malheureusement, ne peut être entendue. Les enquêteurs doivent reconstituer la journée du 6 juin de la jeune fille d'après les témoignages de son entourage : à la veille de son départ pour la Caroline du Sud, elle a confectionné des muffins et commencé à préparer une sauce bolognaise ; elle a travaillé pour son propriétaire, regardé ses feuilletons télévisés préférés, et fait des modèles d'invitations pour son anniversaire, qu'elle comptait fêter le 6 juillet. Angela a montré ses ébauches aux policiers.

Selon les meilleurs amis de Dorothy, elle avait rompu avec Bart Corbin, mais elle avait l'intention de le voir au cours de ses deux semaines de vacances.

Ses parents et ses frères ont bon espoir que Barton Corbin soit inculpé de meurtre avec préméditation. Les enquêteurs, cependant, ne disposent pas d'un motif suffisant pour obtenir un mandat d'arrêt contre lui. Ils ne peuvent l'appréhender pour la seule raison que son comportement leur paraît suspect.

Dorothy est enterrée dans le cimetière de Washington, à quelques minutes de la demeure coloniale de ses parents. Ses grands-parents l'y rejoindront bientôt.

Quelques jours plus tard, le dossier Dorothy Hearn est officiellement classé. Selon le shérif du comté de Richmond, elle s'est suicidée. Pour la légiste Sharon Daspit, cependant, la cause de son décès reste « indéterminée ».

En 1990, le comté de Richmond n'avait pas d'expert à l'analyse des taches de sang. Le revolver d'où est partie la balle qui a tué Dorothy a été déplacé avant la prise des photos. La scène n'a pu être reconstituée.

Barbara et Carlton Hearn font appel à une détective privée, Sarah Mims, qui rassemble plusieurs témoignages de personnes ayant entendu Bart Corbin déclarer qu'il voulait tuer Dorothy. Elle s'entretient avec les voisins de la défunte ainsi qu'avec la secrétaire de Dennis Stanfield, qui a vu Dorothy à deux reprises dans la journée du 6 juin. De nombreuses années s'écouleront toutefois avant que les informations recueillies par Sarah Mims soient exploitées par la police.

Quatrième partie
Jenn et Bart Corbin

18

Son doctorat en poche, Bart retourne dans le comté de Gwinnett. Bien qu'il ait dit aux enquêteurs qu'il espérait trouver un emploi dans un autre État, il reste en Géorgie. Pendant quelque temps, il fait des remplacements, puis il est engagé dans la clinique dentaire du Dr Huey, en attendant de pouvoir s'installer à son compte.

Au début des années 1990, il a un certain nombre d'aventures, toutes superficielles et passagères. Sa carapace s'est encore durcie. Après Shelly et Dorothy, il s'est blindé contre le sentiment amoureux.

Une femme restera cependant dans sa vie pendant plus de dix ans, même après son mariage avec Jenn. Dara Prentice * est comptable dans deux cliniques dentaires, dont celle où Bart est employé. Elle est mariée, mère de deux enfants en bas âge, ce qui ne l'empêche pas de succomber au charme de Bart.

Dara est une femme séduisante, aux formes généreuses, aux cheveux roux courts et bouclés. Elle ne ressemble ni à Shelly ni à Dorothy. Elle s'est mariée jeune avec un homme plus âgé qu'elle, qui a tendance à la dédaigner. Ironiquement, son amant n'est guère différent. Bart ne se prive pas de l'humilier et ne lui présente jamais d'excuses. Mais elle est persuadée qu'il tient à elle. Elle le croit lorsqu'il lui promet qu'un jour ils vivront ensemble. Elle est à ses pieds, fait tout ce qu'il lui demande, et se contente de la petite place qu'il lui laisse occuper dans sa vie.

Lorsque Bart ouvrira son propre cabinet, c'est elle qui s'occupera de sa comptabilité. Elle a pu ainsi observer son manque de considération envers ses collègues féminines. À la moindre contrariété, il les insulte et leur jette des objets à la figure. Par conséquent, ses employées ne restent jamais longtemps à son service. Dara, en revanche, n'est que rarement la cible de ses colères. Elle pense qu'ils s'aiment et qu'elle sait l'apaiser quand il a des soucis.

Lorsque Bart commence à sortir avec Jenn Barber, Dara l'accepte sans jalousie. Elle-même étant mariée, elle ne peut exiger de lui une relation exclusive. De son côté, Jenn ignore que le jeune homme qu'elle fréquente a une maîtresse. Elle ne saura jamais que, lorsqu'elle est tombée enceinte de Dalton, en 1996, Bart, furieux, a confié à Dara qu'il voulait qu'elle se fasse avorter et qu'il a même songé à la quitter.

– Je lui ai conseillé de l'épouser, rapporte Dara dix ans plus tard. Il me semble que c'était son devoir, une question d'honneur. D'autant plus que je pense qu'il l'aimait. Toujours est-il que j'en ai été malade quand ils se sont mariés. Je crois que j'attendais trop de lui.

Inexplicablement, Dara apprécie Jenn et ne la considère pas comme une rivale. Elle est fréquemment invitée chez les Corbin, et il arrive qu'elle sorte avec eux. Elle chasse ses sentiments de culpabilité en tentant de se convaincre que sa liaison avec Bart ne nuit pas à la relation des jeunes mariés. Jenn est la femme de Bart, elle n'est que sa maîtresse. Jenn l'a auprès d'elle tous les jours et toutes les nuits, elle sera la mère de ses enfants. Dara n'est que la cinquième roue du carrosse.

À en croire la rumeur, Bart serait également très intime avec une autre femme, Harriet Gray, employée dans l'un des cabinets dentaires où il travaille à temps partiel pour arrondir ses fins de mois. Personne ne peut toutefois affirmer qu'elle a été sa maîtresse.

Harriet est beaucoup plus âgée que Bart : elle a cinquante ans alors qu'il n'en a que trente. Néanmoins, c'est encore une belle femme. Elle est divorcée depuis peu.

– Tout à coup, elle s'est mise au régime et au yoga, elle a changé de coiffure et elle s'est fait teindre en blond platine, rapporte l'une de ses ex-belles-sœurs. C'est ce qui nous a mis la puce à l'oreille. Mais personne n'a jamais eu la certitude qu'elle avait un amant.

En septembre 1996, une semaine après le mariage de Bart et Jenn, Harriet disparaît sans laisser de traces. Ses filles sont extrêmement inquiètes.

Jenn est enceinte de deux mois lorsqu'elle se marie avec Bart. À ses yeux, cette union n'a rien de précipitée. Elle aime Bart, l'aurait épousé de toute façon, et elle est heureuse de porter leur enfant. Dans l'entourage du jeune couple, personne ne s'offusque de cette grossesse.

Seules les alliances de Bart et de Jenn suscitent un étonnement un peu choqué : Bart a dépensé beaucoup plus d'argent pour la sienne – sertie d'un gros diamant – que pour celle de sa promise. Il se justifie en disant que, dans son métier, il faut qu'il paraisse aisé.

Un grand mariage est organisé. Tous les amis des jeunes mariés sont invités. Dara Prentice a assisté à la cérémonie religieuse et à la réception.

– J'avais le cœur brisé, avoue-t-elle. J'ai bu plus que de raison, j'ai dansé avec tous les copains de Bart. J'étais tellement saoule qu'il a demandé à l'une de mes amies de me raccompagner chez moi et de veiller à ce que je ne fasse pas de « bêtise ».

Bart et Jenn ne partent pas en voyage de noces. Ils passent leur lune de miel sur la péniche des Barber, sur le lac Lanier. Cela ne les dérange pas. Il fait un temps magnifique, le lac est splendide.

Narda et Max Barber restent en contact étroit avec leur fille et son époux. Jenn et Bart leur rendent visite presque tous les week-ends. Max s'entend à merveille avec son gendre, ils pratiquent ensemble de nombreuses activités. Les sœurs de Jenn apprécient elles aussi leur beau-frère.

– Il avait un QI largement supérieur à la moyenne, déclare Narda, et il nous faisait beaucoup rire.

Hormis ses frères Bobby et Brad, Bart n'a que peu d'amis. Il s'est lié avec un jeune homme surnommé « Bras de fer », qui fait de la musculation dans le même club que lui. Et tous les ans, à l'occasion de la fête de l'Indépendance, le 4 juillet, il reçoit Richard Wilson et son épouse Janice. Wilson a le même âge que lui et vit dans l'Alabama, à trois heures de route du comté de

Gwinnett. Ils ont sympathisé alors qu'ils travaillaient tous deux dans l'entreprise de Gene Corbin.

Bien que Bart n'ait encore que des revenus modestes, le jeune couple s'achète une péniche et l'amarre sur le lac Lanier, à côté de celle de Max et Narda. C'est une seconde main, avec un salon/cuisine, deux chambres, une salle de bains et un vaste pont sur lequel Bart et Jenn organiseront de nombreux barbecues familiaux.

Jenn est amoureuse, elle attend son bébé avec impatience, elle nage dans le bonheur. Bart semble lui aussi avoir hâte d'être papa. Une seule ombre au tableau : Jenn doit se séparer de son chien, Sebastian, un gros labrador jaune qu'elle a depuis des années, affectueux avec tout le monde. Sauf avec Bart.

Un soir, Narda reçoit un coup de téléphone de sa fille. Jenn est dans tous ses états.

– Maman, il faut que vous preniez Sebastian, dit-elle. Il n'arrête pas d'essayer de mordre Bart. Si je ne me débarrasse pas de lui, Bart va le tuer !

Jenn n'exagère pas. Bart déteste Sebastian autant que le labrador le déteste.

Max et Narda sont étonnés de l'animosité du chien envers leur gendre, mais ils adoptent Sebastian. Qui aura sans doute été le premier à flairer la véritable personnalité de Bart...

Car très rapidement, Jenn redescend de son petit nuage. Bart est de moins en moins prévenant, voire humiliant.

– Il voulait qu'elle se sente inférieure, analyse Narda. Et il employait des procédés tellement mesquins ! Par exemple, elle avait l'habitude de se vernir les ongles des mains et des orteils. Il le lui a interdit, sous prétexte qu'il n'aimait pas le rose nacré de son vernis. Elle se pliait à tous ses caprices. Elle disait que ce n'était pas la peine de se disputer pour si peu.

Bart et Jenn n'ont pas beaucoup d'argent. Ils ont emménagé à Atlanta, dans un petit bungalow, près d'un parking. À terme, Bart envisage d'y faire des travaux et d'y ouvrir un cabinet dentaire. Il économise dans ce but et Jenn le soutient dans sa démarche.

Bart soigne gratuitement les membres de la famille Barber, qui lui en sont reconnaissants. Pour quelqu'un d'aussi parcimonieux, c'est un geste généreux.

Max, Narda, Heather et Rajel ont toujours beaucoup de sympathie envers Bart. Pour les fêtes et les anniversaires, les Barber se réunissent au grand complet. Tout le monde apprécie l'humour de Bart.

Dalton vient au monde en mars 1997, sept mois après le mariage de ses parents. Jenn est comblée de joie, c'est une jeune mère au foyer sereine. Bart, en revanche, se plaint d'être ignoré. Quand elle fait le ménage pendant qu'il est à la maison, il lui reproche de ne pas lui accorder suffisamment d'attention. Il tient à ce que leur intérieur reluise, mais il ne veut pas que son épouse le « néglige ».

Bart et Jenn tiennent tous deux des journaux intimes. Dans le sien, il a écrit : « Jenn a passé une heure à briquer la cuisine, autant de temps qu'elle aurait pu me consacrer… »

Aux yeux de ceux qui ont connu Bart à l'université, ce comportement n'aurait rien eu de surprenant. Il voulait déjà occuper la première place dans la vie de ses petites amies ; il a toujours eu une soif insatiable de pouvoir, qu'il s'efforçait de réprimer aux premiers temps de ses idylles mais qui finissait immanquablement par refaire surface.

Jenn a le sentiment qu'il est de ces hommes parfaits dans le rôle du petit ami ou du fiancé, mais qui tombent le masque dès qu'ils sont mariés.

Il ne lui fait plus de compliments, il a la critique facile, il la diminue pour se rehausser. En privé, seulement, toutefois. Devant ses beaux-parents ou d'autres couples, il donne toujours l'impression d'être un époux dévoué.

Le jeune couple partage tout de même de bons moments. Leurs albums se remplissent de photos de famille sur lesquelles ils ont l'air de filer des jours heureux. Le petit Dalton fait la joie de toute la famille. Jenn, qui se destinait à une vie de femme active, s'est découvert la fibre maternelle.

Sa sœur Heather poursuit des études de droit à l'université de Géorgie. Elle rend souvent visite à Jenn et Bart, et accepte avec plaisir de jouer les baby-sitters. Les soirs où elle garde Dalton, elle dort dans le salon. Malgré elle, elle entend Bart déprécier Jenn, lui faire des remontrances acerbes et lui expliquer comment il veut que les choses se passent entre eux. Jenn ne proteste pas, elle attend patiemment la fin de ces sermons.

Heather éprouve néanmoins de la sympathie pour son beau-frère, mais elle le trouve bizarre. Le matin, elle est souvent réveillée par Bart qui se parle à lui-même, sur un ton furieux. Il grommelle, il s'énerve, il claque les portes des placards, il jette des objets à travers la cuisine, sans se soucier de son fils et de sa belle-sœur qui dorment dans les pièces voisines.

Le soir, quand il rentre du travail, il est encore de mauvaise humeur. Rien ne va jamais et c'est invariablement la faute de Jenn. Tout l'agace. S'il ne trouve pas le tire-bouchon, il s'en prend à sa femme.

– Il se fichait royalement de savoir si j'écoutais, témoigne Heather. Jenn soupirait : « Ce n'est pas grave, Bart… » et elle me regardait en levant les yeux au ciel. Bart pouvait être très drôle, mais parfois il était méchant.

Narda Barber est désolée pour Jenn lorsque celle-ci lui révèle que Bart, avant le mariage, lui a dit ouvertement qu'il voulait bien l'épouser à condition qu'elle garde toujours à l'esprit qu'il était *docteur* et que c'était lui qui commandait, qu'il entendait que sa femme lui obéisse au doigt et à l'œil, qu'elle soit une parfaite ménagère et un modèle à afficher en société. Narda elle-même a entendu son gendre dire à sa fille qu'elle n'était qu'une « charmante potiche », et ne serait jamais son égale. Elle en a été extrêmement peinée.

Jenn ne se formalise pas. Elle hausse les épaules et prétend que Bart ne pense pas réellement ce qu'il dit.

– Il veut juste faire le King, dit-elle à sa mère. Ne te fais pas de souci, je t'en prie.

Jenn n'est sûrement pas aussi heureuse en ménage que ses parents mais elle semble s'accommoder de son sort. Car Bart a aussi des bons côtés. Il sait se montrer aimable. En société, son humour provoque l'hilarité générale. Quand il lui arrive de tancer son épouse en public, elle est la première à l'excuser. « Il est comme ça, dit-elle. Ne faites pas attention, ça lui passera. »

Narda est également choquée par les réactions disproportionnées de son gendre, notamment en ce qui concerne les questions financières. Jenn n'achète jamais rien sans avoir au préalable consulté son mari. Il lui confie un budget précis pour faire les courses. Si elle dépense ne serait-ce que dix dollars sans son consentement, il pique des colères noires. Jenn a un jour confié à sa mère :

– Je pourrais bousiller la voiture et renverser trois enfants, il ne dirait rien. Mais si j'achète quelque chose dont il pense que nous n'avons pas besoin, il devient comme fou.

Elle ne plaisantait qu'à moitié.

– Il l'avait mise au pas, soupire Narda. Mais parfois il était très gentil, très généreux, et elle avait l'impression que tout allait bien. Il est vrai que ses bons côtés compensaient son comportement despotique.

Il faudra du temps avant que Jenn commence à se douter que Bart la trompe. Et quand elle acquiert la certitude qu'il entretient une liaison clandestine avec Dara Prentice, elle n'en parle à personne. Seule sa sœur Heather est au courant.

Bart téléphone sans cesse à Dara, soi-disant parce qu'il doit régler avec elle des « affaires de boulot ».

– Il était constamment pendu au téléphone, se souvient Narda, même sur la péniche. Il rouspétait, il trépignait, il jetait des objets contre les murs. Ce n'était pas normal. Un jour, Dara lui a signalé qu'elle avait commis une erreur en faisant un dépôt d'argent. Il a été odieux avec elle. Il l'a traitée de tous les noms, et tout le monde a entendu.

Dara a tenté à plusieurs reprises de mettre un terme à sa relation avec Bart.

– Parfois, je le menaçais de tout révéler à sa femme, dit-elle. Mais il savait que je ne mettrais pas mes menaces à exécution. Je ne voulais pas faire de mal à Jenn… ni à lui, d'ailleurs. Je disais ça sous le coup de la colère. Quand j'évoquais la possibilité de le quitter, il était imbuvable au travail. Plus d'une fois, je lui ai donné ma démission. Il déchirait mes lettres et me disait qu'il était hors de question que je plaque mon boulot. Il me disait, sur le ton de la plaisanterie, bien sûr, qu'il savait où j'habitais et qu'il viendrait me chercher. C'était un tel charmeur…

Dara Prentice en sait un peu plus que Jenn sur les affaires de cœur passées de Bart. Il lui a parlé d'une ancienne petite amie originaire de l'État de New York, ainsi que d'une fille avec qui « il sortait de temps en temps » et qui s'est suicidée. Elle n'a cependant jamais eu le sentiment qu'il pouvait être dangereux pour elle de rompre définitivement avec son amant. De toute façon, il parvenait toujours à la dissuader de le quitter.

19

À la fin du printemps 1998, Jenn s'aperçoit qu'elle attend un deuxième enfant. Elle en parle à Heather avant d'annoncer la nouvelle à Bart.

– Elle n'osait pas lui dire qu'elle était enceinte, se souvient sa sœur. Je lui ai dit : « Mais, Jenn, vous êtes mariés ! De quoi as-tu peur ? ». Elle a acheté un hochet ou je ne sais plus quel petit jouet d'enfant. Elle l'a joliment emballé dans une boîte et elle l'a donné à Bart. Il était tellement furieux qu'il le lui a jeté à la figure.

Dillon Corbin voit le jour en janvier 1999, juste avant le vingt-huitième anniversaire de sa mère. C'est un bébé facile. Jenn parvient sans peine à élever ses deux enfants. Sur les photos où Bart pose avec le nouveau-né, il paraît ravi d'être papa une deuxième fois.

Pourtant, peu après la naissance, il se fait faire une vasectomie et confie à l'un de ses amis qu'il n'a désiré ni l'un ni l'autre de ses enfants, que sa femme les lui a faits « dans le dos ».

S'il était jusque-là très calme avec Dalton, son fils aîné semble à présent l'exaspérer. Quand il doit s'occuper du garçonnet de deux ans, il s'impatiente au bout de quelques minutes et lance à son épouse : « Débrouille-toi avec lui. »

Désormais, il ne reproche plus à Jenn de consacrer du temps à leurs enfants, mais il manifeste de la jalousie dès qu'elle voit du monde. Il ne veut la partager avec personne d'autre que ses fils, lui répète-t-il, ce qui provoque des frictions dans le couple. Jenn aime les gens. Bart trouve ridicule qu'elle perde son temps à écouter les problèmes des autres.

Début 2000, Heather a le coup de foudre pour un jeune informaticien, Doug Tierney. Ils se fiancent quelques mois plus tard. Doug s'intègre facilement dans la famille Barber. La première fois qu'il rencontre Jenn et Bart, ceux-ci sont en train d'écoper leur péniche. Il leur prête main-forte. À compter de ce jour, les deux couples se verront presque tous les week-ends. Ils jouent au cricket, au volley, à divers jeux de société.

Doug Tierney a grandi à Baltimore, dans une famille catholique unie. De nature accommodante, il est choqué par le comportement de Bart.

– Il était toujours en rogne contre Jenn ou les petits, dit-il. Il s'emportait facilement, faisait des scènes monstrueuses et s'en allait d'un pas rageur. Jamais je n'avais vu de près quelqu'un d'aussi coléreux.

Doug et Heather se marient le 30 décembre 2000. Ils ont acheté une maison dans le quartier où habitent Jenn et Bart. Doug constate que Bart n'a pas d'amis. Les Corbin ne fréquentent que les relations de Jenn et des personnes qu'ils ont rencontré par l'intermédiaire de Doug et Heather.

– Un jour, j'ai suggéré à Bart d'inviter ses copains à venir pêcher avec nous, raconte Doug. Mais il n'en avait pas un seul. Il avait coupé les ponts avec tous ses camarades de lycée et de fac. C'était bizarre. On aurait dit qu'il avait tiré un trait sur son passé.

Doug est un génie de l'informatique. Avec Heather, il monte une petite société de maintenance. Contrairement à Bart, il est très dépendant de sa femme. Néanmoins, malgré leurs tempéraments différents, les deux beaux-frères s'entendent bien.

Heather et Doug ont bientôt deux enfants, Max et Sylvia. Heather et Jenn, qui sont très liées, scellent un pacte : s'il l'une d'elles vient à mourir, l'autre adoptera ses enfants. Toutes deux sont bien sûr jeunes et en parfaite santé, mais cette promesse les rassure.

Tant que ses fils sont en bas âge, Bart ne leur témoigne guère d'intérêt. Il n'intervient dans leur éducation que lorsqu'ils commencent à faire du sport, soucieux que leurs performances se répercutent sur son image. Aussi jeunes soient-ils, il veut qu'ils soient des champions, les premiers en tout, à l'école et sur les stades. Il les sermonne avec véhémence quand il estime qu'ils ne fournissent pas assez d'efforts. Il trouve Jenn trop indulgente, elle le trouve trop exigeant.

Dalton fait partie d'une équipe de base-ball. Lorsque son père vient le voir jouer, il a un mal fou à se concentrer. « Ne mets pas tes mains comme ça ! Écarte les jambes ! », hurle Bart sans arrêt. Tant et si bien que Jenn cesse d'assister aux matchs.

Dara, en revanche, est souvent présente dans les gradins. Ses fils jouent aussi au base-ball ; mais, plus âgés que Dalton et Dillon, ils ne jouent pas dans la même catégorie. Jenn est de plus en plus mal à l'aise vis-à-vis de Dara, bien qu'elle n'ait toujours pas la preuve qu'elle soit la maîtresse de son mari.

Dara et Bart restent en effet très discrets. Dara a conscience que, si son mari a vent de sa liaison avec le Dr Corbin, il divorcera, et que Bart la licenciera, de crainte que le scandale n'entache sa réputation.

– Il ne m'a jamais demandé de quitter mon mari, dit-elle. La situation lui convenait parfaitement.

Jenn ne pose pas de questions à Bart. Elle s'efforce d'être une épouse modèle, une mère parfaite, et tente de se convaincre que son mari n'aime vraiment qu'elle puisque c'est elle qu'il a choisie pour femme.

De même qu'elle n'a jamais entendu parler de Shelly ni de Dorothy, Jenn n'a jamais entendu parler de Harriet Gray, dont le corps et la voiture sont retrouvés au fond du lac Tuscaloosa, en Alabama, dix-huit mois après sa disparition. Les mains de la noyée sont attachées au volant par du ruban adhésif. Il ne s'agit donc pas d'un suicide. Ce meurtre ne sera jamais élucidé.

Jenn confie à sa sœur Heather qu'elle devine des zones d'ombre dans le passé de Bart, mais elle ne cherche pas à les mettre en lumière. Elle a déjà suffisamment de difficultés à supporter le caractère exécrable de son mari.

Lorsque Dillon entre à l'école maternelle, Jenn reprend le travail, à la crèche de l'église méthodiste de Sugar Hill. Elle aime son métier et elle est contente de gagner un peu d'argent. Elle parvient sans effort à concilier vie professionnelle et corvées ménagères, mais dans son couple la situation continue de se dégrader. Ses parents et ses sœurs se rendent compte qu'elle n'est pas heureuse, même si elle s'efforce de le leur cacher.

– Heureusement qu'elle était appréciée dans son travail et qu'elle était forte, témoigne Narda. Bart n'arrêtait pas de la houspiller. Il la traitait comme un chien. Mais elle ne nous montrait pas combien elle en souffrait. Je crois qu'elle essayait de nous protéger.

Les Corbin sont immanquablement conviés à toutes les réunions de la famille Barber. La mère et les frères de Bart répondent parfois à ces invitations. Son père les ignore toutes. Il mène une nouvelle vie avec sa seconde épouse et le fils qu'elle lui a donné, qui est à peine plus âgé que Dalton et Dillon. L'ambiance est tendue lorsque les Barber et les Corbin se rencontrent. Narda et Connie n'ont pas de points communs. Une fois le sujet de leurs petits-enfants épuisé, elles n'ont plus rien à se dire. Brad, le frère jumeau de Bart, est très réservé. Bobby se montre plus sociable, heureusement.

– Je pense qu'il avait un bon fond, déclare Narda. Les autres étaient indéchiffrables.

Jenn s'évertue toutefois à tisser des liens avec sa belle-famille. Elle rend fréquemment visite à sa belle-mère ainsi qu'à ses beaux-frères et à leurs épouses. Elle a beaucoup d'affection pour les enfants de Bobby, Zachary et Riley, à peu près du même âge que Dalton et Dillon.

Max Barber met un point d'honneur à assister aussi souvent qu'il le peut aux compétitions sportives de ses petits-enfants. Il est chagriné d'entendre Bart traiter régulièrement Dalton, qui n'a que six ans, de « loser » et de « crétin ». Il intervient parfois, ne supportant pas de voir le garçonnet lutter contre les larmes. Néanmoins, il trouve à son gendre des circonstances atténuantes : probablement reproduit-il l'éducation qu'il a reçue de son père.

Bart est en effet un battant. Il est aussi exigeant envers lui-même qu'envers ses fils, notamment en ce qui concerne sa condition physique. Il pratique assidûment la musculation et le VTT, et il joue occasionnellement au golf. Cette discipline ne lui plaît pas outre mesure, mais il estime qu'elle sied à son image de jeune dentiste.

Il emmène parfois son fils aîné faire du vélo avec lui, mais là encore Dalton ne se montre pas à la hauteur des attentes de son père. Ces sorties deviennent pour lui un calvaire. Il suit Bart en pleurant.

Si Jenn encaisse sans broncher les attaques et les critiques de son mari, en revanche elle n'admet pas qu'il s'acharne contre ses fils. Sans doute est-ce ce qui va la conduire à changer d'attitude.

Pour Noël 2003, Bart offre à sa famille une croisière dans les Caraïbes. Max et Narda sont du voyage. Sur les photos, Jenn tente de faire bonne figure mais la tristesse se lit sur son visage. Elle sait pertinemment que son mari n'a pas engagé cette dépense pour lui faire plaisir mais dans le seul but de pouvoir se targuer de se payer des vacances de luxe.

Bart a ouvert un cabinet à Hamilton Mill, où il se fait de la publicité en sponsorisant plusieurs jeune équipes de foot et de base-ball ainsi qu'en distribuant des prospectus vantant ses techniques de pointe et ses tarifs défiant toute concurrence. Car il n'a pas autant de clientèle qu'il le souhaiterait, et financièrement il se trouve dans une situation critique. Deux de ses fournisseurs de matériel dentaire le poursuivent pour défaut de paiement.

Ses patients se plaignent de sa brusquerie, de son manque de patience et de compassion. La mère d'une adolescente qu'il a soignée n'a pas oublié la réaction de sa fille.

– En sortant de chez lui, elle a dit qu'elle ne voulait plus mettre les pieds chez ce dentiste, rapporte-t-elle. J'ai pensé qu'il lui avait fait mal, mais manifestement il n'y avait pas que cela. Il lui faisait peur, et elle ne savait pas m'expliquer pourquoi. Nous ne sommes jamais retournées chez lui.

Une autre des clientes de Bart, adulte, a vécu dans son cabinet une expérience cauchemardesque. Il devait lui poser plusieurs couronnes sur les dents de devant et lui avait assuré avoir une « grande pratique » de ce type de soins.

Non seulement les deux premières consultations durent deux fois plus longtemps que prévu, mais la patiente est désagréablement surprise par le manque de professionnalisme du Dr Corbin : il peste contre son assistante et grommelle des obscénités. Elle regrette de lui avoir réglé à l'avance la totalité des soins, soit plus de deux mille dollars. À la troisième séance, il lui provoque une hémorragie et lui avoue, en lui tenant la tête entre les mains, qu'il ne sait pas comment la stopper. Paniquée, la patiente s'enfuit en se pressant des mouchoirs en papier contre les gencives.

Évidemment, elle ne retourne pas chez Bart et dépose une plainte auprès de l'Ordre des dentistes de Géorgie, demandant le remboursement de la totalité de la somme qu'elle lui a versée.

Bart propose de lui rendre 1 452 $ sur les 2 272 qu'il a déjà encaissés. Elle refuse, et devra attendre deux ans avant d'obtenir gain de cause. L'Ordre des dentistes lui a fait parvenir un courrier dans lequel sont émises de sérieuses réserves quant aux compétences du Dr Corbin. Néanmoins, Bart n'est pas inquiété.

Il continue d'exercer, mais sa réputation se ternit. Ses patients le trouvent de plus en plus nerveux. Certains rapportent qu'il tremble de façon inquiétante. Ses assistantes et ses secrétaires le quittent tour à tour. Seule Dara Prentice lui reste fidèle. L'un de ses confrères de Hamilton Mill a un jour la surprise de recevoir une lettre de Barton Corbin lui demandant s'il serait possible qu'il l'emploie à temps partiel.

– Il voulait travailler pour moi deux jours par semaine, se souvient ce dentiste. Si j'avais accepté, il aurait sûrement fermé son cabinet.

Jenn n'a plus d'espoir que Bart change. Il ne pense qu'à lui et à son image. Elle n'a plus d'intimité avec lui que dans leurs rapports sexuels et, même au lit, il est d'un égoïsme désespérant. Elle n'éprouve plus d'amour pour lui.

Bien que leur couple soit en déliquescence, les Corbin maintiennent un semblant de vie sociale : ils reçoivent sur leur péniche, notamment Juliet Styles, la meilleure amie de Jenn, et son mari Darren, avec qui ils partent aussi en vacances au moins une fois par an ; et de temps en temps, ils vont voir leurs amis Richard et Janice Wilson en Alabama.

Mais désormais ils rendent visite à leurs voisins séparément. Et Bart passe de plus en plus de temps avec ses frères et « Bras de fer », son ami du club de musculation.

Son jumeau Brad a divorcé et est retourné vivre chez sa mère à Snellville. Transcripteur médical, il travaille à domicile, ce qui lui convient parfaitement. En 2003, il se remariera avec Edwina Tims.

Jenn et Bart regardent souvent une émission de télévision retraçant les procès de criminels. En 2003, comme une grande partie de l'Amérique, ils suivent avec fascination et horreur celui de Scott Peterson, qui a assassiné de sang-froid sa femme enceinte.

– Nous buvions le café ensemble, et j'ai dit que ce type était un monstre, se remémore Heather. Bart a répliqué : « S'il avait su tenir sa langue, il ne se serait pas fait prendre. » Je lui ai répondu : « Mon Dieu, Bart, j'espère ne jamais devenir ton ennemie. » Cette conversation m'a longtemps trotté dans la tête.

Bien que Heather se soit faite à l'ascendant que son beau-frère exerce sur sa sœur et au fait que celle-ci se soumette à son autorité, Jenn la surprend parfois.

– Tu n'aimerais pas servir quelquefois des céréales à tes enfants pour le petit déjeuner ? lui demande un jour Jenn.

– Si j'ai envie de leur donner des céréales, je leur donne des céréales, répond Heather.

Sa sœur lui confie que Bart lui interdit de donner des céréales à leurs fils. « Si tu ne veux pas faire la cuisine pour mes gosses, je me trouverai une femme qui les fera manger correctement ! », lui a-t-il dit.

– Il lui donnait de l'argent, déclare Heather, mais elle était tenue de lui rendre des comptes. Elle gardait tous les tickets de caisse, y compris pour des achats aussi insignifiants que du papier toilette ou du chewing-gum. Elle ne gagnait pas grand-chose à la crèche. Mais elle, elle était très généreuse. Je sais par exemple qu'elle a un jour donné deux mois de salaire à une dame qui avait été blessée dans un accident de moto et n'avait pas les moyens de se faire soigner.

Jenn a le cœur sur la main. Heather se souvient d'une fois où elles faisaient les courses ensemble au supermarché. Dans les rayons, Jenn suit un clochard des yeux. Alors que les deux sœurs passent à la caisse, Heather signale à Jenn qu'elle oublie un de ses sacs, contenant un poulet rôti, de la purée de pommes de terre, des légumes et une grande bouteille de soda. « Je t'expliquerai dehors », lui chuchote Jenn.

– Elle avait acheté à manger pour le SDF, explique Heather. Elle ne voulait pas le mettre mal à l'aise en lui donnant le sac directement. Alors elle a demandé à la caissière de le lui remettre. Je me suis aperçue par la suite qu'elle faisait ça souvent.

Chez elle, Jenn effectue toutes les tâches ménagères, y compris les corvées d'ordinaire réservées aux hommes : elle tond la pelouse, entretient les arbres et taille les haies. Elle est forte et courageuse, ne rechigne pas à la besogne et n'hésite pas à rendre service. Son beau-frère Doug se souvient qu'elle l'a un jour aidé à déplacer une lourde table de billard. Elle ne semble jamais fatiguée.

Au printemps 2004, Jenn perd une amie qui lui était chère ; elle en est extrêmement bouleversée. Il s'agit de Mary Lands, avec qui elle s'est liée durant son voyage en Italie avec Bart, en 1996. Mary et son époux Gary ont divorcé. Mary est infirmière, elle a refait sa vie avec un autre homme, dans le Michigan. Un vendredi soir, après s'être disputée avec son compagnon, elle sort se promener et disparaît. La police et le FBI ouvrent une enquête mais personne ne la reverra jamais.

– Elle est morte, soutient Jenn. Je sais qu'elle a été assassinée. Je le sens.

Sans doute, car Mary est partie sans sa voiture, sans son téléphone mobile, sans ses cartes de crédit.

Jenn prie pour Mary et sa famille. En septembre 2004, six mois après cette mystérieuse disparition, elle allume des bougies à la mémoire de son amie.

Trois mois plus tard, c'est pour elle que des bougies brûleront au 4515, Bogan Gates Drive.

20

Jennifer Corbin menait en apparence une existence banale, mais elle avait ses secrets. Elle entretenait notamment une relation extraconjugale, toutefois restée platonique et ayant commencé de façon tout à fait innocente.

Fin 2003, Narda Barber achète une PlayStation, se fait installer une connexion Internet et se met à jouer à EverQuest, un jeu de rôles en ligne. Le jeu se déroule dans un univers imaginaire d'heroic fantasy en trois dimensions. Chaque joueur y évolue sous la forme d'un avatar qu'il choisit pour le représenter. Il peut être un noble chevalier, un assassin, un sorcier, un roi, une reine, un bandit de grand chemin, un mystérieux nécromancien, un elfe vicieux, un gnome cupide… Une multitude de combinaisons sont possibles. L'aspect principal du jeu est de s'allier avec d'autres joueurs pour tuer des monstres et gagner ainsi des points d'expérience. Au-delà, le joueur a accès à un vaste monde où il peut se créer un réseau social, tenir un rôle, devenir artisan ou participer à la vie d'une guilde, un groupement de joueurs.

Narda explore ce monde virtuel. C'est une artiste ; séduite par la qualité des graphismes, elle trouve le jeu relaxant et divertissant. Elle en parle à Jenn. Celle-ci se montre intéressée. Narda lui offre le logiciel de jeu, afin qu'elles puissent jouer ensemble. La mère et la fille se livrent à des duels auxquels elles prennent un grand plaisir. Elles se téléphonent et rient comme des gamines.

Jennifer est conquise. Elle s'est créé un personnage de mage. EverQuest est pour elle un moyen de s'évader du quotidien. Elle enseigne à ses enfants une version simplifiée du jeu ; elle leur montre comment vaincre les méchants. Et sur Internet, elle entre en relation avec d'autres joueurs. Sous le pseudo de « wizwiz148 », elle communique avec des correspondants anonymes, dont un certain « sirtank1223 », avec qui elle se sent immédiatement des atomes crochus. Rapidement, leurs messages sortent du cadre du jeu. Jenn apprend que Sir Tank se prénomme Christopher, qu'il a trente-trois ans comme elle. Il habite à St Louis et travaille dans un restaurant. Divorcé, il vit avec sa mère et élève les deux enfants de sa sœur. Il semble impressionné par le statut social de Jenn, qui vit dans une grande maison individuelle et dont le mari exerce une profession libérale.

Entre la crèche, ses fils et les corvées ménagères, Jenn n'a guère de temps pour jouer, mais chaque jour elle consulte sa messagerie et attend avec impatience les e-mails de Christopher. Sa vie conjugale ne lui apporte plus de satisfactions, elle ne voit pas de mal à échanger des idées avec un homme vivant à plus de mille kilomètres.

La plupart des courriers électroniques qu'ils se sont envoyés ont été détruits, mais il semble qu'au début de l'été 2004 Jenn et Christopher aient commencé à dialoguer quotidiennement.

Ils s'écrivent tous les matins, avant que Christopher parte au travail et que Jenn aille faire son jogging. Puis de nouveau tard dans la soirée, si Bart n'est pas à la maison.

Jenn pense qu'elle ne verra jamais Christopher, et de ce fait elle se sent libre de lui parler sans retenue. Et peu à peu, elle se sent attirée par lui, sans avoir pour autant l'impression de trahir Bart. Cette correspondance n'a rien de plus intime que les jeux d'EverQuest. Mais la jeune femme se sent moins seule. Christopher est à l'écoute, il compatit et semble la comprendre. Il est un peu comme un inconnu avec qui on discute dans un train ou dans un avion et dont on sait qu'à la fin du voyage il poursuivra son chemin… et vous le vôtre.

Tout au long de l'année 2004, les parents et les sœurs de Jenn mènent une existence paisible. Narda a ouvert une galerie d'art où elle vend ses peintures et les œuvres d'autres artistes. Plusieurs après-midi par semaine, Jenn lui donne un coup de main. Max travaille pour un concessionnaire Ford, tout près de chez lui. Il ne fait plus autant de déplacements que pour ses précédents employeurs. Rajel est revenue de Californie. Heather et Doug Tierney ont acheté une maison à Dawsonville, un grand pavillon de banlieue avec un vaste jardin. Malheureusement, Heather et Jenn ne pourront plus boire le café ensemble tous les matins et leurs enfants ne joueront plus ensemble aussi souvent.

Cela contrarie Jenn. Elle se réjouit d'autant plus d'avoir trouvé un nouveau confident en Christopher, qui, à travers ses messages, lui paraît être un homme responsable, à la fois viril et compréhensif. Elle ignore son nom de famille, elle n'a jamais vu de photo de lui ni entendu sa voix, mais elle a le sentiment de mieux le connaître que la plupart des gens qu'elle côtoie dans la vraie vie. Quand elle lui demande à quoi il ressemble, il lui répond : « Un peu au cow-boy Marlboro. » Elle rétorque sur le ton de la plaisanterie : « Il y a plein de gars qui ressemblent au cow-boy Marlboro. C'est facile de porter un chapeau pour qu'on ne voie pas ton visage… » Christopher pourrait saisir cette opportunité pour lui envoyer une photo, mais il ne le fait pas. Et Jenn ne lui en réclame pas. Après tout, elle se moque de son apparence physique.

À la fin de l'été, leur relation épistolaire prend un tour nouveau. En septembre 2004, Christopher confesse à Jenn qu'il est en train de tomber amoureux d'elle. Il craint, dit-il, qu'elle ne « s'amuse » de lui. Elle le rassure aussitôt : elle est aussi sérieuse que lui.

« Je suis désolée de t'avoir donné l'impression que je joue avec toi, lui écrit-elle. C'est normal que tu aies peur, Christopher. Moi aussi, je suis effrayée. Si nous voulons envisager l'avenir ensemble, nous devons nous préparer à de grands bouleversements dans nos vies. Les changements ne sont jamais faciles à vivre. J'aime ce que tu m'apportes. J'aime qu'il n'y ait pas de barrière entre nous. J'aime pouvoir te dire tout ce que je ressens… Je sais qu'avec toi ma vie sera totalement différente, que notre amour sera plus fort que tout.

« Je ne sais pas ce qui a fait naître ces sentiments entre nous. Comment ai-je pu rencontrer un homme qui est à la fois si loin et si proche de moi ? Un homme sur lequel je n'ai jamais posé le regard, que je n'ai jamais vu sourire, jamais entendu rire… Un homme à qui je peux livrer mes pensées les plus profondes, à qui je peux raconter tous mes malheurs sans aucune gêne… Je veux que tu te sentes avec moi aussi à l'aise que je le suis avec toi. »

Jenn passe tout l'été suspendue à son ordinateur. Sa voisine et amie Kelly Comeau remarque qu'elle a changé. Tous les étés, les Corbin invitent les Comeau sur leur péniche, mais cette année il n'en pas été question. Un peu inquiète, Kelly demande à Jenn si elle a rencontré quelqu'un sur Internet. Jenn évite de lui répondre franchement. Elle déclare être en contact « avec des tas de gens intéressants ».

Jenn a compris que Bart ne l'aime pas, qu'il ne reste avec elle que pour sauver les apparences. Elle a confié à Kelly Comeau qu'elle n'avait pas eu d'orgasme depuis des années, et dit à sa sœur Heather que Bart ne l'a jamais pleinement satisfaite.

Néanmoins, elle hésite à le quitter pour Chris. Ne risque-t-elle pas de traumatiser ses enfants en les éloignant de leur père et en les faisant changer d'école ? Par ailleurs, elle est consciente qu'il lui sera très difficile de subvenir à ses besoins et à ceux de ses fils. Elle n'a aucune économie personnelle, et elle doute que Bart accepte de lui verser une pension alimentaire, à moins d'en passer par une longue procédure juridique.

Heather tombe des nues lorsque sa sœur lui parle enfin de Christopher, à la fin de l'automne 2004.

– Mais tu n'as aucune idée de qui est ce type ! s'exclame-t-elle. Il peut te raconter n'importe quoi et toi, tu gobes tout ce qu'il te dit ! Il est peut-être marié…

– Moi aussi, je suis mariée ! rétorque Jenn. Et je sais qu'il est divorcé.

– Qu'est-ce qui te le prouve ? objecte Heather. C'est peut-être un pervers. Il a peut-être soixante ans. Il a peut-être fait de la prison. Tu n'as même pas son adresse exacte. Tu sais très bien qu'il y a toutes sortes de détraqués sur Internet.

Heather se fait du souci pour sa sœur. Elle a toujours trouvé EverQuest ridicule, voire dangereux, surtout pour Jenn, qu'elle sait naïve. Mais Jenn ne veut rien entendre, persuadée de connaître Christopher, avec qui elle échange maintenant plusieurs messages par jour.

La gentillesse et le respect qu'il lui témoigne lui font paraître les défauts de Bart d'autant plus criants. Elle en a assez de cette mascarade. Elle confie à son amie Juliet Styles et à sa collègue

Jennifer Rupured que son mariage est un échec, que Bart est un tyran, qu'elle veut se libérer de lui, qu'elle cherche un moyen de le quitter sans perturber ses fils.

Elle fait également part à sa mère de sa volonté de rompre avec Bart. Narda la dissuade de prendre une décision aussi radicale. Elle craint surtout que Jenn, sur le plan financier, ne puisse se débrouiller seule avec ses deux petits garçons.

Au fil des semaines, les messages de Jenn et de Christopher deviennent de plus en plus enflammés. Jenn a envoyé à Christopher une photo d'elle jouant de la guitare en tenue de cow-girl ainsi que des portraits de ses fils. Sa photo date de l'époque où elle était étudiante, mais si elle avait pris du poids après ses grossesses, à force de régimes et de course à pied, elle a retrouvé sa ligne de jeune fille. Christopher, en revanche, n'a toujours pas envoyé de photo de lui. Jenn insiste désormais, mais il trouve sans cesse de nouveaux prétextes.

Ne pourraient-ils au moins se parler au téléphone ? lui demande-t-elle. Bientôt, promet-il. Dans ses messages, elle se montre de plus en plus pressante. Il n'appelle pas. Elle ne connaît toujours pas son nom de famille. Elle ignore aussi son adresse exacte et son numéro de téléphone. Si, pour une raison quelconque, les messages de Christopher cessaient de lui parvenir, elle ne pourrait jamais retrouver sa trace. Elle aimerait qu'il soit un peu plus « réel » qu'une signature électronique, et en même temps trouve ce mystère excitant.

Il arrive parfois que de légères mésententes surgissent entre eux, mais l'un ou l'autre s'excuse toujours rapidement. Le 15 octobre, par exemple, après avoir exigé avec trop d'insistance un engagement de la part de Jenn, Christopher exprime ses regrets : « Jennifer, rien de ce que je pourrais te dire n'excusera mon comportement d'hier soir. Je suis navré et je te promets de te laisser partir, si tel est ton désir. Je ne veux que ton bonheur. Je sais que tu m'aimes. Tu es pour moi un don du ciel. »

Le 18 octobre, Jenn lui écrit : « J'aime que tu prennes ton travail au sérieux et que tu respectes tes patrons. J'aime le courage que tu as eu de divorcer. J'aime que tu t'énerves parfois contre moi, mais, je t'en prie, reste fort pour nous deux. J'aime les questions que tu me poses, elles m'obligent à plonger au plus profond de moi-même pour te répondre sincèrement. En résumé, Christopher, j'aime tout de toi. J'aimerais être à toi, et un jour je le serai. Comprends cependant que cela ne peut pas se faire tout de suite. Je sais, c'est si dur d'attendre quand nous le voulons si désespérément… »

Tous les jours, Christopher lui demande comment elle est habillée. Elle lui décrit ses tenues dans les moindres détails, même si en général elles n'ont rien d'extraordinaire. Dans un de ses mails, elle mentionne sa nuisette verte. Le plus souvent, elle est en jean et sweat-shirt.

Dans la journée du 11 novembre, ils échangent de nombreux messages. Christopher s'exprime comme un personnage de roman à l'eau de rose lorsqu'il déclare sa flamme à Jenn : « Bonjour, Sexy. Jennifer, t'ai-je dit que je brûle de te faire l'amour ? Mon désir enfle chaque jour, atteint des sommets que je n'aurais jamais crus possibles. Jennifer, ma chérie, tu es une femme incroyable. Je t'aime. »

Elle lui répond sur le même ton : « Christopher, je suis folle de toi. Tu as fait de moi une femme nouvelle. Tu m'as appris davantage au cours de ces derniers mois que l'expérience de la vie ne m'a jamais appris. Je veux explorer avec toi cet être nouveau que je suis devenue. »

En fin d'après-midi, Jenn écrit à Chris qu'elle range ses placards en pensant au jour où elle quittera le foyer conjugal pour le rejoindre. Il est entendu qu'elle emmènera ses fils avec elle. Christopher lui dit souvent qu'il admire la tendresse qu'elle porte à ses enfants.

À 19 h 21, Bart n'étant pas rentré, Jenn suggère à Chris qu'ils se parlent au téléphone. Il se défile encore et déclare qu'il n'est pas digne de l'amour de Jenn.

« Ça me chagrine de ne pas pouvoir te parler, lui écrit-elle. Je veux entendre ta voix, Chris. Parfois, je ne te comprends pas. Pourquoi dis-tu que tu ne me mérites pas ? Pourquoi me hisser sur un piédestal et te rabaisser ? Si je te trouve beau, tant mieux, mais le physique ne fait pas tout. J'espère aussi que tu me trouveras belle, mais ce ne sera peut-être pas le cas. Je pense que je suis différente de toutes les femmes que tu as connues. Tu ne tomberas sûrement pas à la renverse en me voyant. Je ne suis pas un canon de beauté, et je ne suis pas non plus une intellectuelle. Je n'ai pas terminé mes études d'arts plastiques et je n'étais pas une élève remarquable à l'école de puériculture. À l'époque, j'avais d'autres choses en tête et j'en avais ras le bol des études. Comme toi, j'ai trouvé un job dans la restauration. Ça me plaisait d'être serveuse, mais je n'aimerais plus travailler dans ce milieu, à cause des horaires. Je suis égoïste. Le soir, je veux être à la maison avec mes enfants. Je suis dégourdie et j'ai le sens de l'orientation. J'ai le cœur empli d'amour, comme toi. Alors en quoi sommes-nous si différents ? Je t'aime, Chris. Et je sais déjà qui tu es. Jenn. »

Bart se rend compte que son mariage se disloque. Jenn n'essaie plus de lui faire plaisir, ni de le calmer quand il est en colère. Elle est de plus en plus distante, et surtout elle fait chambre à part. Bart en est terriblement affecté, lui qui se vantait d'être un bon amant.

Il va souvent prendre le café chez les Comeau et confie à sa voisine qu'il redoute que Jenn ne demande le divorce. Il est anxieux, désemparé.

– Il essayait de sauver son couple, témoigne Kelly. Il avait l'air prêt à tout pour recoller les morceaux.

Bart pleure en lui demandant conseil. Il la supplie de lui dire ce qu'il doit faire pour que Jenn l'aime de nouveau.

Il se tourne également vers sa belle-famille. Il cherche d'abord le soutien de Heather, mais celle-ci prend la défense de sa sœur. Il s'adresse alors à Doug Tierney, d'homme à homme. Doug est embarrassé. Que Bart lui déballe sa vie sexuelle le met mal à l'aise, mais il a de la peine pour son beau-frère et s'efforce d'être disponible lorsque celui-ci a besoin de s'épancher. Lui aussi ne peut que constater que Bart et Jenn ont changé. Ils ont tous les deux perdu beaucoup de poids, surtout Bart, qui dit avoir maigri de près de trente kilos. Il flotte en effet dans ses vêtements, ses joues se sont creusées. Il paraît malade.

Narda lui suggère d'offrir un voyage à Jenn.

– À quoi bon ? réplique Bart. Elle ne veut plus coucher avec moi. Pourquoi gaspillerais-je mon temps et mon argent ?

Et il implore sa belle-mère d'intercéder en sa faveur auprès de son épouse. Narda lui promet de parler à Jenn, mais lui demande aussi de faire moins pression sur sa femme.

Un après-midi où Narda et Jenn sont toutes les deux à la galerie, Narda aborde le sujet. En choisissant ses mots avec soin, la mère dit à sa fille qu'elle trouve que Bart est au fond un homme bien, qu'il est du devoir de Jenn de rester avec lui. Par la suite, elle regrettera ces paroles, mais sur le moment elle n'a pas conscience du marasme dans lequel sa fille est plongée et ne veut pas que Jenn sabote huit ans de mariage. Elle pense surtout à ses petits-fils.

Elle sait que Jenn échange régulièrement des messages avec Christopher, mais elle ignore que leur relation a évolué bien au-delà de l'amitié épistolaire. Jenn évite en effet de parler de son correspondant à sa mère, car chaque fois qu'elle l'évoque Narda la met en garde contre les dangers qu'elle encourt à dialoguer sur Internet avec un inconnu.

– Comment s'appelle-t-il, déjà ? demande-t-elle.

– Maman, ne t'occupe pas de ça, réplique Jenn.

– Il s'appelle Chris, c'est bien ça ? insiste Narda.

– Ne t'occupe pas de ça, maman, je t'en prie, ne te fais pas de souci pour moi.

Mi-novembre 2004, Narda tente encore de raisonner sa fille. Elle l'encourage à faire des efforts vis-à-vis de Bart. Il lui donne davantage d'argent, maintenant qu'il a des revenus plus confortables, plaide-t-elle en la faveur de son gendre. Et il est le père de Dalton et Dillon. Certes, il est parfois dur avec ses fils, mais il les aime, et il aime aussi son épouse.

Jenn admet qu'elle éprouve encore un peu d'amour pour Bart, ne serait-ce que parce qu'il lui a offert les « biens les plus précieux de sa vie », ses deux enfants.

– Il t'aime vraiment, affirme Narda sans trop y croire elle-même.

Jenn ne se laisse pas fléchir.

– Non, maman, il ne m'aime pas, proteste-t-elle. Il faut que tu te fasses une raison. Je ne peux plus le supporter. Il me dégoûte. Il me donne des frissons, il me donne envie de vomir. Je ne peux plus coucher avec lui. Je me suis forcée, mais je ne peux plus. Je ne supporte pas qu'il me touche. Il m'écœure.

Jenn est résolue à quitter Bart, or elle a conscience que sans lui elle sera confrontée à de lourdes difficultés matérielles.

– Il ne sait pas que je me suis fait faire une carte de crédit, dit-elle à sa mère. Mais je n'ai pas beaucoup d'argent sur mon compte. Je sais qu'il ne voudra pas que je garde la maison, mais les enfants ne peuvent pas changer d'école. Ils aiment trop leurs maîtresses et leurs copains. Il faut que je me trouve un petit appartement. J'ai déjà commencé à acheter les articles de première nécessité.

Jenn dit avoir réussi à mettre 2 000 dollars de côté sur son compte personnel. Avec cette somme, elle compte payer son premier loyer et le dépôt de garantie pour son logement. Bart contrôle toujours ses dépenses. Chaque semaine, elle doit lui rendre des comptes. Économiser n'a pas été chose facile.

Lorsque Jenn aborde prudemment le sujet du divorce, Bart prend un air de chien battu et la supplie de rester avec lui au moins jusqu'à la fin de l'année, pour qu'ils passent un dernier Noël en famille. Il l'implore de mûrir sa réflexion, de ne pas prendre de décision hâtive. D'ici le nouvel an, ils remettront tout à plat et pourront peut-être repartir sur de nouvelles bases. Pour la première fois depuis qu'ils sont mariés, il s'excuse pour tout ce qu'il lui a fait subir.

Jenn le dévisage avec une expression incrédule.

– Tu ne m'as jamais aimée, Bart, lui dit-elle seulement.

Il est trop tard pour qu'elle lui pardonne. Elle accepte néanmoins de célébrer les fêtes de fin d'année avec lui. À contrecœur.

Sa seule source de joie demeure Christopher. Bientôt, espère-t-elle, elle vivra avec lui et connaîtra de nouveau l'amour.

Christopher l'informe cependant que sa mère est hospitalisée, qu'il aura moins de temps pour lui écrire et ne pourra sûrement pas venir à Atlanta comme ils l'avaient prévu. Quelques jours plus tard, il avoue qu'il a une petite amie mais qu'il va la quitter. Jenn se sent coupable : elle-même n'a pas encore eu le courage de rompre avec Bart.

« Je te fais plus de mal que de bien, écrit-elle. Comprends que je cherche la meilleure solution pour mes enfants. Ma famille ne m'aide pas. Tout le monde me dit que je vais avoir la vie dure si je me sépare de mon mari. Ma mère a peur que je me retrouve dans une caravane. Et moi, je redoute de commettre une erreur. Mais j'essaye de suivre mon cœur. Je ne serai jamais heureuse si je reste ici… »

En dépit du grave dilemme auquel elle est confrontée, Jenn continue à mener sa vie quotidienne comme si de rien n'était. Elle prépare des gâteaux pour la fête de l'école ; elle participe à l'organisation d'une course cycliste avec le groupe de boy-scouts dont fait partie Dalton ; elle se promène en forêt avec ses enfants et ceux de Juliet pour admirer les feuilles d'automne ; et elle tient son intérieur impeccable. Pour Halloween, elle emmène ses fils à une parade, et promet à Heather de l'aider à déménager.

Début novembre, Bart lui soumet l'idée de consulter en couple un conseiller conjugal, ce à quoi il s'est toujours farouchement opposé. Il l'accuse d'être « accro » à EverQuest.

« Hier soir, j'ai encore eu une discussion avec mon mari, écrit Jenn à Christopher. Et qu'ai-je fait ? Je lui ai donné un peu d'espoir en sous-entendant que la situation pouvait peut-être s'arranger. Pourquoi ? Sûrement pas pour lui, mais pour les enfants, et parce que j'ai peur. »

Jenn est déchirée par des émotions contradictoires. Elle a le sentiment de ne pas être honnête envers elle-même. Elle ne sait que penser de Bart, qui se met maintenant presque à genoux devant elle, alors que pendant des années il l'a traitée par le mépris. Thanksgiving approche. Elle a promis de ne pas partir avant début janvier. Mais pour les enfants, ne devrait-elle pas attendre jusqu'à la fin de l'année scolaire ?

Le 17 novembre, Chris coupe abruptement le contact. L'état de sa mère s'est-il aggravé ? A-t-il été victime d'un accident ? S'il lui est arrivé quelque chose, comment Jenn le saura-t-elle ? Y a-t-il quelqu'un à St Louis qui soit au courant de son existence et puisse penser à la prévenir ? Elle envoie à Chris des dizaines de messages. Ils restent sans réponse. Puis un e-mail arrive enfin : bref, laconique, froid.

En larmes, Jenn se demande ce qu'elle a fait à Chris pour lui déplaire. Le lendemain, pas de message. À 17 heures, elle lui écrit pour la quatorzième fois de la journée : « Je donne des coups de tête dans ce mur de brique que tu as dressé entre nous.

Avec confiance, je t'ai ouvert mon cœur. Tu me connais mieux que quiconque. Je suis si heureuse avec toi alors que je ne t'ai jamais vu. Oh, Chris, il faut que nous nous regardions dans les yeux. »

Pas de réponse.

C'est entre 18 heures le jeudi 18 novembre et 5 heures du matin le vendredi 19 que Jenn apprend qui est Chris. Le choc est rude.

Chris n'est pas un homme marié, ni un vieillard, ni un repris de justice. Christopher n'a jamais existé. « Chris » n'est qu'un pseudonyme. Jenn découvre avec stupeur que depuis des mois elle correspond avec une femme du nom d'Anita Hearn, une bisexuelle vivant dans le Missouri. Coïncidence, elle porte le même patronyme que Dorothy Hearn, l'ancienne petite amie de Bart.

Les détails de sa vie qu'Anita a communiqués à Jenn sont en partie vrais, en partie faux. Dans son humiliation, Jenn a effacé le message où Chris/Anita lui révèle sa véritable identité. Sur le coup, la colère l'emporte sur le chagrin.

« Comment as-tu pu me faire une chose pareille ? écrit-elle. À moi qui te croyais sincère. Comment as-tu pu ? Ton nom n'est-il encore qu'un mensonge ? Dis-moi la vérité. Je ne sais plus que croire. Chris, Crystal, Christine, sais-tu combien de fois j'ai cherché ton visage dans la foule ? Comme j'ai observé les corps des hommes pour imaginer le tien ? Et combien de fois j'ai senti ta peau contre la mienne ? Je te maudis. Je ne pourrai pas vivre avec cette trahison. Tu m'as tuée. Je n'arriverai plus à trouver le sommeil. Je peux à peine faire bonne figure devant mes enfants.

« J'étais même tombée amoureuse de ton prénom, Chris. Je ne peux pas croire que je sois tombée amoureuse d'Anita. Je ne sais pas comment tu as pu me faire ça. J'avais placé en toi une confiance absolue. Combien de fois t'ai-je appelée “mon homme” ? Tu viens de me plonger un poignard dans le cœur. »

En relisant les messages de « Chris » qu'elle a conservés, Jenn s'aperçoit qu'il n'a jamais fait allusion à sa « masculinité ». Lorsque leurs échanges prenaient une tournure érotique, Chris ne se positionnait jamais clairement dans le rôle de l'homme ou dans celui de la femme. Avec le recul, Jenn réalise qu'elle n'avait jamais prêté attention à ce détail.

Elle est anéantie. Pendant des mois, elle s'est bercée d'illusions. La déception est encore plus cuisante que celle prédite par sa mère et sa sœur. Jenn est furieuse d'avoir dévoilé son jardin secret à une personne qui l'a dupée. Et désespérée. La tendresse qu'elle entrevoyait à l'horizon s'est envolée en fumée.

« J'aurais dû me douter que c'était trop beau pour être vrai, écrit-elle. Tu me demandais hier soir si je n'avais jamais rien soupçonné. NON ! Je croyais en toi. J'aurais dû me méfier. Je ne suis qu'une idiote ! »

21

Tous les espoirs de Jenn ont volé en éclats. Sa bouée de sauvetage lui a été brutalement arrachée. Elle n'a plus personne à aimer, plus rien à quoi se raccrocher. Bart la supplie de ne pas le quitter, alors que lui-même continue de voir Dara en cachette. Mais peu lui importe, à présent. Elle se moque qu'il ait une maîtresse.

L'équilibre au sein du couple Corbin s'est renversé. Jenn est résolue à se séparer de Bart. Il n'a plus sur elle aucune emprise.

Jenn ne dit pas à sa mère, ni à Heather, ni à sa meilleure amie Juliet, qu'elle a découvert que Chris était une femme. Elle éprouve trop de honte pour reconnaître qu'elle aurait dû les écouter, pour avouer combien sa déception l'a dévastée.

Les Barber sont attristés par la perspective de son divorce. En dépit des défauts et des torts de Bart, ils le considèrent toujours comme un des leurs. Et ils s'inquiètent pour Dalton et Dillon, qui vont être privés de la présence paternelle. Au moins, Jenn a accepté de passer les fêtes de fin d'année avec Bart. Ils espèrent que l'atmosphère de Noël ramènera la paix entre eux.

Quelques jours avant Thanksgiving, Jenn confie cependant à sa mère que Bart l'effraie. Il est tellement furieux contre elle qu'elle redoute de le voir développer des pulsions violentes. Narda se montre sceptique. Son gendre est certes prompt à l'emportement, mais elle ne le croit pas capable de lever la main sur sa femme. Néanmoins, elle assure à sa fille que Max et elle seront toujours avec elle.

Avec ses enfants, Jenn s'efforce de paraître joyeuse. Mais son profond désarroi n'échappe pas à sa sœur. Heather se doute que

Chris en est la cause, mais elle ignore ce que cet homme virtuel a pu faire à Jenn pour la rendre si malheureuse. Dans l'espoir de trouver ses coordonnées, elle se plonge dans EverQuest et lance quelques recherches sur Internet. En vain.

De crainte que Bart ne mette le nez dans sa messagerie et ne tombe sur sa correspondance secrète, Jenn a effacé les centaines de messages échangés avec Chris/Anita. Elle en a toutefois imprimé quelques-uns, qu'elle relira quand elle en aura le courage, et qu'elle garde en attendant dans son grand sac à main, où Bart ne viendra pas fouiner. S'il mettait la main dessus, elle ne doute pas qu'il les remettrait au juge afin de la faire passer pour une mère indigne. Il l'a déjà avertie qu'il avait l'intention de réclamer la garde des enfants.

En 2004, Thanksgiving tombe le 25 novembre. Le traditionnel repas de famille a lieu chez les Tierney, dans leur nouvelle maison de Dawsonville. En fin de matinée, c'est Jenn qui prend le volant pour se rendre chez sa sœur, Bart assis à côté d'elle sur le siège du passager. À l'arrière, Dalton et Dillon sont tout excités par la journée de fête qui les attend. En cours de route, Jenn reçoit sur son mobile un appel de sa mère. Pourrait-elle faire un saut dans un grand magasin et acheter un sécateur à volailles ? lui demande Narda. Heather ne trouve pas le sien. Il doit être dans l'un des cartons qu'elle n'a pas encore déballés.

Jenn s'arrête dans un supermarché. Bart l'attend dans la voiture avec les enfants. Quand elle revient, elle sent qu'il bouillonne de rage contenue. Sur le coup, elle pense que les garçons viennent de faire une bêtise. Puis elle voit son sac à main renversé aux pieds de son mari. Les oreilles bourdonnantes, prête à essuyer le courroux de Bart, elle reprend le volant. Bart ne dit pas un mot.

Arrivé chez Heather, il file aux toilettes sans saluer personne. Tout le monde l'entend vomir. Il reparaît, blanc comme un linge.

C'est un après-midi horrible. La famille de Doug est présente, mais Bart ne fait aucun effort pour cacher sa mauvaise humeur. Il avale verre de vin sur verre de vin, et plus il boit, plus son attitude est exécrable. Les mâchoires contractées, il se lève sans arrêt pour arpenter la salle à manger. Lui d'ordinaire si causant, il ne répond que par des grognements.

Autour de la table, l'ambiance est tendue. La conversation manque de naturel. De lourds silences pèsent au-dessus de la dinde de Thanksgiving. Lorsque Heather va chercher le dessert, Bart repousse sa chaise et déclare qu'il rentre chez lui. Dalton et Dillon l'implorent de les laisser jouer encore un peu avec leurs cousins. Il reste sourd à leurs supplications et leur ordonne d'aller chercher leurs manteaux. Jenn n'a même pas le temps de s'excuser. Elle lui emboîte précipitamment le pas. À peine franchi le seuil de la maison, Bart sort de ses gonds.

– Espèce de garce ! vocifère-t-il sans se soucier d'être entendu. Je sais ce que tu fabriques sur Internet, maintenant ! Je sais à quel petit jeu pervers tu te livres ! Tu as intérêt à tout me dire, sinon je le retrouverai moi-même, ce salaud !

Blême, Jenn le prie de baisser le ton.

– Pas devant les enfants, chuchote-t-elle. On discutera à la maison.

Bart continue de hurler. Elle installe Dalton et Dillon sur la banquette arrière et lui fait de nouveau signe de se taire. Ivre de rage, il lui assène une gifle. Jenn est interloquée. C'est la première fois qu'il lève la main sur elle.

– Je ne t'ai jamais touchée, siffle-t-il. Ce sera ta parole contre la mienne.

Dalton éclate en sanglots. Le regard rivé sur la route, les mains crispées sur le volant, Jenn lutte contre ses larmes pour ne pas effrayer davantage les enfants. Bart est tellement remonté qu'elle redoute qu'il ne fasse un geste brusque et ne les envoie tous dans le fossé.

Avec soulagement, elle parvient enfin au 4515, Bogan Gates Drive. Bart sort de la voiture en claquant la portière et disparaît dans la maison. Jenn se garde bien de chercher la confrontation. Après avoir réconforté ses fils, elle téléphone à Heather et lui raconte ce qui s'est passé.

– Appelle papa, lui dit sa sœur.

Max conseille à sa fille de prendre quelques affaires et de retourner sur-le-champ chez Heather avec les garçons.

– Passe par les petites routes, insiste-t-il. Ne prends pas le même chemin que d'habitude. On ne sait jamais, il risque de se lancer à ta poursuite.

De son côté, Bart appelle lui aussi les Tierney afin de leur donner sa version des faits. Il nie farouchement avoir frappé Jenn et soutient qu'elle dramatise la situation.

– Elle va faire dire aux gamins que je lui ai collé une claque, se lamente-t-il. Mais ce ne sont que des gosses. Ils répéteraient n'importe quoi.

Il prétend ensuite que Jenn l'a pris à la gorge, qu'elle a essayé de l'étrangler et qu'il l'a involontairement heurtée en tentant de se dégager.

À la hâte, Jenn rassemble quelques affaires de toilette, les pyjamas de ses fils, et tous trois remontent dans la voiture.

– Joyeux Thanksgiving ! leur lance Kelly Comeau.

– Merci, lui répond Jenn sur un ton sinistre. Bart vient de me frapper.

Kelly traverse la rue en courant et aide sa voisine à attacher les ceintures de sécurité des enfants. Jenn démarre avant que Bart ait pu l'en empêcher. Comme à Heather, il dit à Kelly que Jenn l'a physiquement agressé et que c'est en tentant de se défendre qu'il lui a malencontreusement donné un coup.

Comme son père le lui a recommandé, Jenn emprunte un itinéraire détourné, en jetant fréquemment des coups d'œil dans le rétroviseur. Par chance, Bart ne la suit pas. En proie à la panique et à l'angoisse, elle se demande de quoi les jours à venir seront faits.

Chez sa sœur, il lui faut un bon moment pour apaiser Dalton et Dillon. Quand les petits finissent par s'endormir, épuisés, elle rejoint Heather et Doug dans le salon. Bart ne parviendra pas à la garder par la force, elle est déterminée à le quitter, déclare-t-elle avec assurance.

Elle explique à sa sœur et à son beau-frère que la situation a commencé à sérieusement se dégrader dans le courant de l'été, parce que Bart lui reprochait de passer trop de temps sur Internet. Il est devenu invivable. Dalton et Dillon pâtissent de la mauvaise ambiance qui règne entre leurs parents. Jenn dit en être arrivée à un point de non-retour, elle ne voit pas d'autre issue que la séparation. Elle avoue que depuis un mois Bart dort dans la chambre d'amis, où il a emporté tous ses vêtements.

Le lendemain matin, remise de ses émotions, elle décrète qu'elle va rentrer chez elle. Elle ne veut pas causer du dérangement à sa sœur, elle va trouver une solution pour recommencer une nouvelle vie avec ses enfants. Heather insiste pour qu'elle reste. Elle lui propose même d'aménager un appartement au sous-sol. Jenn lui assure qu'elle va se débrouiller toute seule.

Doug effectue la maintenance des systèmes informatiques de plusieurs cabinets d'avocats. Il donne à sa belle-sœur les coordonnées d'une spécialiste du divorce : Judy King. Lorsque Jenn réplique qu'elle n'a pas les moyens de se payer un avocat, il offre de lui prêter jusqu'à 5 000 dollars.

Durant les six jours qui suivent, Bart et Jenn vont travailler comme à leur habitude et rentrent tous les soirs chez eux. Ils dînent en famille, dans une atmosphère électrique. Dillon ne semble pas troublé par les discussions houleuses qui opposent ses parents. Dalton, en revanche, s'érige en protecteur de sa mère. Du haut de ses sept ans, il tient tête à son père. Cette attitude irrite Bart au plus haut point.

Maintenant qu'il a découvert le pot aux roses, Barton Corbin s'est mis en tête de faire la lumière sur tout ce que son épouse lui cache. Il lui dérobe son téléphone mobile et entreprend d'appeler méthodiquement tous les numéros figurant dans le répertoire, dans l'espoir de tomber sur le fameux Chris. Neuf fois sur dix, ses appels aboutissent chez des gens qu'il connaît. Il prétend avoir composé le numéro par erreur en reprogrammant le mobile de sa femme.

– Il a même appelé la galerie, se souvient Narda. Quand il s'est aperçu que c'était moi, il s'est trouvé tout bête.

L'un des numéros enregistrés dans le téléphone de Jenn n'est associé à aucun nom. Intrigué, Bart l'a composé à plusieurs reprises, sans jamais obtenir de réponse. Il s'agit en fait du numéro d'Anita, qui l'a donné à Jenn après lui avoir révélé sa véritable identité. Jenn l'a instamment priée de ne pas répondre.

Bart tente aussi de percer les secrets de sa femme en interrogeant ses amis et les membres de sa famille.

– Je ne sais pas pourquoi elle veut divorcer, gémit-il auprès de Heather. Elle veut me faire cracher du fric, c'est tout. Je n'ai rien fait de mal.

L'argent, toujours l'argent...

– Tu n'as rien fait de mal ? s'indigne Heather. Tu l'as frappée, Bart, devant les petits !

– Certes, concède-t-il, mais je ne l'ai pas frappée fort.

Comprenant que Heather est irrévocablement du côté de sa sœur, il tente de rallier Doug à sa cause. Au téléphone, il lui parle comme à un vieux copain. C'est sa tactique pour essayer de lui soutirer des informations sur la vie privée de Jenn. Il demande aussi à son beau-frère s'il peut retrouver dans l'ordinateur les messages écrits et reçus par Jenn. Doug s'y refuse catégoriquement, bien sûr, mais Bart insiste tellement qu'il finit par lui donner l'adresse d'une petite société susceptible de faire ce genre de choses.

Le mardi 30 novembre, Bart emporte le disque dur de l'ordinateur familial chez le technicien et le prie d'en extraire toutes les données concernant les e-mails.

En dépit de ses problèmes financiers, Bart dépense sans compter. À l'automne 2004, il s'offre une Mustang jaune décapotable, un modèle de 1978 qu'il achète par l'entremise de Max Barber.

Lorsque Bart présente sa carte de crédit pour payer le véhicule, le terminal refuse la transaction. Son beau-père appelle la banque, où on lui indique que Jenn a récemment effectué pour plus de 2 000 dollars d'achats, ce qu'il répète à son gendre. Involontairement, Max vient de trahir l'un des secrets de sa fille. Il ignorait qu'elle s'était fait établir une carte de crédit à son nom, à l'insu de son mari. Bart est furieux.

Jenn a acheté des articles ménagers qu'elle a entreposés à la galerie de sa mère : du linge de maison, de la vaisselle, un aspirateur, une armoire à pharmacie. Elle s'est également procuré un nouveau téléphone mobile, qu'elle garde toujours sur elle.

– Son erreur a été de dépasser le plafond de sa carte, soupire Narda. Je ne sais pas où elle voulait aller, elle ne le savait pas non plus elle-même... Elle savait pourtant qu'elle était la bienvenue chez nous ou chez sa sœur, mais elle ne voulait pas nous embêter avec ses problèmes, et surtout elle voulait rester à proximité de l'école des garçons.

Jenn a consulté l'avocate recommandée par son beau-frère, laquelle lui a déconseillé de quitter son mari précipitamment, l'abandon du domicile conjugal pouvant jouer en sa défaveur, surtout si Bart compte réclamer la garde des enfants.

Jenn vit donc au jour le jour, prête à prendre la fuite si Bart a de nouveau un geste malheureux. Elle recherche un emploi à plein temps.

Bien qu'Anita l'ait trompée sans scrupules, elle lui a pardonné et la considère désormais comme une amie. Elles ont repris leur correspondance et projettent de se rencontrer. Elles ont même évoqué la possibilité de vivre en colocation.

22

Le 1er décembre à 6 heures du matin, une scène violente éclate entre les époux Corbin. Jenn fait de l'exercice au sous-sol sur son tapis de course. Elle ignore que Bart a fait analyser le disque dur de l'ordinateur et appris qu'elle était en contact avec une personne portant le nom de Hearn, nom qui a fait resurgir de vieux souvenirs…

En remontant dans sa chambre, Jenn aperçoit le contenu de son sac à main éparpillé au milieu de la pièce. Son nouveau téléphone mobile, son journal intime et sa carte de crédit ont disparu.

Bart sort de la salle de bains, une serviette nouée autour des hanches.

– Tu as encore fouillé dans mon sac ! accuse-t-elle.

– Je ne sais pas de quoi tu parles, grogne-t-il en la bousculant pour passer.

– Rends-moi ce que tu m'as pris, exige-t-elle.

Sans prendre la peine de s'habiller, Bart dévale l'escalier, se rue dans le garage et monte dans sa Mustang jaune décapotable.

– Reste là, Bart, ou j'appelle la police ! menace Jenn en empoignant un téléphone sans fil.

Il met le contact. Elle compose le 911 en s'agrippant à la voiture pour l'empêcher de démarrer. Réveillés par les cris de leurs parents, Dalton et Dillon sont descendus de leur chambre. Blottis l'un contre l'autre dans l'encadrement de la porte du garage, ils observent la scène d'un air horrifié.

Jenn prévient la police que son mari va prendre la route presque nu. Bart recule brusquement, lui roule sur le pied et part sur les chapeaux de roue. Elle pousse un hurlement de douleur.

– Je vous envoie une équipe de patrouille, madame, lui dit le standardiste du 911. Êtes-vous blessée ?

– Je ne sais pas, répond-elle. Il est parti avec son fusil. Je ne l'ai jamais vu dans un tel état.

En attendant la police, elle téléphone à Narda. Puis à Heather. Les enfants sont en pleurs. Elle sanglote. À grand-peine, sa sœur finit par comprendre ce qui s'est passé.

Quelques minutes plus tard, deux officiers de police la conduisent à l'hôpital. Elle a le pied bleu et enflé, mais les radios ne révèlent aucune fracture.

Lorsque Bart revient au 4515, Bogan Gates Drive, dans la matinée, la maison est vide. Jenn est retournée se réfugier chez Heather. Elle a refusé de porter plainte contre son mari pour coups et blessures volontaires, de crainte d'envenimer la situation.

Bart téléphone sans arrêt chez sa belle-sœur. Il supplie Heather et Doug d'intercéder auprès de Jenn pour qu'elle lui revienne.

– De toute façon, lance-t-il avec dédain, elle n'a pas les moyens d'engager une procédure de divorce. Elle ne peut pas me quitter.

– Nous allons lui avancer de l'argent, réplique Heather.

Il lui raccroche au nez. Mais il continue d'appeler Doug sur son mobile et lui demande des conseils. Son beau-frère finit par refuser de lui parler.

Lorsque Jenn lui a annoncé qu'elle allait demander le divorce, quatre jours plus tôt, Bart a pris les devants. Le 29 novembre, il a déposé une demande de divorce officielle. Il veut tout : la maison, les meubles, le remboursement de ses frais de justice, la garde des enfants et une ordonnance restrictive à l'encontre de Jenn. La seule chose qu'il soit prêt à partager, ce sont les dettes du ménage.

Il a également pris rendez-vous avec son banquier, soldé tous les comptes joints et retiré en liquide la somme de 40 000 dollars. Non seulement il cherche ainsi à protéger ce qu'il considère comme son bien, mais il veut aussi empêcher Jenn, matériellement, de voler de ses propres ailes.

Un jour où Jenn est au travail, Heather téléphone à Bobby Corbin, le frère cadet de Bart, et lui fait part de la vive inquiétude que lui cause son beau-frère. Elle craint, dit-elle, que Bart ne commette des actes inconsidérés.

– C'est vrai qu'il n'est pas très bien, en ce moment, acquiesce Bobby, gêné et évasif.

– Savez-vous ce que Dalton nous a dit ? poursuit Heather. Qu'il avait peur que son père ne tue sa mère…

Heather sent que Bobby est choqué. Elle lui raconte tout ce qui s'est passé au cours des jours précédents. Bart est au bord de la folie, affirme-t-elle. Il est dans la détresse, il a besoin de parler. Or ni elle ni son mari ne peuvent plus lui apporter leur soutien, après ce qu'il a fait à sa sœur.

Bobby lui assure qu'il essaye déjà de voir son frère plus souvent. Il pense que Bart se confie aussi à ses amis, notamment à Kevin Lyttle, alias « Bras de fer », et à Brian Fox, un gars avec qui il va boire des bières et regarder les matchs de foot au café.

De son côté, Narda téléphone à la mère de Bart, Connie Corbin. En lui rapportant les propos alarmants que tient Dalton, elle fond en larmes. Connie abrège la conversation en disant froidement ne pas vouloir se mêler des histoires de son fils.

– Je ne m'y risquerais pas, marmonne-t-elle. Une fois, ça m'a servi de leçon.

De quoi parle-t-elle ? s'interroge Narda. Bart n'a pas eu d'autre femme avant Jenn. Connie faisait-elle allusion au divorce de Brad ?

Narda et Heather sont terriblement inquiètes. Dalton ne veut plus jouer avec son petit frère ni avec ses cousins. Il est constamment dans les jupes de sa mère, comme s'il redoutait qu'il ne lui arrive quelque chose. Sa grand-mère et sa tante essaient de se convaincre que les craintes du garçonnet ne sont pas fondées. Sans doute extériorise-t-il ainsi les angoisses provoquées par les scènes violentes auxquelles il a assisté récemment.

Dans le cocon du foyer des Tierney, Jenn se sent en sécurité. Le jeudi 2 décembre, néanmoins, elle déclare qu'elle va rentrer chez elle. Heather tente de l'en dissuader mais, face à la détermination de sa sœur, elle finit par céder. À 9 heures, Jenn et ses enfants reprennent le chemin de Buford.

Bien qu'il n'ait pas beaucoup de clients, Bart passe ses journées à son cabinet. Le soir, il rentre dîner, puis il ressort. Jenn présume qu'il va boire des bières avec son frère ou ses copains, mais elle ne lui pose pas de questions. Elle se moque de ce qu'il fait.

Un ticket de stationnement qu'elle a trouvé dans ses poches en faisant la lessive l'a toutefois laissée perplexe. Le 29 novembre, Bart aurait garé sa voiture sur un parking de Birmingham, en Alabama, à trois heures de route de Buford. Qu'est-il allé faire là-bas ? Elle n'en a pas la moindre idée. Intriguée, elle en parle à ses amies Juliet Styles et Jennifer Rupured. Mais bien vite, elle cesse de s'interroger à propos de ce voyage. Après tout, que Bart aille où bon lui semble, du moment qu'il laisse la paix à sa famille, qu'il cesse de perturber Dalton.

Le vendredi 3 décembre, Heather reçoit un coup de téléphone de Bart. Lasse, elle ne prête qu'une oreille distraite à sa sempiternelle litanie : « Tu crois que Jenn veut vraiment divorcer ? Je ne veux pas qu'on se sépare, on va repartir sur de bonnes bases. »

– Et puis tout d'un coup, se souvient-elle, il m'a dit : « J'ai ça en moi, je n'y peux rien, je ne peux pas me changer, je ne peux que me protéger. »

Heather trouve ces propos énigmatiques. De quoi son beau-frère parle-t-il ? Probablement d'argent, encore. Sur le plan matériel, c'est sûr, il s'est toujours protégé. L'année précédente, alors qu'il avait des dettes, il a transféré tous ses actifs au nom de son épouse. Ce qu'il avait déjà fait à deux reprises par le passé. Et maintenant que Jenn s'apprête à le quitter, il a remis tous ses capitaux à son propre nom et vidé ses comptes courants.

Ce vendredi, Jenn a rendez-vous avec Angie Smith, la présidente de l'Association des parents d'élèves de l'école Harmony, l'école de Dalton et Dillon, où elle a postulé pour un emploi. Angie Smith la trouve dynamique, parfaitement adaptée au poste à pourvoir dans l'établissement.

Jenn rejoint ensuite sa mère à la galerie. Elle est de bonne humeur, confiante en l'avenir. Bien qu'elle n'ait toujours pas trouvé de logement, elle a fait de nouveaux achats. Avec entrain, elle entrepose ses paquets dans la remise.

Narda est heureuse de voir le sourire revenu sur les lèvres de sa fille. Elle l'invite à dîner au restaurant avec elle et deux de ses amies. Jenn refuse, car elle doit accompagner Dalton et Dillon à leur entraînement de basket. Elle l'a promis à Dalton, qui continue de dire à qui veut l'entendre que son père va tuer sa mère et qui refuse d'aller où que ce soit avec Bart.

La veille, le père et le fils sont allés faire du vélo ensemble. Encore une fois, Dalton est revenu en larmes et a raconté que son père aurait voulu le forcer à traverser une route alors qu'il y avait plein de voitures qui roulaient à toute vitesse.

Jenn a toujours dit à sa mère et à sa sœur qu'elle n'empêcherait jamais Bart de voir ses fils après le divorce. Elle émet à présent des réserves : Bart devra d'abord faire ses preuves, cesser de dénigrer ses enfants et de les houspiller à tout bout de champ.

En fin d'après-midi, Jenn et Narda se séparent. Sur le pas de la porte de la galerie, Narda agite la main en suivant des yeux la voiture de sa fille qui s'éloigne.

– Il y avait longtemps que je ne l'avais vue aussi radieuse, se souvient-elle. Elle m'a dit qu'elle allait faire un saut au Starbuck's Café, où travaillaient sa sœur Rajel et son fils Joey. Je ne l'ai même pas embrassée…

Le 3 décembre est le premier jour depuis des mois où Jenn et Heather ne se parlent pas, même pas au téléphone.

– J'étais à plat, se remémore Heather. Les problèmes de Jenn me tracassaient tellement… La dernière fois que je l'ai vue, c'est quand elle est partie de chez moi. J'aurais dû l'en empêcher…

Ce vendredi 3 décembre au soir, Jenn regagne le 4515, Bogan Gates Drive, en se disant qu'il lui reste seulement trois semaines à tenir avant de commencer une nouvelle vie, dans laquelle Bart ne sera plus qu'un mauvais souvenir.

Cinquième partie
L’enquête

23

Très rapidement, les enquêteurs apprennent que les dernières semaines de la vie de Jenn ont été marquées par des dissensions et des révélations choquantes.

Ils savent notamment qu'elle correspondait par e-mail avec quelqu'un qui vivait à St Louis, dans le Missouri. Quelqu'un que personne n'a jamais vu, et, pour autant que sachent ses proches, quelqu'un qu'elle n'avait elle-même jamais rencontré. Quelqu'un qui s'est d'abord fait passer pour un homme et s'est ensuite révélé être une femme. Est-il possible qu'elle ait eu affaire à un psychopathe qui soit venu l'assassiner chez elle ? La théorie semble tirée par les cheveux, mais aucune hypothèse ne doit être écartée.

Par ailleurs, Jenn et Bart étaient sur le point de se séparer, et en désaccord quant à la garde des enfants. Il est donc capital pour les enquêteurs de déterminer où se trouvait le mari de la victime au moment où celle-ci a trouvé la mort. Le 4 décembre aux alentours de 2 heures du matin, Steve Comeau, le voisin des Corbin, a entendu un bruit de moteur. Il est presque sûr qu'il s'agissait du pick-up de Bart, mais il ne l'a pas vu. Basé sur une impression subconsciente, son témoignage n'a pas valeur d'élément de preuve. Il faudra vérifier par d'autres moyens ce que Bart a fait dans la nuit du 3 au 4 décembre.

Les recherches s'orientent encore vers une troisième personne, la maîtresse de Bart Corbin, Dara Prentice. Il semble toutefois peu probable qu'elle ait éliminé la femme de son amant. Intime de Bart depuis plus de neuf ans, elle devait savoir qu'il était en instance de divorce.

Le 8 décembre, deux jours avant les funérailles de Jenn, l'enquêteur Kevin Vincent, du bureau du district attorney Danny Porter, se rend au cabinet de Bart Corbin, au 3617, Braselton Highway, à Hamilton Mill. Il trouve porte close. Un écriteau indique que le cabinet est fermé pour cause de décès dans la famille du Dr Corbin.

Un avocat dont le bureau se trouve dans le même bâtiment, à côté du cabinet de Bart, déclare l'avoir vu pour la dernière fois le vendredi 3 décembre dans l'après-midi. Les deux hommes étaient en bons termes. Il leur est arrivé d'échanger conseils juridiques contre soins dentaires. Le juriste décrit Bart comme quelqu'un de versatile. À travers les minces parois qui séparent leurs locaux, il l'entendait souvent s'emporter contre ses assistantes.

D'après ce qu'il a cru comprendre, Bart avait racheté – ou avait l'intention de racheter – la partie de l'immeuble commercial où se trouvait son cabinet. La veille du décès de sa femme, il lui a demandé lequel des deux conjoints, en cas de divorce, était tenu de payer l'hypothèque du domicile conjugal. L'avocat lui a répondu que cette responsabilité incombait à celui qui disposait des revenus les plus confortables. Il précise que Bart lui a paru nerveux.

– Il m'a dit : « Tout le monde m'avait déconseillé de me marier avec elle… J'aurais mieux fait de les écouter. Enfin... Il n'y en a plus pour longtemps. »

Kevin Vincent s'entretient également avec plusieurs personnes ayant appelé la police pour fournir des informations sur les époux Corbin.

Une jeune femme aurait entendu malgré elle une conversation entre deux hommes, dans une file d'attente à un bureau de vote, au mois de novembre. L'un des deux vitupérait contre sa femme « Jennifer ».

– Il disait à son copain que cette Jennifer n'était qu'une salope, une fainéante, une bonne à rien, qu'elle passait son temps devant l'ordinateur et qu'elle ne ramenait plus assez d'argent à la maison. J'ai eu l'impression qu'il était en plein divorce ou qu'il voulait se séparer d'elle.

D'après la suite de la discussion, la jeune femme a compris que ce mari mécontent était dentiste. Lorsqu'il a déposé son bulletin de vote dans l'urne, elle a entendu son nom : Corbin. Et s'est juré de ne jamais aller se faire soigner chez lui.

Elle ignore le nom de l'autre homme, mais elle a cru comprendre qu'il travaillait dans l'industrie du gaz naturel.

Lors d'une enquête de voisinage, Kevin Vincent et ses collègues Eddie Ballew et Brad Wiley recueillent des témoignages unanimes quant au tempérament colérique de Bart. Ses éclats de voix fusaient souvent par les fenêtres. Un voisin s'est un jour permis d'intervenir, dans l'intérêt des enfants.

Ceux qui entretenaient des relations amicales avec les Corbin savent qu'ils étaient au bord de la rupture. Depuis quelque temps, ils se disputaient fréquemment. Et Bart a étalé ses problèmes conjugaux devant plusieurs de ses voisins, en soulignant qu'il était prêt à tous les sacrifices pour éviter le divorce.

Les enquêteurs apprennent encore qu'il a perdu près de trente kilos, dernièrement. De l'avis de tous, ravagé par la perspective de la séparation, il n'est plus que l'ombre de lui-même.

En est-il arrivé à tuer sa femme parce qu'il refusait qu'elle le quitte ? Si tel est le cas, reste alors à déterminer l'élément déclencheur qui l'aurait poussé à passer à l'acte. Le fait qu'il refuse d'être entendu ne facilite pas les investigations. Bart a engagé des avocats pour le représenter, mais il ne les a pas encore autorisés à s'exprimer en son nom.

Le 9 décembre, Kevin Vincent localise Bobby et Brad Corbin ainsi que les deux hommes qui auraient passé la soirée du vendredi 3 avec Bart. Connie Corbin soutient n'avoir vu aucun de ses fils au cours des jours précédents. Visiblement contrariée d'être interrogée à leur sujet, elle note le numéro de téléphone de Kevin Vincent et promet de le transmettre à Brad s'il lui donne de ses nouvelles.

Quelques minutes plus tard, Kevin Vincent reçoit un appel du jumeau de Bart, qui lui dit être avec Bobby en train d'essayer des costumes pour les obsèques de Jenn. Brad accepte de rencontrer les enquêteurs au centre commercial où il se trouve. Quand ils arrivent, Bobby est déjà parti. Brad est cité à comparaître devant le grand jury convoqué le 15 décembre par le district attorney.

Kevin Vincent et ses collègues se rendent ensuite au Bodyplex, le club de musculation où Bart s'entraîne tous les matins. Kevin Lyttle (« Bras de fer ») et Brian Fox sont eux aussi assignés à comparaître devant le grand jury.

Le lendemain, aux funérailles de Jenn, à l'église de Sugar Hill, une citation à comparaître est délivrée à Bobby Corbin.

– Pourquoi ici ? dit-il. Vous auriez pu me téléphoner. Je me serais présenté à vos services.

Peut-être. Ou peut-être pas. Car le moins qu'on puisse dire, c'est que les frères Corbin ne sont pas particulièrement coopératifs. Ils semblent ériger une barrière protectrice autour de Bart.

Les Barber ont engagé Judy King, l'avocate recommandée à Jenn par son beau-frère Doug. Celle-ci déclare à la presse : « La famille de la victime nourrissait déjà des soupçons à l'égard de Bart Corbin. Leur défiance a été renforcée par la réouverture de l'enquête sur l'affaire Hearn. »

Les médias de la région d'Altlanta se sont bien sûr empressés de faire état de la mort mystérieuse de Dorothy, quatorze ans plus tôt. Ils ont également rapporté que le petit Dalton était convaincu que son père avait tué sa mère, bien que le district attorney Danny Porter ait souligné que les propos du garçonnet ne justifiaient pas l'établissement d'un mandat d'arrêt.

La balistique corrobore la thèse de l'homicide, mais les résultats des tests ne sont pas encore officiels. Les autres preuves matérielles dont disposent les enquêteurs sont moins tangibles. Il sera difficile d'en rassembler davantage. À supposer que Bart ait effectivement assassiné Jenn, les indices susceptibles d'être recueillis à leur domicile (groupe sanguin, ADN, cheveux, fibres textiles, fluides corporels et empreintes digitales) ne permettront pas de l'inculper. Aucune empreinte n'a été relevée sur le revolver de calibre 38 d'où est partie la balle. La personne qui s'en est servi a pris soin de l'essuyer.

Les preuves indirectes sont plus convaincantes, et toutes pointent vers Bart. Le mariage des Corbin était fini ; de nombreux témoins peuvent en attester. Dalton a déclaré avoir vu ses parents se quereller tout au long des mois de novembre et décembre. Il est terrorisé par son père.

Heather et Doug Tierney font de leur mieux pour épargner tout stress inutile aux deux garçonnets. Ils souhaitent obtenir la garde de leurs neveux, tout au moins dans un premier temps. Ils comptent également demander à une autorité compétente de définir les conditions dans lesquelles Bart et les membres de sa famille pourront rendre visite aux enfants. Les Barber les soutiennent dans cette démarche.

« Dalton est traumatisé par son père, écrit Narda dans un courrier sous serment. Quand il entend la sonnette, ou le chien aboyer, il se précipite dans sa chambre et se cache derrière la porte. »

Dalton a parlé à Bart au téléphone. Après quelques secondes, il a lâché le combiné en pleurant. Il a dit à Doug qu'il avait peur et ne voulait pas entendre la voix de son père.

Lui et son frère sont suivis par un psychothérapeute qui les aide à faire le deuil de leur mère.

Les enquêteurs se penchent en outre sur la question des armes à feu. Le 1er décembre, lorsque Bart est parti en voiture après avoir roulé sur le pied de Jenn, elle a signalé à la police qu'un fusil habituellement rangé au fond d'un placard (déchargé, afin que les enfants ne risquent pas de se blesser) avait disparu. L'arme reste introuvable. Par ailleurs, durant la cérémonie des obsèques, quelqu'un s'est introduit par effraction chez Max et Narda Barber, à Lawrenceville, et a dérobé, entre autres, la carabine de Max. Pour l'instant, on ignore d'où provient le revolver de calibre 38 qui a tué Jenn.

24

Le dossier Jennifer Corbin s'étoffe chaque jour davantage. Des dizaines de personnes ont des choses à dire à la police au sujet de Bart. Certains témoignages ne sont pas dépourvus d'intérêt. La plupart, en revanche, ne sont qu'un tissu de rumeurs. Les médias sont à l'affût de tout détail susceptible d'alimenter leurs rubriques de faits divers. Bart déplore que le décès de son épouse soit ainsi livré en pâture au grand public.

Pendant plusieurs jours, son cabinet dentaire reste fermé. Puis Bart se remet au travail. Les photographes et les journalistes ne cessent de le harceler, si bien qu'il finit par appeler la police. Des officiers constatent effectivement la présence de reporters sur son parking ; mais, ceux-ci n'enfreignant aucune loi, ils ne peuvent les en chasser.

Le district attorney du comté de Gwinnett a reçu les dossiers du comté de Richmond concernant la mort de Dorothy Hearn. Un détail a frappé les enquêteurs. L'ex-petite amie de Bart Corbin a été tuée dans l'après-midi du 6 juin 1990. Ce jour-là, Bart avait rendez-vous chez le coiffeur. Cet alibi a été vérifié. Le 4 décembre 2004, il a également pris rendez-vous chez le coiffeur. S'agit-il d'une coïncidence, ou s'est-il forgé le même alibi que quatorze ans auparavant ?

Jon Paul Zaleski, le propriétaire du salon de coiffure pour hommes – un salon de luxe – où Bart avait pris rendez-vous pour le samedi 4 décembre, a contacté les services de police. Initialement, Bart avait rendez-vous à 11 heures. Le vendredi 3 en fin de journée, il a téléphoné pour savoir si on ne pouvait pas plutôt le prendre à 13 heures. Il avait oublié que, le samedi matin, il devait accompagner son fils aîné à un match de basket.

Dans la nuit, bien sûr, tout a basculé dans l'univers des Corbin. Bart n'a pas pu se rendre chez le coiffeur puisqu'il était convoqué au poste de police, afin d'y subir une analyse de résidus de tir.

Quatre jours plus tard, le mercredi 8 décembre, il a rappelé le salon de coiffure et laissé un message sur le répondeur, demandant un nouveau rendez-vous et précisant : « Il faut absolument que je me fasse couper les cheveux ; je dois assister demain à un enterrement… Je suis veuf, je veux changer de look. »

Quelqu'un l'a rappelé et lui a fixé rendez-vous pour le jour même à 19 h 30. Il est arrivé en avance. On lui a fait remplir une fiche de nouveau client, sur laquelle il a indiqué être veuf.

C'est Cathy Zaleski, la femme de Jon Paul, qui s'est occupée de lui. Lorsqu'elle lui a fait remarquer qu'il avait les traits tirés, il a répondu qu'il avait des « ennuis familiaux ». Elle lui a proposé un verre de vin. Il a décliné son offre en disant que son frère ne voulait pas qu'il boive.

Un peu plus tard, il s'est toutefois ravisé. La coiffeuse lui a servi un verre de vin et lui a demandé, histoire de meubler la conversation, s'il connaissait bien la personne à l'enterrement de laquelle il devait assister le lendemain.

– Je n'ai pas envie de parler de ça, a-t-il répondu.

Cathy a promptement embrayé sur un autre sujet de conversation.

– Pourquoi avez-vous épousé votre mari ? lui a soudain lancé Bart.

– Pour l'argent, a-t-elle répliqué en riant. C'est mon deuxième mari. La deuxième fois, on ne se marie pas par amour !

– Ma femme aussi m'a épousé pour le fric, a grommelé Bart.

Cathy s'est demandé s'il plaisantait ou non.

L'enquêteur Kevin Vincent s'est fait remettre la cassette du répondeur téléphonique du salon de coiffure. Sur le message que Bart y a laissé le 8 décembre, il s'exprime d'une voix posée, presque gaie.

Rob et Jenn Grossman étaient amis avec Bart et Jenn depuis 1999. Rob dirige une petite compagnie spécialisée dans l'installation des antennes paraboliques. Il en a vendu une aux Corbin et a sympathisé avec Bart, qui lui a soigné les dents en échange de paraboles pour sa péniche et son cabinet dentaire. Les deux Jenn se sont elles aussi liées d'amitié. Jenn Corbin a donné à Jenn Grossman les vêtements et le matériel de bébé dont elle n'avait plus besoin. Les deux couples se recevaient régulièrement et allaient parfois dîner ensemble au restaurant. À l'automne 2004, les Corbin et les Grossman se sont toutefois fâchés pour une sombre histoire de facturation de soins dentaires.

Les époux Grossman rapportent une anecdote qui les a choqués.

Le dimanche 5 décembre, Bart a téléphoné à Rob. Sans faire allusion à leur brouille, il lui a annoncé qu'il était sur le point de divorcer mais qu'il le prenait bien, de même que Jenn et les enfants. Il pensait que le disque dur de l'ordinateur familial renfermait la preuve que Jenn le trompait.

– Est-ce que tu pourrais m'aider à retrouver ces données ? demande-t-il à Rob.

Celui-ci répond qu'il ne veut pas être mêlé aux histoires de couple de ses amis. Lorsqu'il annonce à sa femme que les Corbin vont se séparer, elle est abasourdie. À ses yeux, Bart et Jenn forment un couple uni. Elle ne les a jamais vus se disputer, elle n'a jamais perçu aucune hostilité entre eux. Elle n'est pas au bout de ses mauvaises surprises.

Plus tard dans la journée, son mari lui téléphone. Il est dans sa voiture et vient d'entendre à la radio que Jenn Corbin est morte.

– Il m'a demandé d'allumer la télé pour voir si on en parlait et si c'était bien de notre amie dont il s'agissait, se souvient Jenn Grossman. Effectivement, le beau visage de Jenn était sur toutes les chaînes régionales. Selon les journalistes, elle s'était suicidée. Nous ne pouvions y croire ! Lorsque Bart a appelé Rob, dans la matinée, Jenn n'était déjà plus de ce monde. Et lui ne songeait qu'à prouver qu'elle lui était infidèle.

La relation épistolaire que Jenn entretenait avec Christopher/ Anita Hearn est connue des enquêteurs, mais elle n'est pas divulguée aux médias.

La police du comté de Gwinnett a saisi le nouveau téléphone mobile de Jenn, qui gisait au pied de son lit. L'un des numéros enregistrés dans le répertoire n'est associé à aucun nom. Il s'agit d'un numéro dans le Missouri. Narda et Heather indiquent qu'il s'agit probablement de Chris. Narda décide de l'appeler. En dépit de la méfiance que cet inconnu lui inspire, elle ne peut nier qu'il a rendu sa fille heureuse pendant les derniers mois de sa vie.

C'est une femme qui lui répond, sur un ton revêche. Elle prétend être la sœur de Chris.

– J'habite juste à côté de chez elle, dit-elle. Elle n'a pas le téléphone. Je vais la chercher.

Elle ? Déconcertée, Narda se tourne vers Heather. Elle patiente quelques minutes avant qu'une autre voix reprenne la communication. Une voix féminine, nerveuse. Narda ne peut l'affirmer avec certitude, mais selon elle il n'est pas impossible qu'elle ait eu affaire à une seule et même personne.

– Chris ? bredouille-t-elle. Je suis la mère de Jenn. J'ai une mauvaise nouvelle à vous annoncer.

Et elle explique que sa fille est morte, qu'il n'est pas exclu qu'elle ait été assassinée. Chris éclate en sanglots. Puis elle se ressaisit et dit avoir essayé de joindre Jenn à plusieurs reprises, dernièrement. Par mail, par téléphone, sur EverQuest. Sans succès. Elle se faisait un sang d'encre. C'était la première fois que Jenn restait sourde à ses appels. Elle affirme être au courant de la crise conjugale que traversait Jenn.

– Elle était dévastée, se souvient Narda. Elle s'en voulait terriblement. Et je dois admettre que je lui en voulais énormément, moi aussi. Je ne parvenais pas à la comprendre. Et je ne comprenais pas non plus comment Jenn avait pu lui pardonner.

Narda s'entretient longuement avec Anita. Elle a le sentiment que sa fille n'est pas la seule qu'elle ait manipulée. Avec Jenn, malheureusement, la supercherie s'est soldée par un drame. Certes, elle n'est en rien responsable du naufrage du couple Corbin, mais elle a indéniablement joué un rôle dans le dénouement tragique, et elle en a conscience.

Narda devine que cette femme souffre d'une grande solitude. Sans doute aimait-elle Jenn, à sa manière. Sans doute la regrettera-t-elle. Une chose est sûre, elle est rongée par le remords.

Anita Hearn est probablement la dernière personne à qui Jenn a parlé avant de mourir. Elle promet à Narda de faire de son mieux pour aider les enquêteurs dans leur travail.

L'inspecteur Marcus Head s'est procuré l'historique des opérations effectuées sur la ligne téléphonique des Corbin. Le dernier soir de sa vie, Jenn a été plusieurs fois en ligne avec Anita Hearn, au téléphone ou sur Internet. Au total, leurs communications ont duré des heures.

Le 10 décembre à 16 h 40, pendant que les funérailles de Jenn se déroulent à l'église méthodiste de Sugar Hill, Head joint Anita Hearn au téléphone. Comme Narda, il tombe d'abord sur une femme qui se présente comme la sœur d'Anita et lui dit que celle-ci sera de retour dans une quinzaine de minutes.

Anita Hearn le rappelle un instant plus tard. Elle reconnaît avoir été très proche de Jenn. Elle sait que Bart lui a dérobé son journal intime. Elle demande si la police l'a retrouvé en perquisitionnant la maison.

– Nous avons pris le logiciel de jeu, la Playstation et nous avons cherché ce fameux cahier, mais nous ne l'avons pas trouvé, répond Head. La sœur de Jenn nous a signalé que Bart l'avait volé, qu'elle en avait commencé un nouveau et qu'elle le cachait soigneusement. Nous l'avons cherché partout, mais impossible de mettre la main dessus.

Anita déclare ne pas être au courant de la cachette. Head l'interroge sur ce qu'elle a fait dans la soirée du 3 décembre.

– J'ai les relevés téléphoniques de la ligne de M. et Mme Corbin, précise-t-il, mais pouvez-vous me confirmer que vous avez joué à ce jeu en ligne ?

– C'est exact.

– OK. Combien de temps êtes-vous restée connectée ?

– Jusqu'à 1 h 15 du matin, peut-être 1 h 20, voire 1 h 30.

Head dit avoir une copie du jeu EverQuest et s'enquiert de savoir s'il est possible de retrouver les messages que les joueurs ont postés mais effacés.

– Vous ne pourrez pas le faire vous-même, répond Anita, mais peut-être que les administrateurs du jeu en gardent la trace. Je sais en tout cas qu'ils conservent les personnages détruits pendant quelques mois.

Anita déclare que Bart est sorti de chez lui vers 21 heures et qu'à partir de là elle et Jenn se sont téléphoné à plusieurs reprises. Jenn lui a dit que Bart était parti sans préciser où il allait, sans même lui adresser la parole. Elle savait, à ce moment-là, qu'il avait déposé une demande de divorce. Elle n'en était pas contrariée, juste un peu surprise qu'il l'ait devancée. Elle a informé Anita, dans le courant de la semaine, qu'elle devait effacer certains de ses mails.

– Ils avaient eu une discussion, indique Anita. Elle m'a appelée le soir même et m'a dit : « Voilà, c'est fini. »

Jenn a confié à Anita qu'elle avait avoué à son mari qu'il y avait quelqu'un d'autre dans sa vie, quelqu'un qui n'habitait pas en Géorgie. Anita est quasiment certaine que Jenn n'a pas précisé à Bart que ce « quelqu'un » était une femme. Elle voulait rompre à l'amiable, dans le souci de préserver ses enfants.

Jenn espérait que Bart quitterait le domicile conjugal, suite à cette discussion, mais il lui a demandé la permission de rester à la maison, car il n'avait nulle part où aller et ne tenait pas à se faire héberger par sa mère. Jenn lui a suggéré de s'installer sur la péniche. Il a refusé, en raison du froid. Elle a accepté qu'il reste jusqu'à ce qu'il trouve un logement.

– Parlez-moi des projets que vous aviez faits avec Jenn, enchaîne Head.

Anita et Jenn étaient convenues de se rencontrer après Noël et d'examiner la possibilité de vivre en colocation avec leurs enfants.

Anita Hearn tient absolument à faire parvenir à la police la correspondance qu'elle a échangée avec Jenn, désireuse de prouver que leur amitié était sincère. Elle indique à Head s'être entretenue au téléphone avec la mère de Jenn. Elle s'exprime sur un ton neutre, pondéré, jusqu'au moment où elle demande à Head si Jenn était endormie ou éveillée lorsqu'elle a été tuée.

– Nous n'en savons rien, répond-il. Nous pensons, mais ce n'est qu'une présomption... la position de son corps indique qu'elle dormait.

– Je l'espère... murmure Anita. Savez-vous ce qu'est devenu son téléphone mobile ?

– Il est en ma possession. Sous scellés. C'est une pièce à conviction.

Anita offre encore de transférer les messages qu'elle a conservés. Head ignore qu'il recevra bientôt une avalanche de e-mails. Il redemande à Anita si elle pense que Jenn avait sérieusement l'intention de vivre sous le même toit qu'elle.

– Oui, c'est du moins ce qu'elle me laissait entendre. Nos relations ont un peu changé quand elle a appris que j'étais une femme, mais elle a fini par l'accepter. Elle disait qu'elle voulait être la mère de mes enfants, des choses comme ça.

Il est difficile de déterminer si Anita Hearn n'essaye pas de se convaincre elle-même qu'elle n'est pas responsable de la mort de Jenn. Toujours est-il que tout ce qu'elle dit est teinté de culpabilité.

– C'est bizarre, poursuit-elle. J'ai le même nom de famille que la jeune fille qu'il a peut-être tuée il y a quelques années. Avez-vous retrouvé des lettres d'elle ?

– Non. Il a emporté toutes ses affaires personnelles. Ainsi que des documents appartenant à Jenn, sans doute.

D'après la famille de Jenn, d'autres objets qu'elle gardait en permanence sur elle ont disparu, outre le journal intime. Bart les a-t-il cachés ou détruits, afin de s'épargner la gêne ou de dissimuler des informations susceptibles de l'incriminer ?

– Je sais qu'il connaissait mon nom, déclare Anita. Parce qu'il m'a appelée deux fois sur mon mobile. Je n'ai pas répondu.

– De quel numéro vous a-t-il téléphoné ?

– De leur ligne fixe, je pense. Je pourrai vous le dire quand j'aurai reçu ma facture de téléphone.

Jenn a parlé à Anita du mystérieux voyage de Bart en Alabama. Elle subodorait qu'il était allé voir un avocat qui lui aurait été recommandé.

D'après Anita, Jenn était particulièrement inquiète en raison d'un incident survenu le 2 décembre.

– Elle est rentrée chez elle à l'improviste, parce qu'elle avait oublié un cadeau qu'elle voulait offrir à une collègue de travail, et elle a trouvé le frère de Bart dans son camion, devant la maison, et Bart dans son pick-up. La Mustang n'était pas là. Elle a demandé à son mari où elle se trouvait. Il lui a dit qu'il l'avait prêtée à son ami, « Bras de fer ». Elle a trouvé bizarre qu'il ait prêté la Mustang plutôt que le pick-up.

Anita ignore si le frère en question était Brad ou Bobby. Elle ajoute que Jenn paraissait effrayée, ce qui ne lui ressemblait pas.

Head sait que le 2 décembre Jenn revenait de chez Heather, où elle s'était réfugiée la veille. Sans doute a-t-elle eu peur que Bart, ses frères et ses amis ne manigancent un plan pour l'intimider.

Quelques heures plus tard, l'inspecteur Head reçoit des centaines et des centaines de messages électroniques, qu'il entreprend de lire un à un. Ils sont signés de Christopher. Le prénom d'Anita n'apparaît que deux semaines avant la mort de Jenn. L'un des derniers échanges arrête son attention.

Anita demande à Jenn si elle serait capable de lui placer le canon d'un revolver chargé contre la tempe pendant l'orgasme.

« Oh, non, répond Jenn, je ne pourrais jamais faire une chose pareille. »

Vraisemblablement, pour être fascinée par cette version de la roulette russe associée au plaisir sexuel, Anita a des tendances masochistes. Jenn, en revanche, semble avoir été troublée par ces extravagances. Néanmoins, un avocat habile pourrait utiliser cet élément pour suggérer aux jurés que cette femme qui l'a séduite lui a donné des idées suicidaires.

À l'évidence, Jenn s'est laissé entraîner dans un jeu trouble qui la dépassait. Et s'est retrouvée prise au piège entre un mari tyrannique et une correspondante perverse.

25

S'il est aisé d'établir qu'Anita Hearn se trouvait bien dans le Missouri la nuit du 3 au 4 décembre, au téléphone ou en ligne avec Jenn, reste à savoir, en revanche, ce que Bart a fait ce soir-là après 21 heures. C'est à ce sujet que le district attorney Danny Porter va interroger les quatre témoins qu'il a cités à comparaître devant le grand jury, le 15 décembre : Brad Corbin, le jumeau de Bart ; Bobby Corbin, son frère cadet ; Kevin Lyttle, son ami surnommé « Bras de fer » ; et Brian Fox, une autre de ses connaissances. Tous les quatre sont visiblement mal à l'aise.

L'enquête fait apparaître que Bart Corbin a passé une partie de la soirée avec ces quatre hommes, au Wild Wing Café, un établissement de la petite ville de Suwanee. Il a lui-même fait savoir, par l'intermédiaire de ses avocats, qu'il n'était pas rentré chez lui de la nuit, qu'il avait dormi chez son frère Bobby.

Kevin Lyttle indique au procureur qu'il connaît Bobby et Bart Corbin depuis treize ans. Il dit avoir eu avec Bart des conversations « sérieuses ». Lorsqu'on lui demande sur quoi celles-ci portaient, il évoque le foot, le vol de sa voiture et, en dernier lieu, les problèmes de couple de Bart.

– On était chez Bob, on regardait un match à la télé. À la mi-temps, il nous a dit qu'elle s'était acheté un nouveau téléphone mobile.

– Vous a-t-il dit qu'il avait appelé les numéros enregistrés dans le mobile de son épouse ? s'enquiert Porter.

– Oui... Mais je n'aime pas me mêler des affaires des autres. Je ne pose jamais de questions indiscrètes. Si on me parle, j'écoute, mais je ne cherche pas à fourrer mon nez dans la vie privée des gens.

– Je comprends, dit le procureur. Mais j'aimerais savoir si Bart Corbin vous a parlé de sa femme, notamment du fait qu'il ne s'entendait plus avec elle, et de ce qui l'avait amené à penser qu'elle le trompait.

– Je crois qu'il avait trouvé des lettres ou des messages.

– Quand il abordé ce sujet, dans quel état d'esprit était-il ? Comment se comportait-il ?

– Il se doutait qu'elle avait un amant parce qu'elle passait tout son temps devant l'ordinateur. Je pense que les messages qu'il a lus ont confirmé ses soupçons.

– Était-il en colère ?

– Je ne dirais pas ça, non.

Lyttle déclare que Bobby lui a annoncé le décès de Jennifer, par téléphone, le samedi 4 décembre au matin, vers 9 h 15. Il n'a pas précisé de quoi elle était morte. Lyttle n'a pas posé la question.

– Vous estimiez que cela ne vous regardait pas ? interroge Porter.

– Non. J'étais sous le choc. Il m'a demandé : « À quelle heure il est parti de chez toi, hier soir ? ». Je lui ai répondu que je n'en savais rien.

Kevin Lyttle est l'une des dernières personnes à avoir vu Bart Corbin dans la soirée du vendredi 3.

– Depuis cette conversation avec Bobby, avez-vous eu l'occasion de parler avec Bart du décès de sa femme ?

– Non.

À l'en croire, Kevin Lyttle posséderait un tact exemplaire... Il assure au procureur qu'en treize ans d'amitié il n'a jamais vu Bart Corbin s'énerver.

– Avez-vous conscience que de forts soupçons pèsent sur le Dr Corbin ? lui demande Danny Porter.

– Oui.

– Dans ce cas, pourquoi ne pas vous être présenté à nos services, cette semaine ?

– Je travaillais.

– Vous auriez pu au moins nous appeler et signaler que vous étiez avec Corbin, la veille de la mort de sa femme...

– Je savais que tôt ou tard la police viendrait chez moi.

Lyttle explique que le vendredi 3 il devait dîner avec Bart et leur ami Brian Fox au restaurant mexicain Dos Copas, à Hamilton Mill. Vers 22 heures, Bart n'étant toujours pas là, il lui a téléphoné. Celui-ci lui a dit être en route. Il est arrivé peu après. Les trois hommes se sont ensuite rendus au Wild Wing Café, où ils ont bu des bières tout en suivant la rediffusion d'un match de foot.

Fox et Lyttle ont tous deux remarqué que Bart était plus silencieux que d'ordinaire, qu'il avait l'air « stressé », ce qu'ils ont attribué à son divorce imminent.

Brian Fox déclare devant les jurés que Bart a tenté plusieurs fois d'aborder le sujet de ses problèmes de couple. Comme Lyttle, il ne voulait pas se mêler de la vie privée de son ami.

– On lui a dit, rapporte-t-il, qu'on était là pour se détendre, lâcher un peu de lest, pas pour se prendre la tête.

Ni Fox ni Lyttle ne connaissaient Jenn Corbin personnellement. Ils la saluaient seulement de loin quand ils l'apercevaient.

L'enquêteur Kevin Vincent a obtenu une copie de la note de 35 dollars que Brian Fox a réglée au Wild Wing Café par carte de crédit. Les trois amis ont quitté l'établissement à 1 h 07. Ils y sont restés trois heures et ont consommé quatorze bouteilles de bière. Kevin Lyttle n'en a bu qu'une ; il avait été désigné comme capitaine de soirée. Brian Fox en a bu sept, Bart six, puis ils sont passés à l'eau.

– Nous n'étions pas saouls, affirme Fox.

Néanmoins, ils sont convenus qu'il était plus sage que Bart ne prenne pas le volant et dorme chez Kevin. C'est ce dernier qui a conduit le pick-up Chevrolet de Bart. En chemin, il s'est arrêté dans une supérette afin d'acheter du café pour le lendemain matin. Ils sont arrivés chez lui à 1 h 35.

Bart est alors revenu sur sa décision et a déclaré qu'il allait rentrer chez lui. « Bras de fer » a tenté de l'en dissuader.

– Je lui ai pris ses clés et je suis monté les cacher dans la commode de ma chambre, dit-il aux jurés. Il n'était pas bourré mais s'il s'était fait arrêter par la police, il aurait eu des ennuis. Il n'arrêtait pas de me seriner : « Allez, laisse-moi partir. Il faut que je rentre. » Je lui ai dit de s'installer sur le canapé et je suis allé aux toilettes. Quand j'en suis ressorti, il m'a dit qu'il avait un autre jeu de clés. Et il est parti.

C'est ensuite au tour de Bobby Corbin d'être appelé à la barre. Plus expansif, il semble plus à l'aise que les deux amis de son frère. Danny Porter précise aux jurés qu'il le connaît de vue, pour être inscrit dans le même club de gym que lui.

Bobby indique vivre à Auburn, en Géorgie, et être employé depuis neuf ans chez un concessionnaire automobile à Braselton. Il se sent proche de son frère aîné, même s'il ne le voit pas aussi souvent qu'il le souhaiterait. Ils jouent au golf ensemble et se retrouvent chez lui pour suivre des matchs de foot à la télévision. C'est par son intermédiaire que Bart et Jenn se sont rencontrés, à l'époque où il était portier au Barnacle's, et Jenn, serveuse dans le même établissement.

Bobby est au courant des problèmes conjugaux de son frère. Il en a discuté avec Heather, qui se faisait du souci pour Dalton et Dillon.

– Elle trouvait que c'était idiot de la part de Jenn de refuser tout dialogue avec Bart et j'étais entièrement de son avis. Je me suis d'ailleurs permis de le faire remarquer à Jenn. Je lui ai dit : « La question est de savoir si tu veux réparer les pots cassés ou non. Si oui, alors, il vous faudra une tierce personne, parce que ni toi ni lui n'êtes prêts à faire le premier pas. »

Bobby affirme qu'à sa connaissance Bart n'a jamais découché, pas même après avoir demandé le divorce. Interrogé à propos de la journée du 2 décembre, où Jenn a été effrayée par sa présence devant chez elle, il explique que son frère ne voulait pas laisser son pick-up dans son garage car le véhicule était au nom de sa société. Il ne comprend pas ce qui a pu faire peur à sa belle-sœur.

– Je lui ai demandé de ses nouvelles, précise-t-il. Elle m'a répondu qu'elle allait bien et elle est rentrée dans la maison.

C'est la dernière fois que Bobby l'a vue.

– Quand avez-vous appris sa mort ? s'enquiert Danny Porter.

– Le 4, entre 8 h 30 et 9 heures. C'est ma mère qui m'a téléphoné.

– Où était Bart à ce moment-là ?

– Assis en face de moi, à la table de ma cuisine.

– Que vous a dit votre mère ?

– Elle était ébranlée. Elle m'a dit : « Ils vont t'appeler. » Je lui ai demandé : « Qui, ils ? ». Elle m'a répondu que Steve, le voisin de Bart et Jenn, lui avait dit que la police pensait que Bart l'avait tuée. Je lui ai dit : « Il est assis là en face de moi. »

Bobby Corbin déclare avoir été « estomaqué » par la nouvelle de la mort de sa belle-sœur. Il était juste en train de parler avec son frère du match de basket de Dalton qui devait avoir lieu ce matin-là.

– J'ai regardé Bart dans les yeux et je lui ai demandé s'il avait quelque chose à me dire. Il m'a répondu : « Non, mais je savais qu'il y avait quelque chose qui ne tournait pas rond. »

Bobby a prié son épouse, Suzanne, de monter à l'étage avec les enfants. Puis il a téléphoné à Steve Comeau.

– Je lui ai dit : « Steve, qu'est-ce qui se passe ? » Il m'a répondu : « Jenn est morte. » Je lui ai dit : « Je sais, ma mère vient de m'appeler, mais qu'est-ce qui se passe ? ».

Bart s'est alors précipité aux toilettes. Comme chaque fois qu'il est contrarié, il a vomi. Bobby assure qu'il avait l'intention de le conduire chez lui. Puis il a reçu un appel de Heather, qui accusait Bart d'avoir assassiné Jenn. Doug lui a ensuite téléphoné pour savoir où était Bart.

– « Ici », je lui ai dit. « Quand est-il arrivé chez toi ? » « Ce matin de bonne heure. » « Comment était-il ? »

Bobby a affirmé à Doug que son frère était parfaitement serein.

– Parlons de cela, enchaîne Danny Porter. À quelle heure votre frère est-il arrivé chez vous le matin du 4 décembre ?

– Mon chien a aboyé, probablement quand il est arrivé. D'après ma femme, il était 2 h 30. Personnellement, je n'ai pas regardé l'heure.

– Vous êtes-vous levé ?

– À ce moment-là, non.

– Il est entré dans la maison ?

Bobby explique que son frère a dû d'abord entrer dans le garage, dont il connaissait le code. De là, il n'a pas pu pénétrer dans la maison car il ignorait où se trouvait la clé.

– Il m'a dit qu'il avait fait le tour de la maison, pour voir si une autre porte était ouverte. Le chien s'est remis à japper. Pour ne pas me déranger, Bart s'est couché dans la Suburban, qui était garée dans le garage. Et puis il a eu froid, alors il m'a appelé sur mon mobile et je suis descendu lui ouvrir.

– Quelle heure était-il ?

– 3 h 23.

– Donc vous avez été réveillé par un appel sur votre mobile et vous êtes descendu. Où était votre frère ?

– Devant la porte du garage.

– Vous l'avez fait entrer ?

– Oui.

– Comment décririez-vous son comportement, à 3 h 23 ?

– Il était sorti avec ses copains mais il n'était pas... comment dire... Il ne titubait pas. Il n'était pas ivre. Il avait seulement bu quelques bières.

– Il ne vous a pas paru agité ou contrarié ?

– Non... non.

Bobby dit avoir indiqué un fauteuil inclinable à son frère, lui avoir donné une couverture et être remonté se coucher. Tous deux ont dormi jusque vers 7 heures. Bart a pris tranquillement son petit déjeuner. Quand Bobby a reçu le coup de téléphone de sa mère et que sa voix a changé, Bart s'est mis à trembler violemment et son frère a eu peur qu'il ne s'évanouisse. Bobby ne sait plus lequel d'entre eux a décidé de ne pas aller à Buford. Bart savait que ses enfants étaient chez les Comeau, il ne s'inquiétait pas à leur sujet. Plus les deux frères discutaient de ce qu'ils devaient faire, plus ils étaient réticents à l'idée d'affronter la police et la famille de Jenn.

– Quand vous avez fait entrer votre frère chez vous, où a-t-il dit qu'il était entre 1 h 40 et 3 h 30 du matin ?

Bobby répète que si son chien a aboyé à 2 h 30, c'est que Bart a dû arriver à cette heure-là. Il ignore en revanche à quelle heure son frère a quitté le Wild Wing Café et s'est séparé de Kevin Lyttle.

– En d'autres termes, insiste Porter, votre frère ne vous a pas raconté sa soirée en détail. A-t-il nié être impliqué dans la mort de sa femme ?

– Il m'a dit qu'il n'avait rien à voir là-dedans.

– Selon lui, il est venu directement chez vous, de chez Kevin ?

– Euh...

Interrogé sur la durée approximative du trajet, Bobby répond que son frère a un piètre sens de l'orientation et qu'il n'a sûrement pas emprunté l'itinéraire le plus court.

– Il a dû mettre environ une demi-heure, estime-t-il.

Donc pendant presque deux heures, dans la nuit du 3 au 4 décembre, personne n'a vu Bart Corbin, et c'est justement durant ce laps de temps que Jenn a été tuée. Steve Comeau dit avoir entendu son pick-up arriver et repartir, mais il ne l'a pas vu. Bobby affirme que son frère a dormi un moment dans son garage.

Lorsque Danny Porter demande à Bobby si le nom de Dorothy Hearn lui est familier, celui-ci déclare l'avoir récemment découvert dans la presse.

– Vous ignoriez que votre frère avait eu une petite amie décédée dans des circonstances mystérieuses ?

– Non, je suis au courant, mais je ne connaissais pas son nom. Je ne l'ai jamais rencontrée. Je l'ai peut-être croisée une fois, mais je ne me souviens pas d'elle.

– Avez-vous discuté avec votre frère de la mort... ?

– Je suis allé le rejoindre à Augusta, pour le soutenir. Il était très déprimé. Je suis resté avec lui jusqu'à la fin de ses examens.

– Vous a-t-il raconté comment sa petite amie était morte ?

– Il pensait qu'elle s'était suicidée, mais nous n'en avons pas beaucoup parlé.

Par égard pour son frère, Bobby Corbin ne lui a pas demandé où il était lorsque Jenn a été tuée, comme il s'est abstenu, manifestement, de le questionner sur le décès de Dorothy Hearn, quatorze ans plus tôt.

Quant à Brad Corbin, il semble encore plus étranger à la vie de son frère jumeau. Peut-être leurs parents leur ont-ils inculqué qu'ils ne devaient pas s'immiscer dans la vie privée les uns des autres.

Brad déclare avoir partagé la chambre de son frère pendant vingt-trois ans. À leur sortie de l'université d'Athens, à la fin des années quatre-vingt, ils ont ensuite chacun suivi leur chemin. Comme Bobby, Brad entretenait des relations amicales avec sa belle-sœur, pour qui il avait de l'affection. Il l'a vue pour la dernière fois le 12 novembre, à l'occasion de l'anniversaire de Connie Corbin. Il sait que Bart et Jenn traversaient une situation de crise et que tout le monde leur avait conseillé d'avoir recours à un conseiller conjugal. Tout au long de sa déposition, il souligne qu'il est mal placé pour régler les affaires de cœur, même au sein de sa propre famille.

– Jenn ne savait pas comment subvenir à ses besoins et à ceux de ses enfants, dit-il.

– Lorsque vous avez discuté avec Bart de son divorce, qu'a-t-il exprimé ?

– Il était triste, il avait des remords. Mais je ne suis pas là pour jouer les psychiatres.

– Vous a-t-il dit pourquoi il avait demandé le divorce ?

– Il n'est pas entré dans les détails. Il m'a juste dit que Jenn entretenait une liaison avec quelqu'un sur Internet, et qu'elle était accro à un jeu en ligne.

Brad sait que son frère a fait analyser le disque dur de son ordinateur. Il ignore toutefois quels renseignements en ont été extraits. Il affirme ne pas avoir vu Bart dans la soirée du vendredi 3 décembre. Il n'a été informé du décès de sa belle-sœur que vers 9 heures le samedi matin, par un coup de téléphone de sa mère. Il s'est alors rendu chez Connie, « comme dans un brouillard ». Toute la famille était sous le choc, particulièrement Bart, qui était « échevelé, amorphe, hébété ».

– Était-il agité ?

– Non.

Danny Porter demande à Brad s'il a interrogé son frère jumeau à propos de la mort de Jenn. Non. Il ne lui a posé aucune question, pas même lorsqu'il l'a accompagné au poste de police.

– De toute la journée, vous n'avez pas parlé de la mort de Jenn ? insiste le procureur d'un ton incrédule.

– Non, monsieur. Mais ce n'est pas faute d'avoir essayé, dit maintenant Brad. C'est lui qui ne voulait pas en parler, parce que son avocat lui avait recommandé de garder le silence.

– Même avec vous, votre frère ne voulait pas parler de la mort de sa femme ?

– Oui. Il nous a dit de ne pas le prendre mal.

Pour des jumeaux, Bart et Brad semblent étrangement distants. Brad Corbin n'en sait pas plus sur le décès de Jennifer que ce que les médias en ont dit. Il admet avoir entendu le nom de Dorothy Hearn mais déclare ne l'avoir jamais rencontrée. Il n'a jamais abordé avec Bart le sujet de sa mort inexpliquée.

L'un des jurés lui demande si Bart est réellement son frère jumeau. Il acquiesce. La personne qui lui a posé cette question le dévisage d'un air apitoyé.

D'un commun accord avec leur supérieur, Jack Burnette, Kevin Vincent et Eddie Ballew décident de parcourir en voiture le même trajet que Bart Corbin et Kevin Lyttle dans la nuit du 3 au 4 décembre. Il leur faut vingt et une minutes pour faire les vingt-cinq kilomètres qui séparent le Wild Wing Café du domicile de Lyttle. En pleine nuit, les deux amis ont certainement mis un peu moins de temps.

De chez Kevin à chez Bart, il y a dix-sept kilomètres, que les enquêteurs parcourent une première fois de jour en vingt-trois minutes et une seconde fois de nuit en seize minutes.

Si la déposition de Lyttle est fiable, Bart serait parti de chez lui entre 1 h 40 et 1 h 45. Il serait donc arrivé sur le lieu du crime entre 2 h 03 et 2 h 15.

Entre Bogan Gates Drive et la maison de Bobby, la distance est de vingt-quatre kilomètres, soit vingt à trente minutes de route. Si Bart est reparti de chez lui aux alentours de 2 h 30, laissant ses enfants endormis et sa femme morte, il serait arrivé chez son frère entre 2 h 50 et 3 heures.

Habitué à ce que son chien aboie la nuit sans raison, Bobby Corbin ne s'est pas levé avant 3 h 23, heure à laquelle il a reçu sur son mobile un appel de son frère Bart.

Par souci d'honnêteté, Burnette et ses enquêteurs évaluent la distance parcourue par Bart s'il s'est effectivement rendu directement de chez Kevin Lyttle chez son frère, comme il le prétend ; celle-ci n'est que de douze kilomètres. Ils mettent seulement douze minutes. Bart aurait donc dû arriver chez Bobby à 1 h 47. Or Bobby a déclaré que sa femme Suzanne avait entendu le chien japper vers 2 h 30. Pas plus que son mari, elle ne s'est inquiétée de savoir pourquoi.

Il est donc impossible de déterminer avec certitude ce que Bart a fait pendant un laps de temps de presque deux heures. Personne ne l'a vu. Les enquêteurs ne peuvent s'appuyer que sur des sons perçus par les témoins : les aboiements d'un chien, un bruit de moteur. Des éléments subjectifs, non recevables par une cour de justice. Il va falloir trouver un autre moyen de reconstituer la chronologie des faits et gestes de Bart.

26

Tandis que dans le comté de Gwinnett les enquêteurs s'efforcent de déterminer comment et pourquoi Jennifer Corbin a été tuée, parallèlement, dans le comté de Richmond, le bureau du shérif d'Augusta a rouvert l'enquête sur la mort de Dorothy Hearn.

En juin 1990, l'affaire Hearn a été traitée par le lieutenant Ron Peebles. Son fils Scott était à l'époque lycéen. Il a depuis fait carrière dans la police et c'est lui, aujourd'hui, quinze ans plus tard, qui est chargé de diriger les nouvelles investigations sur la mort non élucidée de cette jeune fille.

Dans le dossier établi par son père, il voit que Dorothy, en 1989 et 1990, a signalé plusieurs incidents à la sécurité de la faculté de médecine ainsi qu'à la police, mais qu'elle a renoncé à porter plainte contre son petit ami Bart Corbin, qu'elle soupçonnait pourtant d'être l'auteur des agissements malveillants dont elle avait été la cible. Sans doute l'intimidait-il. Sans doute les sentiments qu'elle éprouvait encore pour lui l'ont-ils retenue de lui attirer des ennuis.

Dorothy Hearn est morte d'une blessure par balle à la tête. L'adjoint du shérif dépêché à son domicile a déplacé le revolver qui l'a tuée avant que des photos ne soient prises. Peebles ne peut l'en blâmer. En 1990, telle était la procédure à observer, afin de parer à tout risque d'accident. Cette mesure de sécurité avait néanmoins pour inconvénient de rendre impossible toute reconstitution de la scène. Pour Scott Peebles, c'est là la première lacune dans l'enquête initiale.

En relisant les comptes rendus des deux auditions de Bart Corbin, il déplore également que le suspect n'ait pas été interrogé plus avant, alors même qu'il avait avoué avoir menti.

– Ils souhaitaient le soumettre au détecteur de mensonges, explique-t-il, mais Corbin a refusé et ils ne l'y ont pas contraint. Ils devaient penser qu'il était préférable de ne pas trop lui mettre la pression...

En 2004, Bart refuse encore de subir le test du détecteur de mensonges, et cette fois il refuse même tout entretien avec les autorités judiciaires.

Scott Peebles dispose de quelques photos du corps de la défunte et de son appartement, des procès-verbaux de police, du rapport d'autopsie et d'une liste de témoins dont la moitié est probablement éparpillée aujourd'hui aux quatre coins des États-Unis. Les éléments sont maigres, mais les enquêteurs du comté de Richmond vont devoir s'en contenter pour réexaminer les circonstances du présumé suicide de Dorothy Hearn.

Peebles a l'habitude de collaborer avec le criminologue De Wayne Piper, spécialisé dans l'analyse des empreintes digitales et dans une technique relativement nouvelle : l'analyse des taches de sang. Il va faire donc appel aux compétences pointues de cet homme qu'il considère comme son mentor.

– Scott et moi, nous avons chacun notre méthode de travail, explique Piper. Lui, il cerne la personnalité des suspects, il étudie les preuves matérielles et circonstancielles, et il est très bon dans son domaine. Moi, je me penche sur les photos de lieux du crime, notamment sur les clichés où l'on voit du sang, et à partir de là j'essaye de comprendre comment le meurtre a été commis. Nous avons des façons de procéder différentes mais complémentaires.

« Je sais que ça peut paraître étrange, ajoute-t-il, mais l'analyse des taches de sang est presque une discipline artistique, qui s'apparente à l'apprentissage de la musique. Certains ont des facilités pour tel ou tel instrument. Moi, je vois dans les taches de sang des choses que d'autres ne voient pas.

De Wayne Piper ne fanfaronne pas. Il maîtrise réellement sa partie. Une balle, arme blanche ou un coup de matraque ne produisent pas les mêmes taches de sang. En s'appuyant sur leur morphologie, la position du cadavre, le type de l'arme utilisée et divers autres paramètres, De Wayne est capable de déterminer ce qui s'est produit avec presque autant de précision que s'il avait été présent sur les lieux au moment de l'agression.

– De Wayne a longuement observé les photos du corps de Dorothy, raconte Peebles, et il a vu des détails qui m'avaient échappé. Mais dès qu'il me les a montrés, ils m'ont sauté aux yeux.

Piper a fait agrandir la vingtaine de clichés que contenait l'ancien dossier Hearn. La moitié représentent le cadavre de la victime, une jolie jeune femme vêtue d'un short et d'un chemisier blanc et noir, assise en tailleur sur un canapé recouvert d'un plaid. Une jeune femme à l'expression sereine, n'eût été le sang séché sur son visage, ses vêtements et ses jambes nues.

Après deux jours passés à étudier ces tirages en silence, le criminologue s'est forgé une opinion quant à la manière dont Dorothy Hearn a trouvé la mort, mais il tient à la confronter aux conclusions des examens post mortem. L'hypothèse du suicide lui paraît douteuse. Il est néanmoins soucieux de savoir si sa théorie sera étayée par les constatations du légiste qui a pratiqué l'autopsie en 1990.

Par chance, le Dr Sharon G. Daspit réside encore à Augusta et elle se souvient très bien du cas Hearn, qu'elle a personnellement hésité à qualifier de suicide. D'où la mention « indéterminée » portée sur son rapport.

Piper l'interroge sur les effets immédiats d'une blessure par balle à la tête. Elle lui explique que la victime perd instantanément connaissance et qu'elle cesse de respirer.

– Dorothy Hearn a été tuée à bout portant, précise-t-elle. En principe, on a dû retrouver des projections de sang dans le canon du revolver.

– Est-il possible que Dorothy ait bougé, consciemment ou par réflexe, après avoir été touchée par la balle ? s'enquiert Piper.

La réponse est négative. Le Dr Daspit suggère néanmoins au criminologue de s'entretenir avec son confrère le Dr Farivar Yaghmai, spécialisé en neuropathologie, qui l'a assistée dans l'autopsie du corps de Dorothy Hearn.

Piper est maintenant convaincu qu'on a déplacé le cadavre de Dorothy. Lors de son entrevue avec le Dr Yaghmai, il veille néanmoins à ne pas l'influencer en ce sens. Après avoir relu le rapport d'autopsie et examiné les photos qui lui sont présentées, celui-ci explique que les dégâts causés au cerveau de Dorothy Hearn ont forcément entraîné la cessation immédiate de toute activité cérébrale.

– Il est possible que son cœur ait continué de battre pendant quelques secondes, dit-il, mais son corps n'a pu qu'être parcouru d'une secousse ou d'un bref tremblement.

Piper lui demande si Dorothy a pu elle-même se placer dans la position où on l'a découverte, la tête et le buste légèrement penchés par-dessus l'accoudoir du canapé. Yaghmai secoue la tête. Lui aussi est d'avis que le corps de Dorothy a été déplacé, confortant ainsi Piper dans son intuition, induite par l'abondante quantité de sang sur la cuisse gauche de la victime et les traces de sang sur sa jambe droite.

Le Dr Yaghmai précise que l'hypothèse du suicide n'est pas à exclure, mais peu probable.

Piper n'est pas en mesure de rendre un verdict définitif. Il décide donc de reconstituer la scène qui s'est déroulée dans le salon de Dorothy Hearn l'après-midi du 6 juin 1990. À cet effet, il a besoin de sang frais. Pour la cause de la justice, il est prêt à donner le sien, dont il sait qu'il n'est ni trop fluide ni trop épais. Sa nièce est infirmière. C'est elle qui lui prélève 75 centilitres de sang et y ajoute quelques gouttes d'héparine afin qu'il ne coagule pas trop rapidement. Le criminologue procède à ses premiers essais dans l'heure qui suit.

Avec l'aide de son fils Ryan, âgé de treize ans, il dispose un canapé et unc table basse de la même manière que dans le salon de Dorothy Hearn. Entre les deux, comme sur les photos, quatorze pinces à linge accrochées à un morceau de carton. Le père et le fils découpent des planches sur lesquelles du sang sera projeté à différentes vitesses.

De Wayne épargnera à Ryan les scènes où il manipulera le sang, mais il a encore besoin de lui.

Il le fait asseoir sur le canapé et lui place les bras, les jambes et le torse dans la position où, selon lui, Dorothy devait se trouver quand elle a été tuée ; puis dans la position où on l'a découverte.

Dans cette dernière posture, il est tout bonnement impossible que du sang ait coulé sur la partie inférieure de sa cuisse gauche, près du genou, et que des traces de sang aient maculé sa jambe droite. À moins, bien sûr, que son corps n'ait été déplacé.

De même, les taches de sang sur le carton et les pinces à linge démentent la théorie du suicide. Ce sont incontestablement des gouttes tombées à faible vitesse de la tête du cadavre lorsque la position initiale de celui-ci a été modifiée.

De Wayne Piper est maintenant certain que Dorothy Hearn ne s'est pas donné la mort. Néanmoins, il tient à ce que l'un de ses confrères valide ses déductions. Pour cela, il s'adresse au criminologue chevronné John Black, de la police de Columbia, en Caroline du Sud, à qui il fournit les photos du corps ainsi que toutes les informations dont il dispose à propos de la mort de Dorothy.

Black et ses hommes parviennent à une conclusion unanime, la même que celle de Piper. Seule une manipulation du cadavre explique les taches de sang visibles sur les clichés.

Peebles peut donc désormais reprendre l'enquête à zéro. L'ex-petite amie de Bart Corbin ne s'est pas suicidée. On l'a assassinée.

27

Quelques jours après les funérailles de Jenn, une centaine de personnes se réunit devant la maison désertée du 4515, Bogan Gates Drive pour une veillée de prière. La rue est balayée par un vent glacial qui fait vaciller les flammes des petites bougies commémoratives.

Le district attorney Danny Porter a révélé à la presse que Jenn Corbin correspondait par Internet avec un interlocuteur résidant dans le Missouri et que son ordinateur a été saisi. Parmi les amateurs de faits divers, les spéculations vont bon train.

À la mi-décembre, le Dr Bart Corbin reprend le travail et affiche sur la façade de son cabinet : « Nouveaux patients acceptés ». Tous les journalistes qui l'interceptent devant la clinique sont fermement éconduits. Seul un reporter de WAGA-TV obtient une brève déclaration : « Depuis dix jours, je suis persécuté par les médias. J'aurais des choses à vous dire, mais mes avocats m'ont recommandé de me taire. La vérité finira par éclater au grand jour. »

Selon ses avocats, Bart Corbin s'est installé chez un parent. Il n'a toujours pas manifesté le désir de voir ses fils et continue de refuser d'être entendu par la police.

Si la famille de Jenn est de plus en soupçonneuse à son égard, il peut toutefois compter sur de nombreux appuis. Steve et Kelly Comeau, d'autres voisins et la plupart des gens que fréquentaient Bart et Jenn restent convaincus qu'ils formaient un couple uni. La plupart ont du mal à croire qu'ils étaient en instance de divorce.

Peut-être traversaient-ils une mauvaise passe mais, à l'évidence, ils auraient fini par retrouver un terrain d'entente. Quant à la rumeur selon laquelle Bart aurait tué Jenn, elle fait pousser les hauts cris à tous leurs amis.

Avant même les obsèques de Jenn, Doug et Heather Tierney ont sollicité une audience d'urgence afin que leur soit confiée la garde de Dalton et Dillon. Ils ont adressé au juge un courrier circonstancié auquel ils ont joint les résultats des tests psychologiques subis par les enfants. L'avocate Judy King a expliqué aux médias que les Tierney considéraient leur foyer comme le lieu le plus sûr pour leurs neveux.

Bart et ses avocats ne sont convoqués au tribunal que deux heures avant l'audience. Ils ne s'y présentent pas. Le juge accorde la garde provisoire de Dalton et Dillon à leurs oncle et tante.

Bart riposte en radiant ses fils de son contrat d'assurance maladie. Il a besoin d'argent pour payer ses avocats. Manifestement, les 40 000 dollars retirés en liquide de la banque ne lui suffisent pas. Il a téléphoné à Patricia Murphy, l'agent d'assurance auprès de qui il a souscrit une assurance vie sur la vie de Jenn, pour un capital de 250 000 dollars.

Quatre ans plus tôt, le 16 novembre 2000, Bart et Jenn ont tous deux apposé leur signature sur cette police. Bart a choisi de régler les primes mensuelles de 19,91 dollars par prélèvement automatique. Le contrat stipule que le montant de cette cotisation est fixé pour une durée de vingt ans. Il augmentera ensuite en fonction de l'âge de Jenn, qui est assurée jusqu'en 2066 – elle aurait alors atteint l'âge de quatre-vingt-quinze ans. Bart est désigné comme le bénéficiaire principal, ses fils comme ayants droit.

Les enquêteurs trouvent intéressant que Bart ait contacté Patricia Murphy le dimanche 5 décembre au matin, guère plus de vingt-quatre heures après la mort de Jenn. Il a laissé un message sur son répondeur, disant que son épouse avait été victime d'un « terrible accident » et priant Patricia de le rappeler. Au cours de la journée, il a encore tenté de la joindre à plusieurs reprises.

Ce dimanche 5 décembre, Bart a aussi téléphoné à son ami Rob Grossmann. Ses fils n'ont eu de ses nouvelles que deux jours plus tard...

Patricia Murphy était une amie de longue date de Jenn. Elle a appris son décès le lundi matin, par la radio, en se rendant au travail. Elle confiera plus tard à la famille de Jenn qu'elle a pleuré tout le long du trajet.

Lorsqu'elle écoute ses messages, la voix de Bart lui paraît remarquablement calme. Trop calme pour ne pas être suspecte. Réclamer la rente d'une assurance n'est pas la première chose à laquelle devrait penser un mari endeuillé. Patricia téléphone au siège de sa compagnie, dans l'Illinois, et demande expressément aux services concernés de ne procéder en aucun cas au versement du capital de la police d'assurance vie des Corbin, quoi que dise le veuf de l'assurée.

Heather et Doug doivent maintenant s'occuper de quatre enfants – trois garçonnets et une fillette –, deux chiens, trois chats et un cochon d'Inde. Pour Heather, c'est la course dès le matin. L'un ou l'autre des bambins a toujours mal ici ou là, la lessive s'amoncelle, le niveau sonore dans la maison est infernal. Néanmoins, elle se réjouit de ce surplus d'activité, qui ne lui laisse guère le temps de broyer du noir. Quand elle se sent débordée, elle se demande : « Qu'aurait fait Jenn à ma place si c'était moi qui étais morte ? ».

Les deux sœurs avaient de nombreux points communs, mais aussi des traits de personnalité différents. Dans un de ses e-mails à Chris, Jenn s'est un jour plainte que Heather était « désorganisée ». Pour preuve, lorsqu'elle a déménagé, elle a entassé pêle-mêle dans des cartons non étiquetés linge propre, linge sale et articles de toilette. Jenn, toutefois, ne s'est pas exprimée à ce propos dans un esprit critique.

Fidèle à la promesse faite à sa sœur, Heather se donne du courage en se disant : « À ma place, elle assumerait ses responsabilités, elle trouverait des solutions aux petits problèmes du quotidien. Elle aurait de la peine, mais elle saurait faire face. »

Tant bien que mal, Heather s'efforce de surmonter son chagrin. Il lui faudra néanmoins des années avant de se résoudre à ouvrir certains des cartons que Jenn avait préparés en vue de sa nouvelle vie sans Bart.

Dalton et Dillon sont choyés, mais ils ont des moments de cafard. Ils s'interrompent parfois subitement au beau milieu de leurs jeux. S'ils ont conscience que leur maman n'est plus là, ils sont en revanche trop jeunes pour comprendre qu'elle est partie à jamais.

– Ils faisaient des cauchemars, témoigne leur tante. Jenn leur manquait terriblement. Mais ils avaient toujours l'espoir qu'elle leur revienne.

Heather a les larmes aux yeux lorsque ses neveux parlent de leur mère. Elle constate qu'ils ne réclament jamais leur père.

Noël approche. Les Barber et les Tierney n'ont pas le cœur aux festivités, mais il est hors de question de priver les enfants de ce moment de joie qu'ils attendent avec impatience.

Amis et étrangers envoient des cadeaux pour Dalton et Dillon, ainsi que pour Max et Sylvia. Les adultes sont touchés par ces gestes de sympathie.

– Nous avons décidé que ce serait un Noël uniquement pour les enfants, se souvient Heather, et qu'ils auraient plein de paquets à ouvrir. Notre seul bonheur serait de les regarder découvrir leurs nouveaux jouets.

Les cadeaux que Jenn a achetés pour ses fils sont toujours dans la maison de Bogan Gates Drive. Bart s'oppose à ce que les Barber aillent les chercher. Exaspéré par cette attitude, Max s'introduit dans le pavillon par une fenêtre. Bart signale un cambriolage à la police, mais son beau-père n'est pas poursuivi.

Heather a créé un site web à la mémoire de sa sœur. Parler de Jenn et de ses fils l'aide à faire son deuil. Elle raconte qu'elle se sent épaulée par l'âme de sa sœur, qui l'accompagne et qui l'approuve, qu'elle fait souvent des rêves dans lesquels Jenn vient lui dire d'être confiante en l'avenir. Elle se réveille alors en larmes. Des quatre coins du monde, des personnes se connectent sur son blog, dont le compteur totalisera 400 000 visites.

Elle y relate un rêve de Dalton. Un matin, le garçonnet est descendu prendre son petit déjeuner avec, pour la première fois depuis la perte de sa mère, un regard et un sourire lumineux.

– Il avait rêvé qu'en sortant de l'église, raconte Heather, il avait vu sa mère au milieu des fleurs. Elle l'a pris dans ses bras, l'a couvert de baisers puis l'a emmené dans une fête foraine, où ils ont tous les deux pris part à toutes sortes d'attractions, parce qu'ils avaient plein de tickets. Ils sont même montés dans les montagnes russes. Ensuite, ils sont allés dans un magasin de jouets et elle lui a acheté une bicyclette. Puis ils sont rentrés à la maison, ils ont donné à manger au chien Zippo et elle l'a bordé en lui disant qu'elle l'aimait et qu'elle serait toujours auprès de lui.

« J'ai demandé à Dalton si Jenn savait où il habitait, à présent, poursuit Heather. Il m'a répondu : "Ma maman est un ange, elle est partout". »

Dalton se raccroche à des espoirs d'enfant. Néanmoins, il est rongé par la culpabilité de n'avoir rien fait pour protéger sa mère.

28

L'inspecteur Marcus Head décide, d'un commun accord avec les avocats de la défense, de ne pas s'attacher aux propos du petit Dalton selon lesquels son père aurait tué sa mère. Dalton n'est après tout qu'un enfant de sept ans, qui a souffert d'assister à de violentes querelles entre ses parents.

– Nous devons absolument interroger Corbin, déclare cependant Head aux médias.

Et d'expliquer que la réticence du dentiste à être entendu ne fait que renforcer la suspicion de la police à son égard.

Bart est devenu ce que l'on appelle dans le jargon judiciaire « témoin capital », euphémisme pour « suspect ». Il sait que des grands jurys ont été saisis à la fois dans le comté de Gwinnett et dans celui de Richmond. Il a forcément conscience que, tôt ou tard, il devra se soumettre à un interrogatoire.

Tous les jours, en arrivant à son cabinet, Corbin est assailli par une horde de journalistes et de photographes. En dépit de sa notoriété grandissante, cependant, les clients se font rares. Il ne lui reste plus qu'une employée, la fidèle Dara Prentice.

Bart est sous constante surveillance : reporters et policiers le tiennent à l'œil. Néanmoins, les enquêteurs redoutent que, sous la pression, il ne tente de prendre la fuite.

Informé que l'enquête sur la mort violente de Dorothy Hearn a été rouverte, il s'est plaint auprès d'un ami que « cette garce continuait à le faire chier ».

À Augusta, le sergent Scott Peebles a maintenant la preuve irréfutable que Dorothy a été assassinée. Toutefois, les résultats de l'analyse des taches de sang ne suffisent pas à établir un acte d'accusation contre Bart Corbin.

Peebles a relu attentivement les deux comptes-rendus que Bart a fait de son emploi du temps dans les vingt-quatre heures qui ont précédé la mort de sa petite amie. Son père, Ron Peebles, a assisté à ces deux interrogatoires, et il a émis des réserves quant à l'honnêteté de Corbin. Quinze ans plus tard, sera-t-il encore possible de démêler le vrai du faux, se demande Scott ?

Lorsque la télé a annoncé que la vieille affaire de la mort de Dorothy Hearn allait être réexaminée, suite au décès brutal de Jennifer Corbin, plusieurs personnes ayant connu Bart Corbin ont pris contact avec les services de police. Il est cependant apparu que ces personnes, pour la plupart d'anciens étudiants de la faculté de médecine de Géorgie, n'avaient guère de renseignements pertinents à fournir.

Heureusement, Peebles a d'autres pistes à suivre. Barbara et Carlton Hearn, les parents de Dorothy, ont promis de lui envoyer le compte-rendu de l'enquête menée par la détective privée Sarah Mims. En attendant de recevoir ce document, Peebles décortique les éléments dont il dispose.

En premier lieu, la conversation entre Bart et Dorothy secrètement enregistrée par cette dernière. Bart se doute qu'il est enregistré. Il ne s'exprime pas d'une voix très distincte et répond de façon évasive aux questions que son amie lui pose à propos de la mystérieuse disparition de ses dossiers et de ses moulages dentaires. Mais s'il n'avoue pas franchement avoir commis ce méfait, ne se trahit-il pas en disant à Dorothy qu'elle ne retrouvera jamais ses affaires ?

Peebles écoute aussi la cassette du répondeur téléphonique de Dorothy, sur laquelle se trouve un message de Bart annulant un rendez-vous bidon. En 1990, lors de son premier interrogatoire, Bart a nié être allé chez Dorothy le jour de sa mort. Au cours de la deuxième audition, il a déclaré lui avoir rendu une brève visite d'une demi-heure, en début d'après-midi.

Pourquoi cet aveu à retardement ? s'interroge Peebles. Pourquoi Bart a-t-il dit aux policiers être allé inviter Dorothy à dîner, alors que le même jour il lui a laissé un message l'informant qu'il ne pouvait pas sortir avec elle ce soir-là ? Peebles soupçonne que Dorothy n'était déjà plus en vie lorsque son répondeur a enregistré le message qui se termine par un « je t'aime »...

Le volumineux rapport de l'enquête menée par Sarah Mims lui apporte des éclaircissements sur ce point. Bart est revenu sur sa première déposition parce qu'il s'est rappelé avoir été vu sur Parrish Road le jour où Dorothy a trouvé la mort.

La détective privée engagée par les Hearn s'est entretenue avec des dizaines de personnes ayant connu Dorothy, notamment des camarades de classe et des voisins. Elle a accompli un travail remarquable mais, vraisemblablement, elle n'a pas réussi à se faire entendre de la police, alors même que les témoignages recueillis par ses soins présentaient de nombreuses divergences avec les déclarations de Bart Corbin.

Grâce aux analyses de Piper, Scott Peebles sait que le cadavre de Dorothy a été déplacé. Son père, Ron Peebles, le lieutenant John Gray et le sergent Johnson, appelés à l'époque sur les lieux, sont certains de ne pas avoir modifié la position du corps. Johnson a retiré le revolver qui se trouvait sur les genoux de la victime, en prenant soin de ne pas la toucher.

Scott Peebles convoque Angela Garnto qui, le 6 juin 1990, a découvert sa colocataire inanimée. Elle a cherché le pouls de son amie, mais elle est sûre de ne pas avoir déplacé son corps.

Interrogée à propos de la relation que Dorothy entretenait avec Bart, elle déclare qu'ils se sont rencontrés peu après que Dorothy eut emménagé dans l'appartement de Parrish Road. Pendant quelques mois, ils ont vécu le grand amour. Les frictions ont commencé à l'automne 1989, lorsque Bart a tenté d'interdire à Dorothy de se lier d'amitié avec d'autres garçons. Le côté possessif de son petit ami irritait Dorothy, ils se disputaient fréquemment à ce sujet. Puis Bart s'est mis à la suivre et à la harceler, importunant Angela par la même occasion.

Le 6 juin 1990, Angela et Dorothy se sont séparées dans la matinée. À 17 heures, lorsque Angela a regagné leur appartement, elle y a découvert son amie morte. Dans la cuisine, elle a par la suite trouvé des sacs à provisions non déballés, indiquant que Dorothy était allée faire des courses peu avant sa mort. Elle avait également sorti de la viande du congélateur. Angela n'a jamais cru à la théorie du suicide.

– Dorothy n'était pas déprimée, dit-elle. Elle avait bon appétit et dormait comme un bébé. Bart lui en faisait baver, il lui avait un peu sapé le moral, mais globalement elle était heureuse de vivre. De surcroît, c'était quelqu'un de très attentionné. Quand bien même elle aurait voulu mettre fin à ses jours, elle ne l'aurait pas fait chez nous. Il y avait toutes les chances pour que ce soit moi qui découvre le corps. Elle ne m'aurait jamais fait une chose pareille.

C'est la troisième fois qu'Angela Garnto est interrogée à propos de la mort de son amie. Elle l'a été d'abord par les enquêteurs, puis par la détective privée Sarah Mims. Quinze ans plus tard, ses réponses demeurent inchangées.

Sandra Lake * est l'une des dernières personnes à avoir vu Dorothy en vie. À l'époque, les deux jeunes femmes se connaissaient à peine. Sandra est la jeune femme que Bart a mentionnée durant sa deuxième audition, celle qu'il a furtivement entrevue en sortant des toilettes de l'appartement de Dorothy. Sur ce point, elle apporte des précisions importantes.

En 1990, Sandra venait d'être embauchée dans l'agence immobilière de Dennis Stanfield. Le lundi 4 juin, Dorothy est passée à l'agence chercher des talons de chèques dont elle avait besoin pour effectuer les travaux de comptabilité que lui avait confiés son propriétaire et ami. Les deux employées de Stanfield ont échangé quelques mots. Un peu plus tard, Dorothy est revenue chercher d'autres documents. Tandis qu'elle ouvrait des classeurs, Sandra lui a parlé de son fils. Elle se souvient que Dorothy lui a dit :

– Eh bien, moi, ce n'est pas demain la veille que j'aurai des enfants. Il y a des tas de gars qui me draguent, mais ce n'est pas facile de trouver le bon !

Le mercredi 6, en retournant travailler après sa pause déjeuner, Sandra s'est aperçue qu'elle avait oublié de prendre la clé de l'agence. Sachant que Dorothy en avait une, elle s'est rendue chez elle et s'est garée sur le parking principal de la résidence, où il n'y avait pas d'autre voiture que la sienne. La Trans Am de Dorothy était stationnée un peu plus loin, sur un autre parking plus petit, à côté d'une Monte Carlo gris métallisé, sans plaques d'immatriculation, ce qui a frappé Sandra. Une camionnette était garée un peu plus loin sur le petit parking.

Peebles sait, pour l'avoir lu dans le procès-verbal des interrogatoires de Bart Corbin, qu'en 1990 celui-ci conduisait une Monte Carlo gris métallisé.

Sandra n'étant encore jamais allée chez Dorothy, elle demande à un voisin de lui indiquer où se trouve son appartement. Dorothy l'accueille avec son chat dans les bras et l'invite chaleureusement à entrer.

– Je ne vais pas m'attarder, lui dit Sandra en restant sur le palier. Je viens juste te demander un petit service. Tu pourrais me prêter ta clé de l'agence ?

Mais Dorothy insiste tant et si bien pour la faire entrer que Sandra avance dans le couloir. Dans le salon, la télé est allumée. Sous l'escalier, la porte des toilettes est entrouverte. Dans l'entrebâillement, Sandra distingue la silhouette d'un homme, grand, brun, les cheveux dégradés, torse nu, debout, immobile.

Dorothy ne fait pas allusion à lui ni ne regarde dans sa direction. Elle met plusieurs minutes à décrocher deux clés de son porte-clés, en déclarant qu'elle ne sait plus laquelle des deux est celle de l'agence. Puis elle propose encore à Sandra d'entrer s'asseoir dans le salon.

– Elle n'avait pas l'air stressée, dit-elle à Peebles, mais j'ai trouvé bizarre qu'elle veuille à tout prix que je reste chez elle un moment. D'autant plus que son petit ami était là. Enfin, vu qu'il était torse nu, j'ai supposé que c'était son copain... J'ai prétexté que je ne voulais pas arriver en retard au travail. Mais malgré ça, elle a continué à bavarder.

Pendant tout ce temps, le type dans les toilettes n'a pas bougé.

Sandra parvient enfin à prendre congé. Dans l'après-midi, elle s'attend à recevoir un coup de fil de Dorothy, à qui il manque encore certains documents comptables pour terminer son travail. Mais Dorothy n'appelle pas.

En fin de journée, lorsque Sandra apprend qu'elle est morte d'une balle dans la tête, elle ne croit pas un instant qu'elle ait pu se suicider et se demande alors si Dorothy n'a pas autant insisté pour la faire entrer dans son appartement parce qu'elle avait peur de quelque chose. Malheureusement, Sandra ne connaissait pas suffisamment Dorothy pour interpréter les signaux de détresse qu'elle a tenté de lui envoyer. Et à aucun moment elle n'a vu le visage de l'homme debout derrière la porte des toilettes.

Lors de son deuxième interrogatoire, Bart a admis s'être rendu chez Dorothy, mais il a nié y avoir pris une douche. D'après lui, il est resté dans le salon, assis sur le canapé à discuter avec Dorothy. Que faisait-il donc torse nu dans les toilettes ?

Sans doute ne s'attendait-il pas à ce que sa petite amie reçoive une visite. Car en ce début d'après-midi de semaine, la plupart des résidents de l'immeuble étaient absents.

Sauf un, Russell Leffler, qui était rentré déjeuner chez lui. Selon le rapport de Sarah Mims, il a été interrompu dans son repas par des coups frappés à sa porte. Il est allé regarder par le judas, et a reconnu un jeune homme qu'il avait déjà vu avec sa voisine Dorothy Hearn, penché vers le battant, comme s'il tendait l'oreille afin de savoir si quelqu'un était là. Russell s'apprêtait à ouvrir lorsque son téléphone a sonné. Quand il est revenu, son visiteur était parti.

Lors d'une entrevue avec Leffler, Peebles lui montre une photo de Bart datant des années quatre-vingt-dix. Leffler affirme qu'il s'agit bien là de l'homme qui a frappé chez lui. Peu après, une jeune femme est venue lui demander où habitait Dorothy. Sandra.

En 1990, le Dr Lindy Steinhaus et son épouse Sue occupaient également un appartement au 3077, Parrish Road. Ils savaient que leur voisine Dorothy et son petit ami Bart avaient des relations orageuses. Ils les entendaient fréquemment se disputer. En revanche, ils n'ont jamais perçu aucun signe de violence physique. Ils se souviennent que dans les semaines ayant précédé la mort de Dorothy, Bart venait la voir le week-end, lorsque sa colocataire était absente. Ils supposent qu'Angela n'était pas au courant de ces visites et que Dorothy ne les appréciait guère.

– Elle avait perdu plus de dix kilos, indique Sue à Peebles. Un jour, je lui ai fait remarquer qu'elle était vraiment maigre. Elle m'a dit qu'elle avait des soucis avec son copain. Une autre fois, je lui ai demandé si elle était toujours avec Bart.

« Plus ou moins... Mais il va bientôt quitter Augusta », lui a répondu Dorothy. Sue en a déduit qu'elle ne voulait pas d'une rupture avec perte et fracas.

Le 6 juin, Lindy Steinhaus est rentré chez lui vers 17 heures. Angela Garnto est venue à sa rencontre en courant et en criant que Dorothy s'était tiré une balle dans la tête, qu'elle était morte. À sa demande, il est allé tâter le pouls de sa voisine. Elle était morte, effectivement, sans doute depuis quelque temps à en juger par la lividité et la froideur de sa peau. Elle avait perdu beaucoup de sang, lequel avait déjà coagulé. Lindy s'est bien gardé de toucher au revolver qu'elle avait entre les mains. Il a remarqué que la table basse avait été écartée du canapé.

Lui et son épouse décrivent Dorothy comme une jeune fille épanouie, qui n'avait aucune raison de se donner la mort. Le soir du 6 juin, les occupants de l'immeuble se sont réunis afin d'essayer de comprendre ce qui s'était passé. Pour tous, il était impensable que Dorothy se soit suicidée. Lindy et Sue Steinhaus se souviennent du commentaire d'une de leurs voisines : « Elle ne se serait pas tiré une balle dans la tête devant son chat. Quand les ambulanciers ont sorti son corps, Angela tenait la pauvre bête dans ses bras. Il est devenu comme fou lorsqu'il a vu passer le brancard. » Les Steinhaus ont ajouté que Dorothy ne se serait pas tuée avec le revolver que ses parents lui avaient acheté.

Le calibre 38 a été remis à Carlton Hearn sans livrer d'éléments concluants. Et Tabitha est toujours en vie. Le vieux chat est sans doute le seul témoin oculaire du meurtre de sa maîtresse.

29

Une déclaration recueillie par la détective privée Sarah Mims, celle d'Eric Rader, l'un des meilleurs amis de Bart, retient l'attention du sergent Scott Peebles. Comme la plupart des étudiants que fréquentait Bart, Rader était déjà marié à l'époque où ils ont été amis. Corbin semble avoir recherché dans sa jeunesse la compagnie de couples stables, peut-être parce qu'il enviait leur situation. En tout cas, lorsqu'il était lui-même dans un état de grande fragilité émotionnelle, c'est auprès de ses camarades mariés et de leurs épouses qu'il était allé cherché le soutien.

Sarah Mims a rencontré Eric Rader le 18 octobre 1990, quatre mois après le décès de Dorothy. Elle a noté dans son rapport qu'il était sans doute l'une des personnes qui connaissaient le mieux Bart Corbin. Il lui a rapporté que Bart se plaignait souvent que Dorothy consacre plus de temps à ses études qu'à lui. La première fois qu'il a rompu, il a presque aussitôt regretté d'avoir agi sans réfléchir, et il était furieux que sa petite amie ne soit pas davantage peinée par leur séparation.

– Il s'attendait à ce qu'elle soit effondrée, commente Rader. Ce n'était pas le cas.

Eric Rader s'est aperçu très vite que Bart avait de lui-même une image négative, probablement due, en partie tout au moins, au surpoids de son adolescence. À l'université, il avait fait des efforts considérables pour mincir, se muscler et soigner sa tenue vestimentaire. Une jolie voiture et une jolie compagne l'aidaient à se sentir mieux dans sa peau.

Eric Rader se souvient encore d'une soirée qu'il a passée avec Bart et leur ami commun Tony Gacita au Tip-Top, une boîte de nuit fréquentée par les étudiants de la fac de chirurgie dentaire. Dorothy est arrivée avec un groupe de camarades de classe, principalement des garçons. Bart s'est mis à les invectiver. Eric et Tony ont dû le retenir pour qu'il ne fasse pas d'esclandre.

Ce que raconte ensuite Rader fait tressaillir le sergent Scott Peebles. Un soir du printemps 1990, Bart lui a confié avoir failli tuer Dorothy.

– Il m'a dit qu'il l'avait attendue sur le parking de chez elle, avec un flingue et la ferme intention de la descendre, se remémore Eric.

À peu près à la même époque, Tony Gacita lui a rapporté que Bart s'était vanté d'avoir préparé le « crime parfait ». Dans les deux cas, Bart a tenu ces propos en pleine crise de larmes.

Le jour où Dorothy est morte, Eric Rader n'a pas pu s'empêcher de remarquer que Bart ne paraissait pas très affecté. Lorsqu'ils sont partis tous les deux faire un tour en voiture, la seule chose qui semblait choquer Bart était que son amie se soit suicidée avec le revolver que son père lui avait offert pour Noël.

Encore une divergence entre les dépositions de Bart et celles de ses amis, relève Scott Peebles. Lors de sa première audition, Corbin a dit ignorer que sa petite amie possédait une arme à feu. Interrogé par la police, Eric Rader a déclaré le contraire. Bart le lui a d'ailleurs reproché avec virulence. Manifestement, les enquêteurs ne s'étaient pas arrêtés sur ce point.

Sarah Mims s'est entretenue par téléphone avec Tony Gacita : il a confirmé que Bart s'était targué d'être capable de commettre le crime parfait. Il a même précisé que Bart avait tenu ces propos le 24 février 1990 à 3 heures du matin, au cours d'une interminable conversation téléphonique entrecoupée de sanglots. Ce soir-là, Dorothy passait la soirée avec John Everett. Au petit matin, Bart a rappelé Gacita, alors qu'ils avaient déjà discuté pendant deux ou trois heures, et l'a presque supplié de ne pas le laisser seul. Inquiet, Tony a demandé à Eric Rader de l'accompagner chez Bart. Ils l'ont trouvé dans un état d'extrême agitation, un revolver à la main, menaçant de mettre fin à ses jours. Bart voulait mourir parce qu'il avait « raté sa vie », parce que ses amis ne le connaissaient pas et qu'il ne pouvait plus supporter leur incompréhension. De nouveau, il a déclaré être capable de commettre le crime parfait.

Gacita est parvenu à lui arracher le revolver des mains et l'a par la suite caché dans son propre appartement, ainsi qu'une autre arme à feu en possession de Bart. Il a ensuite emmené Bart chez lui, où sa future épouse Vicky a réussi à l'apaiser et l'a encouragé à consulter un psychologue.

Trois mois et demi plus tard, le jour de la mort de Dorothy, il est venu réclamer ses armes. Tony et Vicky ont refusé de les lui rendre et les ont apportées au père de Bart, qui résidait alors dans un motel. Gene Corbin était furieux que son fils ait avoué à la police s'être rendu chez sa petite amie le jour de sa mort. Il lui avait déjà « passé un savon pour sa bêtise ».

– On a déjà vu des gens se faire inculper de meurtre sur de simples présomptions, dit-il.

À la mi-décembre 2004, les « simples présomptions » commencent à se muer en des charges de plus en plus solides...

Le Dr Eric Rader travaille maintenant à Atlanta. Scott Peebles le joint à sa clinique dentaire et lui demande s'il se souvient des déclarations qu'il a faites à la détective privée Sarah Mims. L'ancien camarade de Bart s'en souvient, bien sûr.

– Est-il exact que Bart vous a dit avoir attendu Dorothy sur son parking dans l'intention de la tuer ? s'enquiert Peebles.

– Absolument, dit Rader.

Tony Gacita, lui, s'est établi en Pennsylvanie. Peebles lui faxe la copie de son entretien avec Sarah Mims et le prie de certifier l'authenticité de son témoignage. Le dentiste atteste que la détective a fidèlement retranscrit ses paroles.

Tony et Vicky Gacita n'ont eu de nouvelles de Bart qu'une fois, après son départ d'Augusta. Il les a appelés un soir de septembre 1990. Le jeune couple a abrégé la conversation, car leur ancien ami leur inspirait une certaine méfiance.

Scott Peebles peut maintenant soumettre le nouveau dossier au district attorney Danny Craig. Ensemble, ils dressent la liste des charges pesant contre Bart Corbin :

– comportement violent,
– cambriolage avec effraction,
– enlèvement du chat,
– contamination de la solution pour lentilles,
– vol des dossiers,
– vol de la veste de smoking préférée de Dorothy,
– aveux implicites enregistrés,
– savait où était l'arme du crime (a probablement fouillé l'appartement lorsqu'il s'y est introduit),
– approche de l'appartement du voisin,
– présence de la voiture du défendeur (sans plaques d'immatriculation) près du domicile de la victime,
– est resté caché derrière la porte des toilettes durant la visite de Sandra L.,
– message laissé sur répondeur pour se forger un alibi,
– Dorothy se préparait à rejoindre sa famille en vacances,
– morte d'une balle dans la tête : méthode de suicide rarement employée par les femmes,
– trajectoire de la balle : destruction de la protubérance annulaire du tronc cérébral,
– analyse des taches de sang,
– absence de sang sur la crosse du revolver,
– test de résidus de tir négatif (non significatif isolément),
– blessure immédiatement invalidante,
– peur inspirée à la victime par le suspect ; incident du Tip-Top,
– visite nocturne du défendeur à l'appartement de Jon Everett,
– le suspect manipule son propre revolver après le « suicide ».

Cette liste de preuves et d'indices n'est pas particulièrement longue mais, considérés dans leur ensemble, tous ces éléments contribuent à caractériser Bart comme un individu violent et intelligent, capable de préméditer un meurtre. Scott Peebles et De Wayne Piper ont mené l'enquête avec brio. Et, par chance, ils ont retrouvé des témoins en mesure d'étayer leurs présomptions.

Le procureur Danny Craig ainsi que ses assistants Jason Troiano et Parks White estiment qu'il y a matière à saisir un grand jury. Peebles les a convaincus que Barton Corbin était impliqué dans le meurtre de Dorothy Carlisle Hearn. Ils espèrent que les jurés jugeront opportun de le poursuivre.

30

Bart est suivi en permanence par des officiers de police en civil qui se déplacent dans des voitures banalisées. Le jeudi 21 décembre au soir, ils l'attendent devant chez sa mère, à Snellville, et le filent jusqu'au restaurant Frontera, sur la Highway 78, où il rejoint un homme de petite taille en veste de cuir noire. Après s'être serré la main, ils pénètrent tous deux dans l'établissement. L'un des agents de police se tient juste derrière Bart et l'entend dire :

– Allons nous asseoir dans un coin tranquille. Il faut qu'on parle de choses sérieuses.

Bart jette des coups d'œil autour de lui, afin de s'assurer que personne ne l'écoute ; mais il ne s'aperçoit pas de la présence du policier, lequel, malheureusement, ne peut le suivre jusqu'à sa table.

L'entrevue est brève. Six minutes plus tard, Bart ressort du restaurant et s'en va au volant de son pick-up.

Le 22 décembre, le jour du quarante et unième anniversaire de Bart, Scott Peebles informe Marcus Head qu'un mandat d'arrêt contre Barton Corbin a été émis par le comté de Richmond. Le grand jury a décidé sa mise en examen. Head assure à Peebles que, Bart étant sous surveillance, il devrait pouvoir être appréhendé avant la fin de la journée.

La police du comté de Gwinnett a déjà songé à l'arrestation de Bart Corbin et prévu, le cas échéant, d'y procéder à son cabinet, un lieu relativement privé où les agents pourront maîtriser la situation. Car Corbin a clairement fait savoir qu'il ne voulait rien avoir à faire avec la police, et si l'on ne sait pas grand-chose de lui, on sait au moins qu'il est sujet à des crises de rage : il peut avoir des réactions imprévisibles.

Les agents G. R. Thompson et M. A. Lester font partie de l'équipe de quatre hommes affectée à la surveillance du Dr Corbin. Le 22 décembre au matin, ce sont eux qui sont postés devant la clinique dentaire, à Hamilton Mill. Un appcl radio les avertit que l'individu qu'ils sont chargés de filer a été mis en accusation par le comté de Richmond. Ils sont sommés de se tenir prêt à intervenir.

À midi moins dix, Bart Corbin et Dara Prentice sortent du bâtiment et se dirigent vers une Chevrolet Suburban blanche. Bart lève les yeux vers un hélicoptère de la chaîne de télévision 11 Alive volant à basse altitude et s'engouffre dans la voiture, du côté passager. Dara prend le volant, le véhicule quitte le parking et s'engage sur Jim Moore Road.

Il est trop tard pour interpeller Bart à son cabinet. Par radio, Marcus Head ordonne à Thompson d'arrêter le véhicule avant qu'il se perde dans la circulation. L'inspecteur est lui-même en route, ainsi qu'une équipe de renfort.

À l'intersection de la Georgia Highway 124 et de Jim Moore Road, la voiture de Dara est prise dans un embouteillage. Les policiers décident de saisir cette opportunité. L'agent C. T. Fish, vêtu d'un sweat-shirt marqué POLICE sur la poitrine et dans le dos, s'approche de la portière du conducteur et demande à Dara Prentice qui est la personne à ses côtés.

– Le Dr Corbin, répond-elle.

Fish crie à ses collègues que Corbin se trouve dans la Chevrolet. Thompson et Lester bloquent le véhicule par-devant. G. Linder se place derrière. Puis Thompson et J. R. West viennent se poster devant la portière du passager.

– Les mains en l'air ! ordonne West à Bart.

Corbin s'exécute, visiblement surpris. Tandis qu'on le fait sortir de la voiture, qu'on le plaque au sol et qu'on le menotte, il proteste mais n'oppose pas de résistance.

La stupéfaction se peint sur son visage quand on lui apprend qu'il est en état d'arrestation et mis en examen pour l'assassinat de Dorothy Hearn. S'il s'attendait à être incriminé du meurtre de son épouse, manifestement il n'était pas préparé à être rattrapé par le passé.

Arrivé sur les lieux, Marcus Head aide Bart à se relever. Celui-ci le prie de lui remonter son col, ce que fait l'inspecteur avant de guider le prévenu vers son véhicule banalisé.

L'hélicoptère de Channel 11 les suit jusqu'au poste de police de Hi Hope Road à Lawrenceville. Bart a déclaré qu'il ne dirait rien hors de la présence de ses avocats. Head respecte sa volonté. Dans la voiture, les deux hommes parlent de sport et de la météo.

Que Bart ait été appréhendé le jour de son anniversaire relève du plus pur hasard. Les chaînes de télé qui diffusent des images de son arrestation se délectent néanmoins de ce détail.

Une heure plus tard, le sergent Scott Peebles et l'inspecteur Don Bryant viennent chercher Bart pour le transférer à Augusta. Le prévenu est transporté dans une voiture conduite par Peebles. Bryant les suit dans un second véhicule, afin de parer à toute tentative d'évasion ou d'acte désespéré. À l'entrée de la prison du comté de Richmond, les flashes des reporters crépitent tandis que Bryant pousse devant lui le dentiste au visage émacié et aux poignets menottés.

Pendant ce temps, à Lawrenceville, Dara Prentice est interrogée par l'inspecteur D. P. Henry. Elle déclare connaître Bart depuis plus de neuf ans, mais ne pas savoir grand-chose de ses problèmes familiaux, dans lesquels elle ne voulait pas s'ingérer. Elle entretenait cependant des rapports cordiaux avec Jennifer Corbin, qu'elle rencontrait à l'occasion des anniversaires et des matchs de basket de leurs enfants respectifs.

– Je sais que Bart voulait divorcer, dit-elle. Lorsqu'il m'en a parlé, je me suis permis de lui faire remarquer que ce n'était pas la meilleure solution, que ses enfants en pâtiraient. Jenn aussi m'avait vaguement parlé de séparation. Elle m'a notamment demandé si je savais qu'il l'avait frappée.

Selon Dara, Jenn avait rendez-vous au cabinet de son mari le 29 novembre, le lundi précédant sa mort. Il devait lui poser une couronne. Le mardi précédant le 29, Dara lui a téléphoné pour lui dire que la couronne était arrivée. Jenn l'a alors informée qu'elle était fâchée contre Bart et ne viendrait pas au rendez-vous. Dara n'a pas posé de question.

Bart s'est toutefois montré plus volubile sur le sujet. Il a expliqué à son employée que sa femme et lui faisaient désormais chambre à part, principalement parce qu'il n'appréciait pas que Jenn corresponde par Internet avec un homme.

Dara est une personne difficile à interroger. Elle débite un flot de paroles mais s'arrange pour ne donner que des réponses évasives.

– À en croire la rumeur, vous seriez la maîtresse du Dr Corbin. Est-ce vrai ? lui demande l'inspecteur Henry.

– La rumeur... Non, nous nous entendons très bien et nous déjeunons ensemble tous les jours. C'est tout.

– Vous n'entretenez pas une liaison avec lui ?

– Nous sommes amis.

Dara refuse de s'étendre davantage sur la nature de sa relation avec Bart. Elle est visiblement déchirée et tente de protéger son employeur en minimisant ses accès de colère. Elle affirme qu'il est incapable d'avoir tiré une balle dans la tête de sa femme. Le 4 décembre, il lui a juré que ce n'était pas lui qui avait tué Jenn.

– J'ai entendu à la télé qu'il était soi-disant impliqué dans une autre affaire, dit-elle. Je le connais depuis longtemps, vous savez. S'il est réellement mêlé à ça, je me serais vraiment trompée sur lui...

Henry essaye de l'inciter à s'exprimer franchement.

– Ce sont des choses qui arrivent, malheureusement, dit-il. On perd son sang-froid et on commet un acte inconsidéré que l'on regrette ensuite jusqu'à la fin de ses jours. Moi qui travaille à la Brigade criminelle, je suis constamment confronté à ce genre de drames. Croyez-moi, des gens très bien qui ont eu malgré eux un geste malheureux, j'en vois tous les jours...

– J'ai de la peine pour la famille de Jenn, murmure Dara. Pour ses fils, surtout. Les pauvres... C'est horrible.

Mise en confiance, Dara raconte que le 2 ou le 3 décembre, Bart lui a téléphoné pour lui demander de venir à la clinique l'aider à ramasser des débris de verre. Une fenêtre avait été cassée, mais à première vue rien n'avait été volé. Comme à son habitude, Dara s'est pliée aux ordres de son patron sans poser de questions.

Sur ce point, les enquêteurs ont déjà échafaudé l'hypothèse que Bart a par mégarde enfermé le revolver de calibre 38 dans son cabinet, et brisé une vitre pour aller le chercher.

Comme il s'est forgé des alibis pour le meurtre de Dorothy, Bart s'en est fabriqué pour celui de Jenn. Cette fois encore, il a pris rendez-vous chez le coiffeur. Et le 1er décembre, il a commencé un journal intime, très probablement à l'attention des policiers, qui n'ont pas manqué de le trouver. Il s'y dépeint comme un homme sensible, épris de son épouse, une femme instable, déboussolée, tout à fait capable d'attenter à sa vie.

« Nous avons eu une discussion pénible mais qui a mis les choses au point, écrit-il le 1er décembre. Je suis fier du self-control que j'ai réussi à afficher alors qu'au fond je suis un homme dévasté.

« J'aimerais ne plus avoir de sentiments pour elle mais elle m'attire comme la flamme attire le papillon de nuit. En proie à une vive émotion quand je l'ai vue redevenir aussi tendre qu'aux premiers jours, j'ai tenté de sécher ses larmes par mes baisers, assailli par le souvenir de nos langoureuses étreintes d'autrefois. Elle m'a froidement repoussé. Est-ce du sadisme ? De la culpabilité ? Une nécessité ou une purge ? Je porte stoïquement ma croix et suis prêt à tous les sacrifices pour apaiser les tourments de celle que j'aime. Je ne la questionne pas ; elle ne se livre pas. Parviendrai-je à rassembler le courage et la force de calmer la tempête ? Je ne sais pas. L'avenir le dira. Jenn est mon seul amour. »

Cette première page du journal de Bart aurait peut-être paru plus convaincante s'il ne l'avait datée. Car la police sait que le 1er décembre, il a volé le sac à main de son épouse et lui a roulé sur le pied. À la suite de quoi Jenn est partie chez sa sœur. Elle y a passé la journée et la nuit. Il est donc impossible qu'ils aient eu cette conversation déchirante.

Les enquêteurs remarquent aussi l'emploi répétitif du « je » dans la prose grandiloquente de Bart. Il ne parle que de lui, amoureux transi mis à mal par une femme névrosée.

Le 2 décembre, il décrit une scène digne d'un roman pornographique : Jenn prenant des poses lascives sous la douche afin de l'exciter. À l'en croire, il aurait été choqué par l'appétit sexuel et le manque de pudeur de la mère de ses enfants.

Or Jenn a confié à sa mère, à sa sœur et ses meilleures amies qu'elle ne supportait plus que Bart la touche. De surcroît, ce soir-là elle se trouvait toujours chez sa sœur Heather.

Le 3 décembre, Bart a noté qu'à la demande de Dalton il est allé se promener à vélo avec son fils. Il a également donné à Jenn « l'autorisation » de conduire Dalton à son entraînement de basket. Puis il aurait préparé le dîner et joué à Spiderman avec Dillon. En parfait père de famille, il aurait également aidé Dillon à se brosser les dents et à utiliser le jet dentaire.

« Comme souvent, il voulait que je dorme avec lui, écrit-il. Je suis resté à ses côtés jusqu'à ce qu'il s'endorme, vers 21 h 30. De retour du gymnase, Jenn a terminé le ménage puis elle s'est retirée dans notre chambre pour regarder la télé. »

Et il poursuit par des commentaires consternés sur l'agressivité sexuelle de Jenn, elle qui était autrefois « angélique ».

Le journal s'arrête au 3 décembre.

En interrogeant les proches de Jennifer Corbin, Marcus Head a recueilli des déclarations unanimes quant à l'état de grande nervosité dans lequel se trouvait Bart le soir du 3 décembre. Il semble peu probable qu'il ait cuisiné et joué avec son fils cadet, deux choses qu'il ne faisait que très rarement en temps ordinaire.

L'inspecteur Head s'est notamment entretenu avec Juliet Styles, l'amie de Jenn. Le 3 décembre dans l'après-midi, alors qu'elle discutait au téléphone avec Jenn, celle-ci a brusquement interrompu la conversation en chuchotant : « Bart est là. Je te laisse. »

Dans la soirée, Juliet a reçu sur son mobile un appel de Bart. Elle a été surprise, elle ignorait qu'il connaissait son numéro de portable. D'après elle, Bart avait la voix de quelqu'un qui vient de pleurer. Il lui a demandé : « Tu crois qu'il y a encore de l'espoir ? ».

Juliet a essayé de le réconforter en lui disant que Jenn avait l'intention de consulter un conseiller conjugal – cela ne pouvait être que bon signe. Bart revenait sans cesse au mystérieux correspondant de Jenn. Juliet l'avait-elle rencontré ? Avait-elle vu des photos de lui ? Non. La seule chose qu'elle savait, c'est qu'il ne vivait pas en Géorgie. « De toute façon, il ne peut pas être plus beau que toi », a-t-elle dit à Bart pour lui remonter le moral.

« Est-ce qu'elle reste avec moi seulement pour des raisons financières ? », lui a demandé Bart.

« En partie, oui, a admis Juliet. Elle a peur de te quitter. Elle ne gagne pas beaucoup d'argent et elle ne sait pas comment elle fera pour subvenir à ses besoins et à ceux des enfants. »

Juliet s'en est voulu par la suite d'en avoir trop dit. Le lendemain, elle a invité Jenn chez elle.

– Elle m'a dit qu'elle ne se séparait pas de son mari pour la personne qu'elle avait rencontrée sur Internet, se souvient-elle. Cette personne lui avait seulement ouvert les yeux. Jenn avait enfin compris que rien ne l'obligeait à supporter les remontrances perpétuelles de Bart.

Jenn ignorait qu'il lui restait alors moins de six heures à vivre.

31

Inculpé du meurtre de Dorothy Hearn, Bart est placé en détention provisoire à la prison du comté de Richmond, à Augusta. Danny Porter et Danny Craig pensent pourtant tous deux que davantage de charges pèsent contre lui dans le comté de Gwinnett, bien qu'il reste encore à établir ses faits et gestes après son départ de chez son ami Kevin Lyttle dans la nuit du 3 au 4 décembre.

Steve Comeau est presque sûr d'avoir entendu le pick-up de son voisin arriver dans la rue aux alentours de 2 heures du matin et en repartir moins de trente minutes plus tard. Dans le quartier, personne d'autre que Bart Corbin ne conduit un pick-up Chevrolet 350 CV équipé d'un double pot d'échappement. Comeau affirme en reconnaître le bruit distinctif, mais il n'a pas vu le véhicule. Comment les enquêteurs vont-ils acquérir la certitude que le suspect s'est réellement rendu chez lui à cette heure cruciale ?

Russ Halcome, l'un des membres de l'équipe de Jack Burnette, a sa petite idée sur la manière de procéder pour savoir ce que Bart a fait durant le laps de temps où sa femme a été tuée, mais il doit d'abord s'atteler à une autre tâche : parcourir la correspondance de Jenn et Anita Hearn.

Halcome compte parmi les experts, au service du district attorney, qui maîtrisent le mieux les nouvelles technologies. L'ordinateur des Corbin a été saisi. Déception : le disque dur ne se trouve pas à l'intérieur.

Providentiellement, début janvier, il reçoit un coup de téléphone du technicien à qui Bart a apporté le disque dur de son

PC. Celui-ci a lu un article sur les expertises informatico-judiciaires, dans lequel le journaliste mentionnait que les enquêteurs en charge du dossier Corbin allaient recourir à de telles méthodes pour retrouver la correspondance électronique de Jennifer.

– Il se trouve que j'ai une copie du disque dur de l'ordinateur des Corbin, déclare l'informaticien à Halcome. Cette image-disque pourrait-elle vous être utile ?

Halcome a du mal à croire à sa chance.

Bart a précisé au technicien qu'il voulait divorcer parce que sa femme entretenait une liaison avec un homme rencontré sur Internet, un homme du nom de Chris ou Christopher, à qui elle écrivait à l'adresse sirtank1223@yahoo.com. Il savait qu'elle possédait un compte e-mail Yahoo, mais ignorait son identifiant et son mot de passe. Il voulait les copies des messages qu'elle avait échangés avec cette personne.

Neuf jours après avoir déposé son disque dur chez l'informaticien, le 8 décembre, Bart est revenu le chercher à l'improviste ; il paraissait pressé. Le technicien lui a rendu son bien. Mais il n'a toujours pas détruit l'image-disque à partir de laquelle il a travaillé. Halcome a du mal à dissimuler son enthousiasme.

– Où êtes-vous ? s'enquiert-il. J'arrive de suite.

L'informaticien est embarrassé. Il demande s'il peut d'abord consulter un avocat. Bien que frustré de devoir attendre, Halcome acquiesce.

Sur les conseils de son avocat, le technicien réclame un document officiel. Tom Davis, le substitut du procureur, établit une ordonnance autorisant Russ Halcome à saisir l'image du disque dur en possession de l'informaticien.

L'échange de mails entre Jennifer et Anita s'arrête à la date où Bart a démonté le disquc dur. Jenn n'avait plus de connexion Internet. Elle a toutefois continué de correspondre avec Anita Hearn par le biais de sa PlayStation II, équipée d'un clavier et connectée en réseau. Elles ont ainsi échangé en temps réel des dizaines de brefs messages. Qui ont brusquement cessé dans la nuit du 3 décembre.

Les téléphones cellulaires constituent pour les experts judiciaires une précieuse source d'informations et, par chance, Bart Corbin est un utilisateur invétéré du mobile. Halcome s'est fait remettre un relevé détaillé de ses télécommunications. Entre le 1er et le 22 décembre, Bart a passé 851 appels, dont 65 les 4 et 5 décembre. Il s'est servi de son mobile pour essayer de prendre Jenn au piège et se créer des alibis, sans se rendre compte qu'il manipulait une arme à double tranchant qui allait permettre à Russ Halcome de retracer la géographie de tous ses mouvements. Non sans peine, mais Halcome est un homme qui aime les défis.

– Je considère ce genre de recherches et de recoupements comme un jeu plutôt que comme un boulot, dit-il gaiement.

Muni de la liste des 65 appels émis par Bart entre le 4 et le 5 décembre, Halcome est convaincu qu'il va réussir à déterminer où se trouvait le suspect à l'heure où son épouse a été tuée.

Sur une carte, il entreprend de repérer les bornes-relais où les communications passées par Bart se sont répercutées entre leur origine et leur destination. Bien souvent, nous ne voyons pas ces pylônes métalliques surmontés d'antennes. Ils sont pourtant partout, quadrillant le paysage en cellules d'une centaine de mètres carrés, émettant les ondes électromagnétiques qui assurent l'acheminement des conversations via les réseaux de téléphonie sans fil, réseaux qui gardent la trace de nos appels et, par conséquent, de nos déplacements.

– Nextel nous a fourni un code, explique Russ Halcome, qui nous a permis de déterminer toutes les adresses physiques d'où Bart avait téléphoné dans la nuit du 3 au 4 décembre, les secteurs auxquels elles appartenaient, leur longitude et leur latitude. J'ai ensuite entré ces données dans le logiciel de cartographie Street and Trips, et le tour était joué : nous pouvions suivre Bart Corbin, pendu au téléphone, sur les routes du comté de Gwinnett.

Dans la première partie de la soirée, Bart s'est effectivement rendu dans les lieux indiqués par ses amis et ses frères. Les communications qu'il a passées ont rebondi sur les relais correspondant aux adresses de ces lieux. Halcome est prêt à témoigner au procès de Corbin que le suspect est bel et bien allé au Wild Wing Café, qu'il s'est arrêté dans une supérette sur le chemin de chez Kevin Lyttle et que peu après 3 heures du matin il a émis un appel qui s'est répercuté sur une borne située à proximité de chez son frère Bobby.

– En revanche, il est impossible qu'il soit arrivé chez son frère aussi tôt que celui-ci le prétend, souligne Halcome. À cette heure-là, c'est-à-dire à l'heure où nous pensons que Jenn a été tuée, et à l'heure où Steve Comeau a entendu son pick-up, Bart a passé plusieurs appels qui ont été transmis par la borne de Buford la plus proche de Bogan Gates Drive.

Se croyant sans doute plus malin que la police, Bart Corbin ne s'est pas douté qu'en téléphonant il semait derrière lui des indices qui allaient prouver sa présence dans son quartier juste le temps d'éliminer sa femme.

Russ Halcome a conscience qu'il sera difficile d'expliquer les méthodes employées pour traquer Bart Corbin à un jury de non-initiés. Il espère néanmoins que le fait que celui-ci ait passé des appels d'un lieu tout proche de son domicile, aux alentours de 2 heures du matin, constituera un argument suffisamment convaincant pour qu'un grand jury décide de poursuivre le mari de la victime.

Le 5 janvier 2005, un mois après le drame, Barton Thomas Corbin est effectivement inculpé du meurtre de Jenn.

Un mandat de dépôt est décerné par le juge saisi, afin de justifier son maintien en détention dans le cas peu probable où il serait libéré sous caution par le comté de Richmond. Bart sera jugé dans les deux juridictions. La juge Melodie Snell Conner se récuse, au motif, non pas, comme certains le pensent, qu'elle a fréquenté le lycée de Snellville avec Bart mais qu'elle a émis l'un des premiers mandats de perquisition au domicile des Corbin. Elle sera remplacée par la juge Debra Turner.

Les avocats de Bart, Bruce Harvey et David Wolfe, comptent parmi les meilleurs de Géorgie. Spécialisés dans le droit pénal, ils ont déjà eu l'occasion de faire équipe, et remporté de brillants succès. Dans l'affaire Corbin, ils ont aussitôt adopté une tactique offensive, en présentant au juge une requête pour le moins peu commune : le meurtre de Jenn faisant d'après eux l'objet d'un tapage médiatique excessif, susceptible d'influencer les jurés, ils ont demandé que les audiences du grand jury se déroulent en dehors du comté de Gwinnett. Leur requête a été rejetée. La juge Turner delivre cependant une ordonnance de non-publication, interdisant la divulgation de toute information relative au procès.

Bruce Harvey et David Wolfe ont l'un comme l'autre le sens de la mise en scène. Doté d'une épaisse crinière grise, Wolfe a été humoriste. Il déploie désormais ses talents dans des effets de manche. Harvey porte une longue queue-de-cheval et l'on aperçoit parfois ses tatouages dépassant de ses manches ou de son col. Réputé pour ses plaidoiries fantasques, il s'est par exemple fait remarquer en enlevant sa veste lors d'un procès devant la Cour fédérale et en la faisant tournoyer au-dessus de sa tête afin d'illustrer le métier de sa cliente, une gogo-danseuse impliquée dans une affaire de racket. Au cours d'une autre audience, il a arraché sa cravate et pris une pose de pugiliste face au plaignant, comportement qu'il a par la suite imputé au manque de nicotine et qui lui a valu un bref séjour en prison pour outrage au tribunal.

32

Le 17 janvier 2005, Bart Corbin est transféré à la maison d'arrêt du comté de Gwinnett, à Augusta, où il est placé en « ségrégation administrative », à l'écart des autres prisonniers. Une mesure de sécurité prise dans son intérêt, la population carcérale masculine nourrissant en général une vive animosité envers les détenus ayant tué ou molesté des femmes ou des enfants.

Danny Craig et Danny Porter ont décidé que Bart serait d'abord jugé à Augusta, pour le meurtre de Dorothy Hearn, puis dans le comté de Gwinnett pour celui de son épouse Jennifer. Le 21 janvier 2005, à Lawrenceville, il est traduit devant la juge Turner, qui lui lit l'acte d'accusation.

L'affaire Jennifer Corbin est dès lors confiée à un troisième juge, Michael C. Clark, que Danny Porter connaît bien. En 1981, tous deux ont été substituts du district attorney du comté de Gwinnett. Clark a aussi été clerc d'avoué, puis avocat de la défense pendant dix ans.

– Plaider la cause de criminels me posait un cas de conscience, dit-il. C'est pour ça que je suis devenu juge.

Clark est un homme cultivé, qui lit beaucoup, sérieux au tribunal mais non dénué d'humour en privé.

En Géorgie, la presse intente des actions en justice pour que l'ordonnance de non-publication soit levée. Le 28 mars, le juge Clark accède à cette requête, tout en recommandant aux familles des victimes, aux témoins et aux officiers de police de faire preuve de la plus grande circonspection dans leurs déclarations aux médias. Max Barber fait une apparition dans l'émission Court TV, où il surveille ses propos.

Le 29 mars, les membres de la famille de Jenn et de celle de Dorothy sont convoqués au tribunal pour une audience préliminaire. Tous portent des badges à l'effigie des deux disparues. Bart évite soigneusement de croiser leurs regards.

Interrogé sur les dates des procès, Danny Porter ne peut que répondre qu'il espère que l'affaire Dorothy Hearn sera jugée dans l'été, l'affaire Jennifer Corbin en automne.

Dans le courant du mois de mars, Max Barber a intenté une action visant à empêcher son gendre de vendre le pavillon de Bogan Gates Drive. Afin de protéger la maison de ses créanciers, Bart l'avait mise au nom de sa femme. Deux mois avant le décès de Jenn, il l'avait toutefois remise à son propre nom, déshéritant ainsi ses enfants. La maison se vendra finalement pour un prix bien inférieur à la valeur du marché.

Dès les premiers beaux jours, Heather se rend dans le jardin abandonné de Jenn et y déterre plusieurs des arbustes que sa sœur entretenait, pour les replanter dans son jardin à elle. Elle plante aussi un saule pleureur à la mémoire de la défunte, et entoure de dizaines de bulbes de tulipes, les fleurs préférées de Jenn. Quelques jours plus tard, les jeunes pousses sont arrachées. Personne n'a vu l'auteur de cet acte malveillant.

Heather est constamment à l'affût de signes qu'elle interprète comme des manifestations de la présence spirituelle de sa sœur, des messages d'approbation quant à la façon dont elle s'occupe de leurs quatre enfants. Qu'une colombe ou une coccinelle se pose près d'elle, ce sont des envoyées de Jenn. Comme Dalton, elle rêve presque toutes les nuits de Jenn. Un matin, alors qu'elle vient à peine d'ouvrir les yeux, elle se sent tiraillée par l'épaule. Elle se retourne, il n'y a personne.

– Je sais que c'était Jenn, dit-elle. Elle me secouait parce qu'il était temps que je me lève et que je prépare les enfants pour leur départ à l'école.

Presque quotidiennement, Heather étoffe son blog. Les jours où l'absence de Jenn lui est particulièrement insupportable, écrire l'aide à surmonter son chagrin. Et elle puise un peu de réconfort dans les messages de sympathie que des milliers de personnes lui envoient.

Un après-midi de printemps, elle entend un drôle de bruit dont elle ne parvient à déterminer l'origine, un faible « ping... ping... ping » qui résonne quelque part dans la maison. En retenant sa respiration, elle tente de se rapprocher de ce son qui s'amplifie puis finit par se taire. Le lendemain, ce petit carillon retentit de nouveau. Et Heather découvre de quoi il s'agit. Dans les affaires de sa sœur qu'elle n'a pas encore eu le cœur de trier, la montre de Jenn sonne au milieu d'un sac de bigoudis emmêlés de cheveux blonds, à l'heure où elle devait chaque jour aller chercher ses fils à l'école. Pendant des mois, l'alarme est restée silencieuse puis, soudain, pour une raison inexpliquée, elle est revenue à la vie. Heather voit là un signe d'encouragement.

En avril, un nouveau site apparaît sur Internet, le « site des amis de Bart Corbin ». Sur la page d'accueil, signée du webmaster Brad Corbin, le frère jumeau de Bart, on peut lire : « Ce site a été créé par les amis de Bart Corbin, en réaction aux propos diffamatoires des parties publiques et privées ainsi qu'au comportement voyeuriste des médias. Notre but est de lutter contre les partis pris, de vous aider à vous forger une opinion par vous-même, non influencée par les articles publiés dans la presse et sur le site CaringBridge.com. »

CaringBridge.com est le site qui héberge la page personnelle de Heather.

Le site des Corbin comporte de nombreuses photos de Bart et Jenn à une époque heureuse, ainsi que des portraits de leurs enfants. Bart y est présenté comme un homme vertueux et innocent. Les visiteurs sont invités à faire des dons pour l'aider à payer ses frais de justice, car sa famille a du mal à rassembler les fonds nécessaires à financer sa défense dans deux procès qui dureront sûrement des semaines, voire des mois.

Gil Hearn, le frère de Dorothy, a lui aussi créé un site web à la mémoire de sa sœur. Sur les photos d'elle qu'il a mises en ligne, elle paraît plus vivante que jamais. Depuis déjà plusieurs années, ses parents ont créé une bourse d'études à son nom. Un certain nombre d'étudiants de la faculté de chirurgie dentaire de Géorgie en ont déjà bénéficié.

Des forums de discussion sur l'affaire Corbin se sont également constitués sur le Net. On y donne son avis, on s'y apitoie, on remet l'enquête en cause et l'on spécule sur l'issue des procès. Il y a cent ans, on discutait des crimes les plus horribles au coin du feu. Aujourd'hui, on fait la même chose sur Internet, à une différence près : ce que l'on dit trouve des échos aux quatre coins du monde. Danny Porter ne voit pas ces débats anonymes d'un œil très favorable mais, cn vertu du premier amendement de la Constitution des États-Unis, il n'a aucun recours. Seuls quelques textes sont censurés.

Dans le comté de Gwinnett comme dans celui de Richmond, les procureurs Danny Porter et Danny Craig se préparent au procès. Porter et son substitut Chuck Ross forment l'équipe idéale. Porter connaît sur le bout des doigts l'art du contre-interrogatoire. Par ses rafales de questions habilement amenées, il n'a pas son pareil pour acculer les suspects ou les témoins dans une impasse où leurs mensonges finissent par être mis en évidence.

Chuck Ross, est, lui, un orateur né. Doté de remarquables qualités d'éloquence, il a un temps envisagé de faire carrière dans la politique, mais sa passion pour la criminologie et le droit pénal l'ont finalement emporté. De surcroît, il a de solides connaissances en informatique, un atout non négligeable dans l'affaire Corbin.

Que ce soit Bart Corbin, les enquêteurs ou les magistrats des deux comtés, les familles des victimes, les médias ou le public, tout le monde attend avec impatience que débute l'un ou l'autre procès. Tout le monde, sauf Bruce Harvey et David Wolfe, les avocats de la défense, qui semblent déterminés à tout mettre en œuvre pour retarder le plus possible l'ouverture des débats.

Du fait de leurs requêtes, l'été 2005 touche à sa fin et les premières audiences sont sans cesse repoussées. Notamment, ils ont fait valoir que les enquêteurs s'étaient illégalement procuré des preuves au domicile des Corbin. Et ils souhaitent que soient détruites les informations obtenues au moyen du téléphone mobile de leur client.

Le 8 septembre, une date est enfin fixée : le 9 janvier 2006, à Augusta, le procureur Danny Craig ouvrira une action contre Bart Corbin pour le meurtre de Dorothy Hearn.

En attendant, les avocats de Corbin continuent de déposer des requêtes. Le 31 octobre, non sans audace, ils demandent que les poursuites soient différées de quatorze ans. Leur raisonnement est on ne peut plus fantaisiste : puisqu'il a fallu quatorze ans aux autorités du comté de Richmond pour inculper leur client du meurtre de Dorothy, il serait juste que le procès soit différé d'autant.

Le 7 décembre, un an et trois jours après la mort de Jenn, une audience préliminaire est ajournée. Harvey et Wolfe ont déposé une requête visant à ce que les éléments de preuve liés à l'affaire Jennifer Corbin ne soient pas utilisés dans l'affaire Dorothy Hearn.

Cette audience a finalement lieu le 14 décembre à Augusta. Elle est ouverte par le district attorney Danny Craig, qui évoque les charges pesant contre le prévenu dans les deux meurtres et indique notamment que, peu avant la mort de Dorothy, Barton Corbin a confié à un « ami proche » qu'il avait préparé le « crime parfait ».

Les Hearn et les Barber sont présents, prêts à affronter une épreuve douloureuse.

Bruce Harvey présente un diaporama, dont la première image, la photo d'une Harley-Davidson, n'a rien à voir avec l'une ou l'autre des deux affaires. Il projette ensuite des extraits de la correspondance entre Jennifer Corbin et Anita Hearn, des passages choisis particulièrement érotiques ou provocants. Narda Barber a conscience que la défense n'hésitera pas à montrer ces diapositives aux jurés. Ses yeux s'emplissent de larmes. Hors contexte, certains des messages écrits ou reçus par sa fille peuvent paraître choquants. Elle appréhende les séances à venir.

Harvey dépeint ensuite Dorothy comme une étudiante en situation d'échec universitaire. Il omet bien sûr de mentionner que Bart a subtilisé les travaux pratiques qui devaient déterminer sa note globale du trimestre.

Pour les avocats de la défense, les deux défuntes avaient l'une comme l'autre des tendances suicidaires ; Bart Corbin va être injustement poursuivi pour des morts qui ne sont pas des homicides. Harvey suggère que la rupture avait plongé Dorothy dans une profonde dépression, et que Jenn avait touché le fond du gouffre en découvrant la véritable identité de son correspondant.

Danny Craig rétorque que, selon lui, l'analyse de Harvey est erronée.

– C'est justement parce qu'elles voulaient le quitter qu'il les a tuées, déclare-t-il.

Sans se démonter, Harvey et Oswald demandent au juge Brown d'abandonner toutes les charges retenues contre Bart Corbin dans l'affaire Dorothy Hearn, au motif qu'il s'est écoulé tellement de temps depuis la mort de celle-ci que les souvenirs des témoins sont forcément altérés, les preuves perdues. Non sans sarcasme, ils soulignent qu'il a fallu que leur client commette un nouveau crime – ou prétendu tel – pour que la justice le mette en cause dans l'affaire Hearn.

– Ridicule, proteste Craig. Le temps ne fait que jouer en la faveur du suspect.

En outre, il assure au juge que les comptes-rendus d'audience et les dossiers de police datant de 1990 sont exploitables.

Le juge Brown réserve sa décision quant aux requêtes de la défense.

Alors que les poursuites pour le meurtre de Dorothy Hearn devaient débuter le 9 janvier, le procès est encore ajourné. C'est une nouvelle audience préliminaire qui se déroule à cette date, au cours de laquelle Danny Craig et Danny Porter annoncent que les deux procès seront intervertis. Bart Corbin sera d'abord jugé dans le comté de Gwinnett pour le meurtre de Jennifer, et ensuite seulement pour celui de Dorothy dans le comté de Richmond. Le juge Brown reporte le premier procès au mois d'avril.

Bart est de plus en plus maigre. Privé de ses séances de musculation, il a perdu toute tonicité musculaire. Il a le teint grisâtre des détenus.

Enfermé jour et nuit dans sa cellule à l'écart des autres prisonniers, il écrit à ceux qui lui ont été proches dans le passé, notamment à Shelly Mansfield, sa première petite amie. Shelly vit maintenant à l'étranger, elle est mariée.

– Dans sa première lettre, j'ai retrouvé le Bart d'autrefois, dit-elle.

Il lui demande de témoigner à sa décharge. Peinée par ce qui lui arrive, elle lui répond qu'elle va y réfléchir.

Elle est cependant choquée par le ton acerbe de son deuxième courrier, dans lequel il vitupère cruellement contre son propre fils Dalton. Shelly comprend alors qu'il n'est plus le « charmant garçon » qu'elle a aimé dans sa jeunesse et se demande même s'il elle ne s'est pas leurrée sur sa personnalité. Elle cesse de lui écrire.

De toutes les requêtes déposées par les avocats de Bart, la question la plus délicate pour les magistrats est de savoir si le meurtre de Dorothy doit être pris en compte dans l'affaire Jennifer Corbin, et inversement. Si oui, ce sera une carte maîtresse pour l'accusation. Sinon, les jurés du procès de Dorothy ne sauront rien de la mort de Jenn, et ceux du procès de Jenn ignoreront que quatorze ans plus tôt l'amie du prévenu a été assassinée.

Le premier procès devant avoir lieu dans le comté de Gwinnett, c'est au juge Michael Clark de statuer sur les requêtes de la défense.

Le vendredi 17 février 2006, Clark doit toutefois se prononcer d'abord sur une requête moins épineuse, dont même le défendeur ne semble pas trop se soucier. Étonnamment, Bart a repris un peu de poids, il a les traits moins tirés. Face au juge, il mâche ostensiblement du chewing-gum et se retourne pour adresser des clins d'œil à sa mère, à ses frères et à l'épouse de Brad, Edwina, présents dans la salle d'audience. En revanche, il évite de regarder dans la direction de la famille de Jenn et de celle de Dorothy. Son regard glisse sur eux comme s'ils n'existaient pas, comme s'il ne les connaissait pas.

Le juge Clark rejette la requête par laquelle la défense demandait à ce que le procès soit ajourné de quatorze ans. Bruce Harvey et David Wolfe admettent eux-mêmes qu'ils n'ont eu recours à cette manœuvre saugrenue que pour attirer l'attention sur l'affaire.

Clark leur propose toutefois un arrangement : si Corbin renonce à son droit de libération sous caution, acceptant par conséquent de rester quatorze ans en prison, le procès sera reporté d'autant.

Le prévenu refusant ces conditions, le juge fixe la prochaine audience préliminaire au 24 mars 2006.

À la sortie du tribunal, Bobby Corbin déclare à la presse qu'il se demande si Porter a réellement des charges contre son frère.

– Je n'entends parler que de l'évocation d'une précédente affaire, dit-il. C'est quand même dingue !

Selon lui, le procureur « fait du vent », et n'a pas de preuves solides contre Bart.

Afin de statuer sur la requête concernant l'« évocation de la précédente affaire », les magistrats se plongent dans la jurisprudence et épluchent un à un tous les cas où une question similaire a été soulevée.

De son côté, Danny Porter et son équipe continuent d'étoffer leur dossier. L'enquêteur Bob Slezak, du comté de Gwinnett, est chargé d'assister Scott Peebles, à Augusta, dans sa recherche de témoins, tandis que Russ Halcome, épaulé par son collègue Mike Pearson, s'efforce de rassembler de nouvelles preuves matérielles.

Chuck Ross, le substitut de Porter, se penche de nouveau sur les photos du corps de Jennifer : il remarque que l'un des coussins reposant au bord du lit présente un creux en son centre et que, dessous, le drap est légèrement froissé.

– Regardez, dit-il à Porter, on a l'impression que l'assassin a posé le genou sur cet oreiller.

Grâce au relevé des appels téléphoniques que Jenn a passés à Anita Hearn, les enquêteurs ont la certitude qu'elle n'a pas été tuée avant 1 heure du matin. Marcus Head a noté dans son rapport qu'Anita estimait l'heure du dernier appel de Jenn entre 1 h 20 et 1 h 30. Halcome a quant à lui établi qu'à 1 h 58 Bart a passé un appel qui s'est répercuté sur la borne-relais la plus proche de son domicile.

Anita Hearn a déclaré que lors de l'une de ses conversations téléphoniques avec Jenn, ce soir-là, celle-ci a reconnu pour la première fois qu'elle avait peur que son mari soit capable de la tuer. Jenn semblait anormalement pessimiste. « On se verra peut-être un jour, a-t-elle dit sombrement. Si ton avion ne s'écrase pas, et à condition que Bart me laisse en vie. »

– D'après moi, dit Ross, il est revenu chez lui en sortant de chez son ami Lyttle, il est allé droit à la chambre, a posé un genou sur le lit, renversé sa femme en arrière, puis lui a tiré une balle dans la tête. Et il est reparti.

Probablement. Car les enfants qui dormaient à l'étage n'ont pas entendu de cris. Bart avait peaufiné sa stratégie à l'avance, et mis au point ses alibis.

Il ne manque plus aux enquêteurs qu'à établir un lien entre Bart Corbin et l'arme du crime, élément capital qui leur fait toujours défaut. D'où venait le revolver de calibre 38 d'où est partie la balle qui a tué Jenn ? Comment prouver de façon irrévocable que Bart a appuyé sur la détente ? Il est indispensable que des réponses soient apportées à ces questions.

Le 24 mars 2006, le juge Michael Clark annonce qu'il autorise l'évocation de l'affaire Hearn dans le procès sur le meurtre de Jennifer Corbin, qui débutera le 17 avril, date qu'il espère ne plus avoir à modifier. Enfin, le statu quo juridique semble se débloquer.

33

Si le district attorney du comté de Richmond sait que le calibre 38 avec lequel Dorothy Hearn a été tuée lui a été acheté par son père, en revanche, dans le comté de Gwinnett, les enquêteurs ignorent l'origine du revolver retrouvé sur le lit de Jenn. L'assassin l'a placé dans une position visant à faire croire au suicide. La ruse a été déjouée, mais aucune empreinte digitale n'a été relevée sur l'arme. Soit celle-ci a été soigneusement essuyée, soit la personne qui l'a manipulée portait des gants de latex.

D'où venait ce revolver ? De toutes les connaissances de Bart interrogées par les enquêteurs, aucune n'a le souvenir qu'il ait jamais dit posséder un calibre 38. Un fusil de chasse, oui, mais pas de revolver. Lequel fusil a disparu du placard où il était habituellement rangé, ce que Jenn a signalé à la police après que son mari lui eut roulé sur le pied. Le permis de détention d'arme de Bart est expiré depuis longtemps, il ne l'a jamais fait renouveler. Par ailleurs, une carabine a été dérobée au domicile des Barber. Toutefois, il n'existe apparemment aucun lien entre ces deux armes et le meurtre de Jenn.

À l'approche du procès, il devient impératif d'élucider le mystère de l'arme du crime.

Comme les êtres humains, les armes à feu possèdent leur « état civil », sur lequel figurent le lieu de leur fabrication, la date à laquelle elles ont quitté ce lieu pour être commercialisées, et les noms des divers propriétaires à qui elles ont appartenu au fil du temps. Chaque fois qu'une arme à feu change de mains, la législation exige que la transaction soit signalée à la police. Bien sûr, certains font fi de la loi et vendent ou échangent des armes clandestinement. De nombreuses armes volées sont également en circulation. Et les criminels prennent souvent la précaution d'effacer le numéro de série de leurs armes. Autant de cas de figure dans lesquels la traçabilité des armes est impossible.

Les enquêteurs ayant perquisitionné le domicile des Corbin ont cherché un document indiquant d'où provenait le calibre 38 et n'en ont pas trouvé. Jack Burnette et ses hommes sont cependant sur une piste.

La famille de Jenn a cité parmi les amis de Bart un homme du nom de Richard Wilson, résidant à Troy, en Alabama. Ni lui ni son épouse Janice n'ont assisté aux funérailles de Jenn, ce que les Barber ont trouvé bizarre, attendu que les deux couples entretenaient depuis de nombreuses années des relations suivies et chaleureuses.

En étudiant les allées et venues de Bart d'après les bornes-relais sur lesquelles ses appels téléphoniques se sont répercutés, Russ Halcome a déterminé que le 29 novembre 2004 Bart s'était rendu en Alabama, à Birmingham et à Troy. Les enquêteurs savaient que Bart était allé à Birmingham : Jenn avait trouvé un ticket de stationnement dans les poches de son mari, et parlé à deux personnes de ce voyage qui l'intriguait. Qu'il soit allé à Troy apporte cependant un élément nouveau au dossier.

Bart a-t-il rendu visite à Richard Wilson, ce jour-là ? Parcouru 238 kilomètres jusqu'à Birmingham, puis encore 225 jusqu'à Troy ? De Troy à Hamilton Mill, il existe un itinéraire plus direct, de 310 kilomètres seulement. Au total, Bart aurait ainsi fait près de 800 kilomètres de route dans la journée. Pour quelle raison ? Pour chercher un réconfort, des conseils, auprès de son vieil ami Richard ? Ou pour un motif plus obscur ? Les enquêteurs soupçonnent Wilson d'avoir fourni à Bart le revolver de calibre 38 avait lequel il aurait abattu sa femme quelques jours plus tard.

Dans la semaine qui a suivi le meurtre de Jenn, les inspecteurs de police Kevin Vincent et Eddie Restrepo se sont rendus à Troy, en Alabama. En quittant Lawrenceville à 6 heures du matin, ils sont arrivés chez Wilson à 9 h 15.

Richard Wilson est propriétaire d'un atelier de mécanique situé dans la maison où il habite. À l'enseigne Troy Small Motors, il répare des moteurs de tondeuse ou du petit outillage. Il vend aussi des motoculteurs et du matériel de bricolage et de jardinage, neuf ou d'occasion.

Les enquêteurs ont été accueillis par Janice Wilson, qui leur a dit que son mari n'était pas là mais ne devrait pas tarder. Wilson est en effet arrivé une dizaine de minutes plus tard et a invité les policiers à s'installer dans sa cuisine.

– Savez-vous pourquoi nous sommes là ? lui a demandé Kevin Vincent.

– Je m'en doute, a-t-il répondu.

Et de souligner aussitôt qu'il ne voulait se mettre personne à dos.

Wilson est reconnaissant envers Gene Corbin de lui avoir trouvé du travail sitôt ses études terminées. Il connaît le père de Bart depuis une quinzaine d'années, Bart depuis 1992 seulement. Janice Wilson précise qu'ils se rendaient chez les Corbin au moins une fois par an, en général pour célébrer le 4 juillet sur leur péniche. Cette année, ils n'ont toutefois pas pu faire le voyage.

– La dernière fois que j'ai vu Bart et Jenn, et leurs enfants, c'était en août dernier, déclare Richard, à l'occasion de la fête surprise que Janice a organisée pour mon anniversaire, ici en Alabama.

Jenn était malade durant cette visite. Elle a passé toute la soirée du samedi à vomir. Le dimanche matin, les Corbin sont repartis de bonne heure.

Entre cette date et la mort de Jenn, Richard et Bart ne se seraient parlé au téléphone qu'une fois, aux alentours de Thanksgiving. Bart aurait alors confié à son ami qu'il souhaitait divorcer, parce que Jenn avait une liaison avec un homme rencontré sur Internet.

– Il m'a dit qu'elle avait un deuxième mobile, précise Richard Wilson, dont elle lui avait caché l'existence et dont elle se servait uniquement pour téléphoner à son amant.

Bart a encore appelé Richard le 5 décembre (ce dernier est sûr de la date), en disant qu'il ne pouvait pas parler de son mobile mais qu'il rappellerait plus tard. Ce qu'il fit vers 20 h 30 pour lui demander s'il était au courant de ce qui s'était passé. Wilson ne l'était pas. Bart lui a annoncé que Jenn était morte, et qu'il avait la police « à ses trousses ». Richard Wilson avoue s'être senti mal à l'aise.

– Que voulez-vous répondre, dit-il aux enquêteurs, quand on vous dit un truc pareil ?

Janice et Richard ont aussitôt consulté les sites web de la presse d'Atlanta. Janice souligne qu'elle a eu le sentiment que le petit Dalton n'avait fait que répéter des choses qu'on lui avait soufflées.

– C'est impossible qu'il ait de lui-même accusé son père d'avoir tué sa mère. Absolument impossible, je n'y crois pas ! clame-t-elle.

Les Wilson déclarent ne pas apprécier Heather Tierney. Selon eux, on n'aurait jamais dû lui confier la garde des enfants. Ils sont toutefois incapables de justifier l'antipathie que leur inspire la belle-sœur de leur ami.

– Savez-vous si Bart Corbin possédait des armes à feu ? s'enquiert Kevin Vincent.

– Un fusil Ruger Red Label, répond Richard.

– Avez-vous donné ou prêté un revolver à l'un des membres de la famille Corbin ?

– Non.

– Nous savons que le revolver avec lequel Jennifer Corbin a été tuée a été acheté en Alabama.

Wilson affirme ne rien savoir à propos de ce revolver, et nie avoir reçu la visite de Bart le 29 novembre.

Accepterait-il de comparaître devant un grand jury dans le comté de Gwinnett ? Il secoue la tête et dit qu'il sait qu'on ne peut pas l'obliger à témoigner dans un État où il ne vit pas.

– Je n'irai pas, décrète-t-il. Et je ne comparaîtrai devant aucun grand jury.

Il a raison. Avoir vendu, donné ou prêté une arme à un résident d'un autre État qui s'en est servi pour commettre un délit constitue une infraction à la loi fédérale ; mais tant qu'un lien n'a pas été établi entre l'arme du crime et Richard Wilson, ce dernier n'est pas passible d'extradition.

Les policiers n'ent ont pas terminé avec Wilson, mais le chemin sera long et tortueux avant qu'ils parviennent à leurs fins...

Vincent et Restrepo se rendent ensuite au poste de police de Troy, où ils s'entretiennent avec le sergent Callista Everage. Celle-ci prie son opérateur radio de vérifier si les Wilson sont connus des services de police. Il s'avère qu'en 1994 Janice Wilson a acheté un revolver de calibre 38, un Charter Arms 38 Special.

Ce n'est pas le revolver qui intéresse Vincent et son collègue. Cependant, ce renseignement signifie que Janice a menti en déclarant qu'elle n'avait jamais possédé d'arme à feu et qu'elle n'y connaissait d'ailleurs rien dans ce domaine.

Les Wilson ont également déposé plusieurs plaintes pour divers petits cambriolages. C'est tout ce que le sergent Everage peut apprendre aux enquêteurs de Géorgie.

Dans les mois qui suivent, Kevin Vincent téléphone de temps à autre à Richard Wilson. Celui-ci ne se montre pas plus coopératif au téléphone que de vive voix. Il maintient qu'il n'a jamais eu en sa possession un calibre 38.

En octobre 2005, Jack Burnette, le chef de l'équipe des enquêteurs du district attorney, assigne sa dernière recrue, Mike Pearson, aux recherches concernant le revolver. Avant d'être engagé au service du procureur du comté de Gwinnett, Pearson a été policier militaire, puis il a travaillé pendant dix ans pour le bureau de Géorgie du FBI. C'est un homme tenace qui ne lâche pas prise tant qu'il n'a pas réussi à mettre la main sur le suspect ou la preuve qui le préoccupe.

Kevin Vincent et Mike Pearson se rendent une nouvelle fois chez Richard Wilson, qui refuse de s'éloigner de son magasin, comme s'il avait peur qu'on ne l'« enlève » pour l'emmener en Géorgie. Les trois hommes s'entretiennent donc sur le trottoir devant l'atelier. De nouveau, Wilson commence par déclarer qu'il ne veut prendre parti pour personne.

– Si vous savez quelque chose, vous devez nous le dire, répète Pearson tout au long de la conversation.

Peine perdue. Les enquêteurs se sont déplacés pour rien, si ce n'est pour déposer des photos du revolver dans les postes de police et chez les prêteurs sur gage de la région.

Suite à cette entrevue, Pearson joint encore deux fois Richard Wilson au téléphone, à plusieurs mois d'écart.

– Je voulais qu'il sache que nous ne l'oubliions pas, explique-t-il.

Inlassablement, Wilson nie avoir donné ou prêté un revolver à Bart Corbin. Lui et son ami n'ont jamais parlé d'armes à feu, affirme-t-il. Il bafouille toutefois dès qu'on lui pose des questions précises. Manifestement, un certain code de l'éthique l'empêche de mentir, mais il élude les sujets qui le gênent.

– Je ne veux pas me mêler de cette histoire, répète-t-il.

– Vous ne rendez pas justice à Jennifer, insiste Pearson. Pensez à ses fils... Vous leur devez la vérité.

L'enquêteur note que l'évocation de Jenn et de ses enfants semble troubler Wilson, qui néanmoins campe sur ses positions. Pearson tente une autre tactique.

– Le procureur Danny Porter tient à vous faire savoir que vous allez être mis en demeure de comparaître en Géorgie.

– C'est une menace ? s'offusque Wilson.

Pearson n'en obtient pas davantage.

Il se rend une troisième fois à Troy. Son voyage n'est pas plus fructueux que les deux précédents. Néanmoins déterminé à ne pas rentrer les mains tout à fait vides, il fait un détour par Montgomery et Birmingham. Il connaît maintenant par cœur le numéro de série du revolver qui a tué Jenn – 397676 – et il en a toujours des photos sur lui. Bien que conscient de n'avoir que des chances infinitésimales de tomber sur un reçu portant ce numéro, il rend visite à tous les prêteurs sur gages.

À Birmingham, l'un d'eux lui ouvre les portes de son grenier, où sont entreposées des dizaines d'années d'archives.

En vertu de la loi, les documents relatifs aux ventes d'armes à feu doivent être conservés pendant trente ans. Du revolver avec lequel Jenn a été tué, on sait qu'il a été fabriqué dans les usines Smith & Wesson et mis sur le marché par un revendeur de Birmingham. En 1957, il a été déposé chez un prêteur sur gages. Sa trace s'arrête là. Jusqu'à présent, impossible de déterminer par qui il a été détenu au cours des quarante-huit dernières années.

Le grenier du prêteur de Birmingham est tellement plein que Pearson a bon espoir que ses archives remontent jusqu'à cette date. De 8 h 30 jusqu'à midi, dans la chaleur et la poussière, il ouvre une à une toutes les boîtes contenant des reçus pour la vente d'armes à feu. Pas de chance, la dernière est datée de 1971.

– Vous auriez dû venir l'an dernier, lui dit le prêteur. En début d'année, j'ai balancé tout ce qui était antérieur à 1971.

Découragé, Pearson rentre bredouille dans le comté de Gwinnett. Il est presque certain que le 29 novembre 2004 Bart Corbin est allé chercher l'arme du crime chez son ami Wilson. Mais devant les jurés, son intime conviction ne suffira pas.

D'avril, la date du procès a cncore été repoussée à septembre 2006. Bruce Harvey et David Wolfe, les avocats de la défense, ont demandé à la Cour suprême de Géorgie de statuer sur la légalité de l'autorisation donnée par le juge Clark d'évoquer l'affaire Hearn au cours du jugement pour le meurtre de Jennifer Corbin. Encore une fois, ils ont été déboutés de leur requête, mais ils ont gagné du temps.

Mike Pearson aussi, qui a échafaudé une nouvelle stratégie pour faire parler Wilson. Puisque celui-ci estime qu'il n'a aucun devoir envers les enquêteurs de Géorgie, Pearson a fait appel à l'un de ses amis, J. D. Shelton, qui travaille pour le procureur général d'Alabama.

– Vu que Shelton représentait les autorités de l'État où vivait Wilson, j'espérais qu'il parviendrait à lui soutirer des aveux, explique-t-il. D'autant plus que, généralement, sa carrure impressionne les suspects... Je lui ai exposé mon problème et lui ai demandé s'il voulait bien m'accompagner à Troy. Il a accepté. Le lendemain matin, nous nous sommes rendus tous les deux au magasin de Wilson.

Lorsque Shelton présente son badge à Wilson, une lueur d'inquiétude passe dans le regard de ce dernier. Au cours de la conversation, Shelton lui demande s'il lui est arrivé de fumer de la marijuana avec Bart Corbin.

– Jamais de la vie ! s'indigne Richard Wilson. Je suis franc-maçon. Nous ne consommons aucune substance illégale.

Pearson garde cette information dans un coin de sa mémoire. Tout renseignement peut avoir son utilité. Puis il montre à Wilson la liste des appels que Bart lui a passés le 29 et le 30 novembre 2004, à son domicile, à son atelier et sur son mobile.

– Vous êtes impliqué, lui dit-il. J'aimerais que vous reconnaissiez que Bart Corbin vous a téléphoné le 29 novembre 2004.

Wilson commence par nier farouchement, mais face à l'insistance de Pearson, et en présence de Shelton, il se sent poussé dans ses derniers retranchements : il finit par avouer que Bart lui a téléphoné plusieurs fois le 29 novembre. Il soutient néanmoins qu'il n'a jamais été question d'armes à feu dans leurs conversations.

– Il m'a dit qu'il avait des problèmes, déclare-t-il.

– Quel genre de problèmes ?

Wilson ne répond pas.

– Écoutez, nous ne sommes pas en train de jouer au poker, s'impatiente Pearson. Bart est-il venu vous voir le 29 novembre, oui ou non ?

Wilson hoche faiblement la tête.

– Pour quelle raison ?

– Pour me donner à réparer son taille-bordure.

Pearson et Shelton le dévisagent avec une expression indiquant qu'ils ne sont pas dupes.

– Je ne vous crois pas, réplique Pearson. Qui ferait 800 kilomètres en plein hiver pour une réparation de 10 dollars au maximum ?

Wilson hausse les épaules.

Pearson et Shelton ont encore fait chou blanc. Pearson est déçu, mais il ne baisse pas les bras pour autant.

Lors d'une réunion avec ses collègues, il mentionne que Richard Wilson s'intéresse aux chiens de chasse, en particulier aux races utilisées pour la chasse à l'écureuil. Heureux hasard, c'est aussi le cas de Jack Burnette, qui est en outre franc-maçon, comme Wilson. Pearson et Burnette décident de retourner ensemble à Troy. On ne sait jamais... Wilson se sentira peut-être davantage en confiance face à un homme ayant avec lui au moins deux points communs.

Après avoir échangé une poignée de main, Burnette et Wilson discutent à bâtons rompus de leurs loges maçonniques, de chiens, de chasse à l'écureuil… mais dès que Burnette aborde des sujets plus délicats, il se heurte à un mur. Richard Wilson semble encore plus méfiant que lors de ses précédentes entrevues avec les représentants de la loi.

34

Le procès de Barton Corbin est attendu avec impatience, tant par le grand public que par les enquêteurs et le juge Clark, qui ont hâte d'entendre ce que ce dentiste et père de famille inculpé de deux meurtres aura à dire pour sa défense. Car jusque-là il s'est entêté à refuser tout entretien avec les autorités, un cas sans précédent. Le comté de Gwinnett a la réputation d'être le théâtre des affaires les plus bizarres d'Amérique, celle-ci promet de les surpasser toutes.

En revanche, les familles des deux victimes appréhendent le jugement. Lors des audiences préliminaires, les avocats de Bart leur ont donné un terrifiant aperçu de leur talent. Les Hearn et les Barber s'attendent à ce qu'ils dressent de leurs filles respectives des portraits fort éloignés de la réalité. En outre, ils redoutent de ne pouvoir supporter la vue des photos des scènes de crime et des autopsies.

De penser à la manière dont la défense va présenter les centaines de mails échangés par Jenn et Anita, Narda Barber en a perdu le sommeil. Elle espère que les jurés comprendront que, excepté dans les quinze derniers jours de sa vie, Jenn a cru correspondre avec un homme doux et attentionné, honnête, un homme qui l'aimait, qui allait veiller sur elle et ses enfants, un homme qui l'aidait à surmonter les affres d'un mariage en déliquescence.

– Jenn était intelligente, mais tellement naïve... remarque Heather. Autant je l'aimais, autant je lui en veux d'avoir été aussi crédule ! J'ai essayé de la mettre en garde, nous avons tous essayé, il n'y avait rien à faire. Elle aurait pu vivre soixante ans de plus si seulement elle n'avait pas fait aveuglément confiance à une personne qu'elle ne connaissait ni d'Ève ni d'Adam. Et si elle avait réalisé combien Bart pouvait être dangereux...

Narda sait qu'il lui sera très pénible d'assister aux audiences, mais elle se fait un devoir d'y être présente. Max sera à ses côtés pour l'aider à traverser cette épreuve, de même que Heather et Rajel, ainsi que d'autres membres de la famille et des amis. Toutefois, elle hésite encore à témoigner, de crainte de fondre en larmes ou de se laisser déstabiliser par les questions de Bruce Harvey et de David Wolfe.

Quelques semaines avant l'ouverture des débats, le procureur Danny Porter et son substitut Chuck Ross rencontrent les témoins potentiels de la partie civile, afin d'évaluer comment ils réagiront à la barre. Narda leur paraît effectivement trop émotive. Heather et Doug Tierney semblent en revanche suffisamment solides pour déposer.

Lors de l'une de ces séances de préparation aux audiences, où un entretien avec Narda dure plus longtemps que prévu, celle-ci croise Dara Prentice dans les couloirs des services du district attorney. Dara la salue aimablement. Narda poursuit son chemin sans la regarder, le visage de marbre.

Barbara et Carlton Hearn, ainsi que les frères de Dorothy, Gil et Carlton Junior, assisteront eux aussi au procès qui se déroulera à Lawrenceville. Seize ans après la mort de leur fille et sœur, ils veulent voir Bart Corbin face à un jury de citoyens.

Pour tous, l'été 2006 n'en finit pas.

Porter et Ross se préparent eux aussi à la procédure. Ils ont une liste de quatre-vingt-quatre témoins potentiels, un faisceau de quinze preuves. Il est convenu que Porter exposera les faits et prononcera la plaidoirie de la partie civile. Il questionnera aussi la famille et les amis des deux victimes. Russ interrogera les experts judiciaires à propos de leurs investigations, en veillant tout particulièrement à ce qu'ils s'expriment de façon assez simple pour être compris des jurés.

Quant au revolver avec lequel Jenn a été tué, il reste le chaînon manquant de l'affaire. En dépit de leurs efforts, les enquêteurs ne sont toujours pas parvenus à établir un lien entre Bart Corbin et l'arme du crime.

35

À l'approche du procès, les membres de la famille Corbin resserrent les rangs autour de Bart. Ils ont en lui une foi absolue et sont déterminés à le soutenir. Bien que mariée à Brad depuis peu au moment de la mort de Jenn, Edwina Tims s'est autoproclamée le porte-parole de la famille. Les relations autrefois cordiales entre les Corbin et les Barber se sont rompues.

Fin août, Max et Narda s'offrent de courtes vacances. Dès que la procédure aura débuté, ils le savent : jusqu'à Thanksgiving, ils passeront le plus clair de leur temps au tribunal.

La sélection des jurés doit commencer le 8 septembre. Le procureur Danny Porter a demandé qu'un vaste pool de candidats soient convoqués. Sur 650 citoyens du comté de Gwinnett, il faudra en choisir quatorze n'ayant pas de parti pris sur la culpabilité ou l'innocence du Dr Corbin. Douze seront désignés comme jurés, deux comme suppléants. Ce processus de sélection peut prendre deux à trois semaines, au terme desquelles le procès à proprement parler pourra réellement commencer.

Narda et Max Barber ont décidé d'assister à la sélection des jurés. Edwina Tims aussi, qui s'est libérée pour être présente chaque jour aux auditions.

De leur côté, Bruce Harvey et David Wolfe font pression pour que les débats ne se déroulent pas dans le comté de Gwinnett, manœuvre classique dans les procès surmédiatisés. Selon eux, la procédure de voir-dire (au cours de laquelle les avocats interrogent directement les jurés potentiels) révélera la proportion de la population du comté déjà influencée par les médias quant à la culpabilité de Corbin.

Bien que le juge Clark se soit déjà prononcé contre tout nouveau renvoi, il a accepté d'examiner cette requête dans le cas où il serait impossible de réunir un jury impartial.

Si les avocats de la défense déposent requête sur requête, ils ont néanmoins bâti un dossier en béton. Pour amoindrir l'impact du fait que leur client ait téléphoné à 1 h 58 d'un lieu tout proche de Bogan Gates Drive, ils comptent arguer que personne n'a entendu le coup de feu, et qu'au regard des divers facteurs permettant d'estimer l'heure du décès (notamment la température ambiante dans la maison) il est possible que la victime ne soit pas morte avant 6 heures du matin. De surcroît, aucune empreinte digitale n'a été relevée sur la crosse quadrillée du revolver.

Bien sûr, ils vont aussi dépeindre Jenn comme une épouse infidèle et une mère indigne, une femme déçue par la perte d'un amant chimérique, désespérée par la perspective d'un divorce susceptible de la priver non seulement de la garde de ses enfants mais aussi de ses principaux moyens de subsistance. Bref, comme une personne ayant de bonnes raisons de se suicider.

Face à un ministère public ne disposant que de présomptions et de preuves matérielles obtenues par des méthodes difficilement compréhensibles par un jury de non-initiés, la défense, représentée par des as du barreau, a en main des atouts non négligeables.

La sélection des jurés se déroule en deux temps. En premier lieu, la cour entend les candidats ayant un motif d'inhabilité. Sont exemptés d'office les parents d'enfants en bas âge, les fonctionnaires d'État, les personnes atteintes d'une grave maladie, celles ne maîtrisant pas la langue anglaise, celles ayant des liens avec l'accusé ou les magistrats, ainsi que celles susceptibles d'être appelées à témoigner.

Dans le premier groupe, quarante personnes ont demandé à être dispensées d'agir en tant que juré. Au 12 septembre, seulement cinq des candidats interrogés ont été estimés suffisamment neutres pour figurer sur la seconde liste. Dans le deuxième groupe, quarante-deux citoyens ont été retenus. L'accusation et la défense peuvent chacune récuser neuf jurés sans avoir à donner de motif. D'autres seront encore certainement éliminés pour des raisons valables.

Néanmoins, Danny Porter déclare qu'il espère que les audiences pourront commencer dès le 25 septembre.

Bart Corbin, qui s'est jusqu'à présent réfugié derrière ses avocats, reste un personnage auréolé de mystère, dont les caméras et les appareils photo des reporters n'ont pu saisir que des images furtives lors de ses transferts entre la prison et le palais de justice. Pour ceux qui ne le connaissent pas, c'est un homme énigmatique. Ceux qui l'ont côtoyé de près, en revanche, sont convaincus qu'il va plaider son innocence mais que son arrogance ne jouera pas en sa faveur.

Vraisemblablement, l'opinion générale le tient pour coupable. Néanmoins, les familles des deux victimes redoutent qu'il ne soit acquitté. Après tout, il a tranquillement poursuivi sa vie après la mort de Dorothy. Avec un peu de chance, et grâce aux ténors du barreau qui le représentent, il n'est pas exclu qu'il ne soit jamais puni, ni pour l'un ni pour l'autre des deux meurtres. D'autant qu'il semble à présent peu probable qu'une preuve décisive soit encore découverte à la dernière minute.

Le 6 septembre, le substitut du procureur Chuck Ross et l'enquêteur Bob Slezak ont rendez-vous à la cour de Troy, en Alabama, où Chuck Ross demande au juge de délivrer un mandat de comparution à l'encontre du témoin Richard Wilson. Sa requête est admise.

Pour Wilson, qui a toujours refusé de quitter son lieu de résidence, cette mise en demeure est une désagréable surprise. C'est maintenant à la barre qu'il devra répondre aux questions de Porter et de Ross.

Mû par son opiniâtreté, Mike Pearson continue de chercher à percer le mystère qui entoure le revolver avec lequel Jennifer Corbin a été tuée. Alors qu'il désespère de jamais venir à bout de ce casse-tête, l'un de ses collègues, Jeff Lamphier, va le mettre sur la voie.

– Jeff était assis derrière moi, en train de pianoter sur son ordinateur, se souvient Pearson. Nous nous tournions le dos. Je n'arrêtais pas de marmonner : « Je suis sûr que ce type d'Alabama nous cache quelque chose... Mais comment prouver que c'est lui qui a fourni l'arme du crime à Bart Corbin ? » Lamphier a pivoté sur sa chaise et m'a lancé : « Tu as essayé une recherche off-line ? ».

Non. Pearson a fait des recherches dans les bases de données de l'ATF (le service fédéral chargé de la mise en application de la loi sur les armes, les explosifs, le tabac et l'alcool), du NCIC (la section nationale des renseignements criminels) et du GCIC (le bureau en Géorgie du NCIC). Sans succès. Mais il n'a pas pensé à effectuer une recherche off-line.

– Tu as le flingue et son numéro de série. Les recherches off-line remontent à dix ans. Tente le coup, lui suggère Lamphier.

Et il lui donne les coordonnées d'une jeune femme du GBI (l'antenne du FBI en Géorgie) susceptible de l'aider.

Lorsqu'un particulier achète une arme à feu d'occasion dans un but légitime, il vérifie en général que l'arme en question n'a pas été volée ni utilisée à des fins délictueuses. Les bureaux locaux du FBI et du NCIC ont accès à ces demandes sur le système informatique du NCIC.

– Si un département de police des États-Unis a procédé au contrôle d'une arme à feu, explique Pearson, on retrouve également par une recherche off-line le jour, l'heure et le lieu où ce contrôle a été effectué, ainsi que le nom de l'officier qui l'a effectué – en général en passant un appel radio à son central, qui lui communique les informations figurant au fichier de ladite arme.

Pearson transmet à l'agent du GBI dont Lamphier lui a donné les coordonnées la marque, le modèle et le numéro de série du revolver. Elle le rappelle quelques heures plus tard et lui faxe les six entrées off-line qu'elle a trouvées.

Les quatre plus récentes sont sans intérêt. Il s'agit de demandes émanant du bureau du district attorney du comté de Gwinnett. En examinant les deux autres, Pearson retient sa respiration.

En 1996, le shérif de Montgomery, en Alabama, a procédé à une vérification du Smith & Wesson calibre 38 n° 397676, ce qui prouve qu'en 1996 le revolver se trouvait en Alabama.

Et en 2002 il a été contrôlé par un officier de police de Troy.

– J'ai bondi de ma chaise, se remémore Pearson. J'étais tellement excité que pendant quelques secondes, je suis resté sans voix. Et puis j'ai crié à Jack : « Ça y est ! J'ai retrouvé sa trace à Troy ! ».

Pearson et Burnette appellent aussitôt le poste de police de Troy, où on leur apprend que le capitaine qui a procédé à cette vérification en 2002 est aujourd'hui à la retraite.

Mike Pearson le joint par téléphone. L'ancien policier fait de son mieux pour se souvenir de ce matin de septembre, quatre ans plus tôt, mais sa mémoire lui fait défaut. Il a contrôlé tellement d'armes dans sa carrière... S'agissait-il d'un contrôle routier ? D'un individu louche ? D'une vérification effectuée à la demande d'un particulier ? Il ne se rappelle plus.

Pearson demande alors au poste de police de Troy de lui fournir les enregistrements des appels passés au 911, tout en sachant qu'il est fort probable que les appels de 2002 aient été effacés par de plus récents.

Avant de se plonger dans l'écoute fastidieuse de ces bandes, il contacte tout de même le shérif du comté de Montgomery et le questionne à propos du contrôle effectué en 1996 dans sa juridiction. Malheureusement, le comté de Montgomery ne s'est informatisé qu'en 1997 – un an trop tard. L'un des hommes du shérif va toutefois consulter les archives. Manque de chance, il ne parvient pas à mettre la main sur le dossier qui intéresse Pearson.

En Alabama, la nouvelle paraît dans la presse que Richard Wilson a été mis en demeure de témoigner au procès de Bart Corbin.

Anthony Everage, le chef de la police de Troy, le connaît personnellement, pour être lui aussi un adepte de la chasse à l'écureuil. Désireux d'aider ses confrères de Géorgie, il téléphone à Jack Burnette, se proposant notamment de rechercher dans le système informatique de sa juridiction l'appel du capitaine à la retraite.

Alors que Mike Pearson n'y croyait plus, du département 911 de Troy jaillit enfin quelque chose de concret, une conversation de vingt-deux secondes au cours de laquelle le capitaine de police de

Troy demande des informations sur le revolver n° 397676. Vingt-deux secondes d'enregistrement numérique qui constitueront une carte maîtresse dans le jugement de Bart Corbin. Après tant de déceptions, la machine se met soudain en marche.

Avec le consentement de Burnette et de Pearson, Anthony Everage se rend à l'atelier de Wilson, lequel ne fait aucune difficulté pour s'asseoir dans la voiture de police, ce qu'il avait toujours refusé avec les enquêteurs de Géorgie.

– Tu n'es pas là pour me parler de ta tondeuse à gazon, n'est-ce pas ? dit Wilson à Everage.

– Non. Je suis venu te dire que tu dois faire ton devoir.

Everage insère la bande du 911 dans son autoradio, et Wilson écoute attentivement les voix grésillantes enregistrées quatre ans plus tôt.

– Pour qui le capitaine a-t-il effectué cette recherche ? demande Everage.

– Probablement pour moi.

Les épaules de Wilson s'affaissent.

– Richard, tu vas aller au tribunal en Géorgie, lui dit Everage avec fermeté, et tu diras toute la vérité. Surtout, ne t'avise pas de raconter des conneries ; sinon, moi, ici, je n'aurai plus personne pour réparer ma tondeuse.

Après avoir protégé son ami pendant presque deux ans, Richard Wilson avoue enfin au chef de la police de Troy avoir procuré à Bart Corbin, le 29 novembre 2004, le revolver avec lequel celui-ci a abattu sa femme quatre jours plus tard.

– Comment veux-tu qu'on procède, maintenant ? demande Everage à Burnette. Tu veux venir l'interroger plus en détail ? De toute façon, j'ai entendu ses aveux. Tu peux me compter parmi les témoins.

36

Mardi matin, 12 septembre. À Lawrenceville, la sélection des jurés se poursuit. Narda Barber est assise au dernier rang de la salle d'audience, à côté de Jennifer Rupured, la collègue de Jenn à la crèche de Sugar Hill.

Tandis que Danny Porter et Chuck Ross interrogent les candidats, Jack Burnette entre discrètement dans la salle, s'approche de Porter et lui tend une feuille de papier pliée. Le procureur et son substitut échangent un regard. Ils connaissent Burnette de longue date et savent que celui-ci ne se serait pas permis d'interrompre une audition sans raison importante.

Porter ouvre le pli. La surprise se lit sur son visage. Et pour cause. Burnette lui a fait passer le message suivant : « Libère-toi cinq minutes. Wilson a craché le morceau. »

Le district attorney reprend contenance et prie le juge Clark de l'excuser un instant. Dans le couloir, Burnette et Pearson, euphoriques, lui apprennent que Richard Wilson a avoué avoir donné le calibre 38 à Corbin. Quelqu'un doit aller à Troy et le convaincre de témoigner à charge.

De retour dans la salle, Porter demande au juge un aparté d'audience. Les magistrats, y compris les avocats de la défense, se rapprochent et s'entretiennent à voix basse. Le public s'agite et s'efforce d'entendre ce qui se dit.

Puis le juge Clark annonce qu'il est bientôt l'heure de la pause déjeuner et suspend l'audition avec quelques minutes d'avance. Narda et Jennifer Rupured se dirigent ensemble vers la cafétéria.

En regagnant la salle d'audience, Narda se trouve dans l'ascenseur avec Danny Porter. Elle l'interroge du regard.

– Pour l'instant, je ne peux rien vous dire, s'excuse-t-il.

– Est-ce une bonne ou une mauvaise nouvelle que vous avez reçue ? lui demande-t-elle néanmoins.

– Une bonne.

Sur ces mots, le procureur sort de l'ascenseur et s'éloigne à grands pas. Emplie d'espoir, Narda s'interroge. A-t-on découvert une nouvelle preuve ? Quelqu'un a-t-il soudain un témoignage crucial à faire ?

La séance de l'après-midi débute comme à l'accoutumée, les magistrats interrogeant les jurés potentiels. Jusqu'à ce que le juge Clark déclare qu'un contretemps le contraint à ajourner les sélections jusqu'au jeudi matin.

Intriguée, Narda rentre chez elle. Depuis vingt-quatre mois qu'elle le fréquente, elle commence à connaître Porter. Lors du bref échange qu'elle a eu avec lui, elle a deviné à son expression qu'un élément nouveau, et probablement d'importance, allait faire prendre au procès de son gendre un tour inattendu.

Le mercredi, le procureur lui téléphone. Il ne peut toujours pas lui donner davantage de précisions. Il doit néanmoins savoir si elle souhaiterait qu'un procès ait quand même lieu dans le cas où la défense requerrait une négociation de peine.

Narda ne comprend plus rien. Depuis le début, Bart et ses avocats soutiennent qu'il est innocent. Une négociation de peine impliquerait qu'il plaide coupable. Ce revirement de situation serait pour le moins inespéré.

Si elle souhaiterait que le procès ait quand même lieu ? Non, bien sûr que non ! La perspective d'interminables audiences au cours desquelles l'honneur de sa fille serait bafoué l'a toujours glacée d'effroi. Que l'on jette Bart en prison et que Jenn repose en paix ! Voilà ce que Narda a envie de dire au procureur. Mais elle ne peut pas s'exprimer au nom de tous les intéressés. Elle doit consulter Max, le reste de la famille, ainsi que Barbara et Carlton Hearn. Que s'est-il passé pour que Bart envisage subitement de reconnaître les faits ? se demande-t-elle en espérant que Porter ne lui a pas donné de faux espoirs.

Le juge n'a pas eu de contretemps. Michael Clark est un homme organisé qui n'a jamais de contretemps. S'il a opté pour ce terme vague, c'est seulement afin de ne pas éveiller la curiosité des médias.

Danny Porter, Chuck Ross, Russ Halcome, Mike Pearson et Jack Burnette ainsi que Bruce Harvey et David Wolfe vont cette fois tous se rendre à Troy. Richard Wilson a engagé un avocat. Rendez-vous a été pris le mercredi 13 septembre à 18 heures. Enfin, le témoin réticent a promis de dire la vérité. S'il tient parole, Bart Corbin va devoir reconsidérer sa stratégie.

L'interrogatoire sera conduit par Burnette et Pearson, qui connaissent sans doute mieux Wilson que leurs collègues.

Wilson est un homme de stature imposante, aux bras musclés et à l'embonpoint naissant de la quarantaine. Assis face aux enquêteurs de Géorgie dans la salle d'interrogatoire, il se tord nerveusement les mains. Oui, avoue-t-il, il a donné son revolver à Bart Corbin. À la demande de celui-ci. Bart lui avait confié que Jenn le trompait. Il se sentait menacé. Il avait besoin d'une arme pour se protéger.

– Il m'a téléphoné pour savoir si j'avais un flingue, rapporte Wilson. Et il est venu le chercher.

Bart avait-il peur de l'amant de Jenn ? De Max Barber ? Les enquêteurs sont sceptiques. Sans doute n'était-ce là qu'un prétexte.

Lorsqu'on présente à Wilson le revolver en question, il l'examine attentivement avant de déclarer :

– Oui, il ressemble au mien.

Puis il explique qu'il a troqué ce revolver contre une tondeuse ou un autre engin, il ne se rappelle plus. Et ce détail importe peu.

– Enfin, soupire Porter, nous avions réussi à retrouver la trace de l'arme du crime.

Wilson aura fait montre d'une loyauté à toute épreuve envers Bart Corbin, mais il a été finalement contraint de le trahir.

Son avocat demande que Wilson ne soit pas poursuivi pour entrave à la justice. À la suite de quoi il accepte de témoigner contre son vieil ami.

Mike Pearson ne peut s'empêcher de lui poser une dernière question.

– Répondez-moi franchement, Richard, et vous m'ôterez une épine du pied. Qu'aurais-je dû faire différemment pour que vous me disiez la vérité ?

– Rien, répond Wilson. Vous avez fait votre boulot correctement, et vous êtes un chic type. C'est juste que j'aurais préféré ne pas être mêlé à cette histoire.

La vie de Bart Corbin est maintenant sur la balance. Car Porter n'aura aucun scrupule à requérir la peine capitale. Le procureur a déjà envoyé cinq assassins dans le couloir de la mort, et assisté à deux exécutions. Pour lui, il ne fait pas de doute que les crimes de Corbin méritent la peine capitale. Le dentiste a froidement abattu deux jeunes femmes qu'il était censé aimer, d'une balle unique, en les prenant par surprise. Il a prémédité ses meurtres avec soin, n'hésitant pas pour se couvrir à entacher leur réputation. Deux meurtres parce qu'il ne supportait pas que l'on ne fasse pas ses quatre volontés.

Le jeudi matin, Narda et Max Barber, Heather et Doug Tierney ainsi que Rajel Barber sont convoqués dans le bureau du procureur, qui leur enjoint de ne plus parler de l'affaire à quiconque, pas même à leurs meilleurs amis, pas même à leur famille. À personne. Des pourparlers extrêmement délicats sont en cours entre les avocats de la défense et le ministère public. Bart Corbin s'apprête à plaider coupable, rien ne doit interférer dans sa décision.

La famille de Dorothy est également informée de la situation. Les Hearn et les Barber conviennent d'accepter un aménagement de sa peine, à condition que Bart reconnaisse sa culpabilité en public.

Au tribunal, la sélection des jurés se poursuit comme si aucun changement n'était intervenu.

Le jeudi après-midi, une nouvelle entrevue a lieu entre Porter et les Barber. Le district attorney les accueille cette fois avec un grand sourire. Un consensus a été atteint. Bart ne sera pas condamné à mort mais à la réclusion à perpétuité. Une seule et unique audience se tiendra le 15 septembre, au cours de laquelle il reconnaîtra avoir tué Jennifer Corbin et Dorothy Hearn.

Alors que les Tierney roulent en direction du tribunal, Heather retient un cri. Trois colombes volent au-dessus de la voiture. Un bref instant seulement, mais ce signe lui suffit.

La salle d'audience est bondée, mais aucun des membres de la famille Corbin n'y est présent. La veille, Bart les a priés de lui rendre visite au parloir. Que leur a-t-il dit ? Eux seuls le savent. Toujours est-il qu'après cette entrevue ils ont préféré ne pas se montrer en public.

Lorsque le Dr Corbin arrive, entouré de ses avocats, toute la salle retient son souffle. Le dentiste est vêtu d'un costume sombre, d'une chemise bleu ciel et d'une cravate bleue à gros pois blancs. Il est plus maigre que jamais. Des cernes creusent son visage émacié.

En le regardant droit dans les yeux, Danny Porter retrace ce qui s'est passé le 4 décembre 2004. Il termine en évoquant un garçonnet de sept ans découvrant au réveil sa mère baignant dans une mare de sang.

– Avez-vous commis l'assassinat dont vous êtes accusé ?

Dans la salle, le silence est presque palpable. Bart va-t-il enfin expliquer son geste ? Ses traits sont insondables. Seul son front se plisse furtivement.

– Oui, répond-il.

Rien de plus. Et on ne lui en demande pas plus. Les familles des victimes ressentent cela comme une profonde injustice.

– Il n'a manifesté aucune émotion, se souvient Porter. Quand je regardais au fond de ses yeux, j'avais l'impression de plonger dans le regard d'un requin.

Danny Craig vient ensuite se poster face au box des accusés.

– Reconnaissez-vous avoir commis le meurtre de Dorothy Hearn, le 6 juin 1990 ?

– Oui.

Bart Corbin se rasseoit. Mais deux personnes ont encore des questions à lui poser.

Max Barber est d'ordinaire un homme réservé. Il n'avait pas prévu de prendre la parole, mais à présent il se sent mû par une force incoercible. Bart et lui ont été proches, ils ont passé ensemble de bons moments. Son gendre était un peu devenu le fils qu'il n'a jamais eu.

Tandis que son beau-père s'avance vers lui, Bart rentre le cou dans les épaules avec une expression effrayée. En cherchant son regard, Max le remercie de s'être confessé. Il se détend quelque peu.

– Dieu te pardonnera peut-être, poursuit Max d'une voix glaciale et inflexible. Moi pas, jamais. J'espère que tu brûleras en enfer.

Bart Corbin se décompose.

Max Barber retourne s'asseoir. Carlton Hearn Junior vient prendre sa place.

– Bart Corbin est un voleur, dit-il. Il m'a volé ma sœur. Il a volé deux vies. Cet homme n'a pas sa place dans la société. Ce n'est qu'une enveloppe vide. Un corps sans âme.

Un silence de plomb pèse sur la salle.

Le juge Clark offre à Bart la possibilité de s'adresser aux familles Hearn et Barber. Il secoue faiblement la tête.

– Nous l'avons soutenu parce que nous croyions en lui, déclarera son frère Bobby aux reporters. Nous avons soutenu un menteur. Si j'avais su de quoi il était capable, je n'aurais pas hésité un seul instant à témoigner contre lui. C'est aussi simple que ça. Il a tué la mère de ses enfants. Il a tué une jeune fille à qui l'avenir tendait les bras.

Épilogue

Quelques jours après avoir plaidé coupable, Bart Corbin est condamné à une double peine de réclusion à perpétuité, assortie d'une période de sûreté incompressible de quatorze ans, à l'issue de laquelle il pourra prétendre à une libération conditionnelle. Il est toutefois peu probable que celle-ci lui soit accordée de sitôt.

– En toute objectivité, souligne Danny Porter, il n'a guère de chances de sortir avant vingt-huit ans.

Il aura alors plus de soixante-dix ans.

Le 19 septembre, sous le matricule 0001226826, il est transféré à la prison fédérale Forest Hays Jr, à Trion, dans le nord-ouest de la Géorgie, un établissement de haute sécurité de construction relativement récente, d'une capacité de 53 089 détenus. Les prisonniers y fabriquent des matelas.

S'il souhaite être assigné aux services médicaux de la prison, Bart devra faire ses preuves. Pour l'instant, rien ne le distingue des autres prisonniers. Lui qui était si fier de ses beaux cheveux bruns, il a maintenant le crâne rasé. Peu à peu, il reprend du poids. Après avoir fait la une des journaux, il est retombé dans l'oubli. Sa mère vient parfois lui rendre visite. Ses frères, jamais.

Les Hearn et les Barber sont restés liés. À l'issue du verdict, Gil, le frère de Dorothy, a rédigé un texte qui a été publié dans la presse :

« Notre chère Dorothy nous a été enlevée il y a seize ans, victime d'un acte lâche que rien ne justifiera jamais. Il aura fallu seize ans pour que justice lui soit rendue. Seize ans au cours desquels nous

nous sommes sentis impuissants, incapables de faire entendre la vérité. Aujourd'hui, nous nous réjouissons enfin que cette vérité ait éclaté au grand jour.

« Après seize ans, le sourire, la vitalité débordante et la joie qui émanaient de Dorothy nous manquent toujours autant. Si nous parvenons tant bien que mal à vivre sans elle, notre douleur est cruellement ravivée chaque fois que nous devons dire à nos enfants et petits-enfants que tante Dotty est bien plus qu'une photo. Son absence est un cauchemar auquel nous n'échapperons jamais. »

Peu après le brutal et tragique décès de Dorothy, les Hearn ont fondé une bourse d'études à son nom, accordée chaque année aux plus méritants des étudiants en chirurgie dentaire de la faculté de médecine de Géorgie. Trois critères sont pris en compte pour l'attribution de cette bourse : professionnalisme, gentillesse, persévérance ; trois qualités qui définissaient la personnalité de Dorothy Hearn.

À sa mort, en 1990, Dorothy était à un an de passer son doctorat. L'année suivante, en 1991, ses camarades de classe ont demandé que son diplôme lui soit décerné à titre posthume. Leurs démarches n'ont pas abouti. Suite à l'incarcération de Bart, ils ont toutefois repris la lutte, et obtenu gain de cause. Depuis juin 2007, le titre de docteur peut officiellement être associé au nom de Dorothy Hearn.

Dillon et Dalton ont aujourd'hui sept et neuf ans. Ils mènent une vie sereine et heureuse au sein de la famille Tierney, dans une grande maison emplie de tableaux, de musique, de chats et de chiens. Heather est devenue pour eux « tante Maman ». Elle entraîne l'équipe de basket de Dalton. Son mari Doug l'assiste avec patience dans l'éducation de leurs quatre enfants.

Pour l'instant, les Corbin ne bénéficient pas du droit de visite aux enfants de Bart, mais Heather ne voit pas d'objection à ce qu'ils assistent parfois aux matchs de basket de ses neveux, et elle espère que Dalton et Dillon pourront bientôt avoir des relations normales avec les membres de la famille de leur père.

Dalton se sent toujours coupable de ne pas avoir protégé sa mère. Il est suivi par un psychologue. Lorsque Heather lui a expliqué que son père était en prison, il lui a demandé combien de temps il allait y rester.

– Très longtemps, lui a-t-elle assuré.

Mais elle n'était pas préparée à la question suivante :

– La chaise électrique n'existe plus ?

Dillon, qui était très jeune lorsque sa mère a disparu, ne conserve d'elle qu'un souvenir confus. Aucun des deux garçonnets ne manifeste le désir de rendre visite à leur père.

Le 13 novembre 2005, une aire de jeu baptisée Jennifer Barber Corbin a été inaugurée à la crèche de Sugar Hill. Narda et Heather, sa mère et sa sœur ont chacune un petit mémorial privé dans leur jardin, où elles cultivent les fleurs préférées de Jenn.

Juste avant Thanksgiving 2006, Brad Corbin, le jumeau de Bart, a déposé à l'église méthodiste de Sugar Hill une lettre d'excuses et de condoléances à l'attention des Barber et des Tierney. Il y déclare que lui et sa famille ont été profondément choqués de découvrir que Bart était un assassin. Aussi longtemps qu'ils ont pu, les Corbin se sont refugiés dans le déni, mais à l'évidence ils souffrent eux aussi.

Pendant des mois, après l'arrestation de Bart, Dara Prentice a consciencieusement relevé son courrier au cabinet dentaire et le lui a apporté ou fait suivre en prison. Elle aussi a du mal à croire que son amant ait pu tuer deux femmes. Elle vit toujours avec son mari et s'efforce d'être une bonne mère pour ses enfants. Elle n'a pas revu Bart depuis mars 2005. Il continue de lui écrire, mais elle ne lui répond pas. Ses regrets, sa culpabilité et la tension à laquelle elle a été soumise durant l'enquête sont peut-être la cause des nombreux problèmes de santé dont elle souffre depuis la mort de Jenn.

L'un de mes lecteurs m'a récemment demandé si je me souvenais des victimes d'homicide dont je parle dans mes ouvrages ou si je les oubliais sitôt un titre terminé. Je me rappelle toutes les personnes que je rencontre pour écrire mes livres : les victimes, leur famille, les enquêteurs, les magistrats. Pendant des mois, je m'immerge dans leur vie ; m'est impossible de les rayer de ma mémoire.

L'histoire de Jennifer Barber Corbin et de Dorothy Hearn m'a particulièrement touchée. En partie parce qu'elles auraient aujourd'hui à peu près le même âge que mes propres filles, en partie parce que leurs dossiers judiciaires étaient extrêmement documentés, mais surtout parce qu'elles occuperont à jamais une place de choix dans le cercle d'amour de leurs familles respectives.

Lorsque j'ai rendu visite à Narda et Max Barber, à Lawrenceville, Narda m'a fait faire le tour de sa maison. Ce soir-là, je revenais du bureau de Danny Porter, qui m'avait montré les photos du lieu du crime. Quel que soit le nombre d'enquêtes pour homicides dans lesquelles je me suis plongée, je crois que je ne serai jamais blindée contre la tragédie d'un meurtre. Les clichés du corps de Jenn m'avaient mise mal à l'aise.

Dans la chambre d'ami des Barber, j'ai reconnu le lit à baldaquins sur lequel Jenn est morte. Sa mère et moi nous sommes assises au bord pour discuter. En face de nous, il y avait un immense portrait de Jenn, un autoportrait peint avec beaucoup de talent, où elle s'était représentée, quelques années plus tôt, auréolée de ses longs cheveux blonds.

Sous le tableau, une bougie brûlait au-dessus d'une urne transparente. J'ai réalisé après un moment qu'il s'agissait des cendres de Jenn, et dans cette chambre hantée par le souvenir d'un être disparu j'ai ressenti une infinie tristesse.

Avant le dîner, Narda nous a servi des mojitos, le cocktail préféré de sa fille, puis nous avons dégusté un potage au potiron dont la recette avait été élaborée par Jenn.

Je ne rencontrerai jamais Jenn, mais j'ai presque l'impression de la connaître.

Quelques jours plus tard, je me suis rendue à Washington, en Géorgie, dans la demeure historique où Dorothy Hearn a grandi. Un portrait d'elle grandeur nature trônait dans le hall d'entrée. Cette même photo est affichée à la faculté de médecine d'Augusta. La chambre de Dorothy a peu changé, sa mémoire y est vivante.

Tabitha, son vieux chat, est mort le 6 mars 2007, à l'âge de vingt et un ans. Quand j'ai appris cette nouvelle, je n'ai pu m'empêcher de penser que Dorothy devait être heureuse de l'avoir retrouvé.

Sur sa tombe, en permanence couverte de roses fraîches et de fleurs artificielles, sa mère a placé la une plastifiée d'un journal où le mot COUPABLE s'étend en grosses lettres entre les photos de Bart, de Jenn et de Dorothy.

Quelques mois après le dénouement de l'affaire, Anita Hearn a accepté de répondre aux questions d'un journaliste d'une chaîne de télévision nationale. Comment Jenn se l'était-elle imaginée ? Nul ne le saura jamais...

La quarantaine, Anita a de longs cheveux noirs et raides, les yeux très sombres, soulignés d'un épais trait de khôl, un nez pointu et des pommettes plates grêlées de cicatrices d'acné. Elle est petite et menue, ni belle ni laide ; elle n'a rien de masculin. Sur le plateau, elle était vêtue dans un style bohème. D'une voix rauque, elle a affirmé avoir sincèrement aimé Jenn.

Le meurtre de Harriet Gray, décédée en septembre 1995, n'a jamais été élucidé. L'enquête est toujours en cours. Les éléments du dossier sont strictement confidentiels, mais on chuchote que certaines des pages du journal que Harriet a laissé derrière elle ne seraient pas écrites de sa main.

Composition Compo-Méca s.a.r.l.
64990 Mouguerre

Impression réalisée sur CAMERON par

CPI
Brodard & Taupin
La Flèche

pour le compte des Éditions Michel Lafon
en mars 2008

Imprimé en France
Dépôt légal : mars 2008
N° d'impression : 46168
ISBN : 978-2-7499-0818-2
LAF 1022